한 번에 **끝!**

OPIc

스페인어

합격 노하우!

1. 시험의 첫 단추, '자기소개' 완벽 대비

2. **Background** 설문지를 전략적으로 선택하기 위한 길잡이

3. 콤보 문제 해결을 위한 모범 답변 수록

4. 롤플레이(**Role Play**) 준비하기

1. 시험의 첫 단추, '자기 소개하기' 완벽 대비

Q " 누구나 예상하는 자기소개 질문은 어떻게 준비해야 할까요? "

A 자기소개를 하는 모범 답변을 학생과 직장인의 입장에서 준비했습니다.
본인이 선택한 항목의 답변 내용을 찾아서 자기소개에 필요한 어휘들을 선택해서 연습해
보세요.

2. Background 설문지를 전략적으로 선택하기 위한 길잡이

Q " 설문지에서 어떤 항목을 선택해야 좋을지 모르겠어요. "

A 대다수의 수험자가 선택하는 설문지 항목을 중심으로, 답변하기 쉬운 어휘와 표현을 준비
해 놓았습니다. 항목과 관련된 다양한 질문 유형도 함께 학습해 보세요.

3. 콤보 문제 해결을 위한 모범 답변 수록

Q " 난이도가 높은 콤보 문제는 어떻게 준비해야 할까요? "

A OPIc 문제 유형 중 콤보 문제는 수험자들이 가장 어렵게 느끼는 유형인 만큼 주제별 빈출
문제 및 예상 문제를 중심으로 모범 답변을 준비했습니다. 자신의 상황에 맞는 어휘들을
토대로 모범 답변을 응용하여 연습해 보세요.

4. 롤플레이 준비하기

Q " 실제로 역할극을 하는 것처럼 답변하기가 너무 어려워요. "

A 롤플레이 문제에 대한 답변에는 약간의 연기가 필요합니다. 답변 중간에 활용할 수 있는 리
액션 표현을 참조하여 연습하고, 실제 상황에서 대화한다는 생각으로 자신감을 가지고 연
습해 보세요.

OPIc이란?

OPIc 시험은 컴퓨터를 통해 진행되는 가상 1:1 인터뷰 방식의 응시자 맞춤형 외국어 말하기 평가로서, 실제 생활에서 얼마나 효과적이고 적절하게 외국어를 사용할 수 있는지 측정하는 시험입니다.

OPIc 시험은 개인별 설문 조사를 통해 응시자의 관심 분야에 맞춘 주제에 따라 문항을 출제합니다. 또한 응시자가 질문의 난이도를 스스로 설정할 수 있는 맞춤형 평가입니다. 문항별 시간제한 없이 전체 시험 시간(40분) 안에만 완료하면 되는 비교적 자유로운 평가입니다. 따라서 응시자가 답변 시간을 조절할 수 있으며, 질문을 듣지 못하면 한 번 더 들을 수도 있습니다. 또한 시험 중간에 문제 난이도를 재조정할 수 있는 기회가 있는 응시자 편의의 평가입니다.

OPIc 평가 등급 체계

레벨		내용
Advanced	**AL** (Advanced Low)	사건을 서술할 때 일관적으로 동사 시제를 관리하고, 사람과 사물을 묘사할 때 다양한 형용사를 사용한다. 적절한 위치에서 접속사를 사용하기 때문에 문장간의 결속력도 높고 문단의 구조를 능숙하게 구성할 수 있다. 익숙하지 않은 복잡한 상황에서도 문제를 설명하고 해결할 수 있는 수준의 단계이다.
Intermediate	**IH** (Intermediate High)	개인에게 익숙하지 않거나 예측하지 못한 복잡한 상황을 만날 때, 대부분의 상황에서 사건을 설명하고 문제를 효과적으로 해결할 수 있다. 발화량이 많고, 다양한 어휘 사용이 가능하다.
	IM1, IM2, IM3 (Intermediate Mid)	일상적인 소재뿐만 아니라 개인적으로 익숙한 상황에서는 문장을 나열하며 자연스럽게 말할 수 있다. 다양한 문장형식이나 어휘를 실험적으로 사용하려고 하며, 상대방이 조금만 배려해주면 오랜 시간 대화가 가능하다.
	IL (Intermediate Low)	일상적인 소재에서는 문장으로 말할 수 있다. 대화에 참여하고 선호하는 소재에서는 자신감을 가지고 말할 수 있다.
Novice	**NH** (Novice High)	일상적인 대부분의 소재에 대해서 문장으로 말할 수 있다. 개인정보에 대해 질문을 하고 응답을 할 수 있다.
	NM (Novice Mid)	이미 암기한 단어나 문장으로 말하기를 할 수 있다.
	NL (Novice Low)	제한적인 수준이지만 영어 단어를 나열하며 말할 수 있다.

1 자신의 답변 녹음하기

매일 실전처럼 자신의 답변을 녹음한 후 반복해서 들으며, 인지하지 못했던 자신의 어색한 발음과 내용 전달력 등을 체크하는 것이 중요합니다.

2 OPIc 시험의 특징 200% 활용하기

OPIc 시험은 진실성을 평가하는 시험이 아닙니다. 따라서 더 나은 답변을 위해 여러 요소들을 가상으로 만들어 답변해도 충분히 높은 점수를 받을 수 있습니다.

3 센스 있게 Background 설문지 선택하기

OPIc 시험은 수험자가 선택한 Background 설문지를 바탕으로 시험이 나옵니다. 수험자가 시험 범위를 어느 정도 예측할 수 있다는 장점을 활용해서 Background 설문지를 전략적으로 선택하는 것이 중요합니다. 콤보 문제를 대비하여 되도록 비슷한 주제를 함께 선택하고 답변을 최대한 중복시켜 준비하는 것이 필요합니다.

4 스토리텔링 기법 활용하기

OPIc에서 짜임새 있는 답변의 구성은 기본적으로 필요합니다. 문법이나 발음, 강세 등에서 조금 실수해도 어느 정도 짜임새 있는 스토리 답변을 구성할 수 있다면, IM 등급은 어렵지 않게 받을 수 있습니다. 기본적인 실수는 최소화하면서 짜임새 있는 답변의 스토리를 만드는 연습을 해보세요.

OPIc 시험은 총 〈15문제〉로 구성됩니다.

1 자기소개 (1문항)

가장 처음, 그리고 필수적으로 출제되는 문항으로 수험자 자신을 소개하는 문제 유형입니다. 본인이 선택한 Background 설문지 항목을 잘 생각해서 일관성 있게 답변하는 것이 유리합니다.

2 롤플레이 (2~3문항)

주어진 상황에 맞게 수험자가 역할극을 하는 문항입니다. 다만, 시험관이 상대 역할을 실제로 해주지 않기 때문에 어느 정도의 감정 표현과 연기력이 요구되는 문항입니다. 시험에 대한 긴장감으로 인해 결코 쉽지 않은 부분이지만, 실제 상황처럼 자연스럽게 답변할 수 있도록 많은 연습이 필요합니다. 문제에서 요구하는 부분을 정확하게 파악한 후 답변을 한다면 높은 점수를 얻을 수 있습니다.

3 설문지 관련 문항 (6~9문항)

수험자가 선택한 Background 설문지 항목을 바탕으로 출제되는 문항입니다. 대부분 콤보 형태로 출제되므로, 본인이 선택한 항목에 대해 출제될 수 있는 다양한 문항을 예측하고 답변을 준비하는 것이 중요합니다.

4 돌발 질문 (3~5문항)

수험자가 선택하지 않은 Background 설문지 항목에서 출제되는 문항입니다. 체감 난이도는 높지만, IM 등급을 목표로 한다면 빈출 주제를 중심으로 핵심 어휘와 표현을 활용하여 간단하게 답변해도 좋습니다.

✎ OPIc 시험 순서

● 오리엔테이션 🕐 20분

음량 및 녹음 테스트 ➡ Background 설문지 작성 ➡ 자기 수준에 맞는 시험 난이도 설정 ➡

화면 구성, 청취 및 답변 방법 안내 ➡ 실제 답변 방법 연습

● 본 시험 🕐 40분

◎ 첫 번째 세션

약 7문항의 개인 맞춤형 문항 ➡ 질문 청취 2회 가능 ➡ 문항별 답변시간 제한 없음

⬇ 난이도 재 조정 ⬇

◎ 두 번째 세션

약 7문항의 개인 맞춤형 문항 ➡ 질문 청취 2회 가능 ➡ 문항별 답변시간 제한 없음

＊ 두 번째 세션에서는 재 조정된 난이도를 바탕으로 첫 번째 세션과 동일하게 진행됩니다.

Q 문항별 답변 시간은 어느 정도가 적절한가요?

A 답변 시간에 제한은 없지만 보통 1분 30초~2분 내외로 답변하는 것이 좋습니다.

Q 난이도 선택에서 쉬운 질문을 선택하면 등급도 낮아지나요?

A 그렇지 않습니다.
쉬운 질문에도 짜임새 있는 구성의 답변을 한다면 충분히 높은 등급을 받을 수 있습니다.

Q 성적표에 UR등급이 나오는 경우 재시험의 기회는 없나요?

A 수험자의 과실이 있는 경우가 아닌, 시스템 오류로 인해 녹음 불량이거나 음량이 너무 작은
경우는 1회의 재시험 기회가 있습니다.　　　　　(※UR등급 : unable to rate의 약자, 등급 판정 불가)

Q OPIc은 절대평가인가요?

A 네. 수험자의 녹음 내용은 ACTFL 공인 평가자에게 전달되어 ACTFL Proficiency
Guidelines Speaking 기준에 따라 절대평가되어 등급이 부여됩니다.

한 번에 끝! OPIc 스페인어

초 판 인 쇄	2018년 10월 8일
2 판 1 쇄	2022년 9월 1일

지 은 이	신승, Israel Torres Pineda(이스라엘 또레스 삐네다)
펴 낸 이	임승빈
편 집 책 임	정유항, 김하진
편 집 진 행	이승연
디 자 인	다원기획
마 케 팅	염경용, 이동민, 이서빈

펴 낸 곳	ECK북스
주 소	서울시 마포구 창전로2길 27 [04098]
대 표 전 화	02-733-9950
홈 페 이 지	www.eckbooks.kr
이 메 일	eck@eckedu.com
등 록 번 호	제 2020-000303호
등 록 일 자	2000. 2. 15

I S B N	979-11-6877-019-5
정 가	19,000원

한 번에 끝! OPIc 스페인어

신승, Israel Torres Pineda(이스라엘 또레스 삐네다) 지음

지은이의 말

OPIc 시험은 외국어로 의사소통을 얼마나 잘할 수 있는가를 평가하는 외국어 말하기 능력 평가 시험입니다. 최근 대부분의 기업이나 학교에서 스페인어 말하기 능력을 보기 위해 OPIc 스페인어 등급을 요구하는 경우가 많은 반면, OPIc 스페인어를 위한 교재가 없다는 점이 안타까웠습니다. 평소에 많은 학습자들이 OPIc 스페인어와 관련된 자료를 필요로 한다는 점을 잘 알고 있었기에, 설레는 마음으로 교재 작업을 하였습니다.

이 교재는 OPIc 스페인어 시험을 목표로 스페인어를 공부하는 학습자들이 시험에서 가장 자주 출제되는 문제와 주제들을 중심으로 단기간에 집중적으로 시험 준비를 할 수 있도록 정리되어 있습니다. OPIc 시험의 특징인 Background Survey 선택 요령부터 주제별 답변에 대한 팁을 정리하고 예상 문제에 대한 모범 답변을 최대한 학습자가 쉽게 구사할 수 있는 단어와 표현들을 위주로 구성하였습니다. 이 교재의 질문 유형과 모범 답변을 잘 파악하고 어휘와 표현을 반복해서 학습한다면 분명히 OPIc 시험에서 좋은 성적을 받을 수 있을 것입니다.

이 교재가 OPIc 스페인어 시험을 준비하는 모든 학습자들에게 유용한 길잡이가 될 것을 기대하고, 항상 응원하겠습니다.

끝으로 좋은 교재를 출판할 수 있는 기회를 주신 ECK교육 임승빈 대표님께 감사의 말씀을 전합니다. 아울러, 교재 편집을 위해 많은 아이디어를 내주신 이승연 실장님과 이지은 매니저님, 이 교재의 공동저자인 Israel 선생님과 녹음 작업에 함께 해주신 María 선생님께도 감사드립니다. 항상 저의 스페인어 수업을 소중하게 생각하며 열심히 들어주는 연수여자고등학교와 미추홀외국어고등학교 제자들, 저에게 늘 힘이 되어주는 가족들과 마지막으로 저의 무한한 발전을 위해 아낌없는 응원을 보내주는 남편에게 감사의 인사를 드립니다.

저자 **신 승**

Este libro es una guía para aquellas personas que deseen tomar el examen OPIc en español y quieran obtener el mayor nivel posible. El libro está lleno de ejemplos para responder adecuadamente a las preguntas más comunes. Además, hemos incluido un gran número de expresiones útiles que serán de mucha ayuda para iniciar cualquier conversación o para responder de manera más natural. Desde luego que los ejemplos y el estilo de las conversaciones, así como la mayoría de las expresiones, han sido creados tomando en cuenta que los usuarios de esta guía hablan coreano como primera lengua. Por eso, muchas expresiones pueden ser comprendidas fácilmente por los estudiantes coreanos. Sin embargo, se ha tenido cuidado en que el lenguaje suene natural y que sea perfectamente entendible para oídos hispanohablantes.

Quiero agradecer a la editorial ECK por su gran apoyo en la realización de este libro. También quiero agradecer a mi coautora, la profesora Shin Seung, por todo el gran trabajo, dedicación y creatividad reflejados en este material. Así mismo, agradezco a mi esposa Yuri Kim, quien también me ayudo a revisar cuidadosamente muchas de las frases y expresiones en este libro. Por último, agradezco a María Fernanda Silva Rueda, quien nos ayudó a grabar la voz femenina en el audio que acompaña a este trabajo.

저자 Israel Torres Pineda
(이스라엘 또레스 뻬네다)

이 책의 구성과 특징

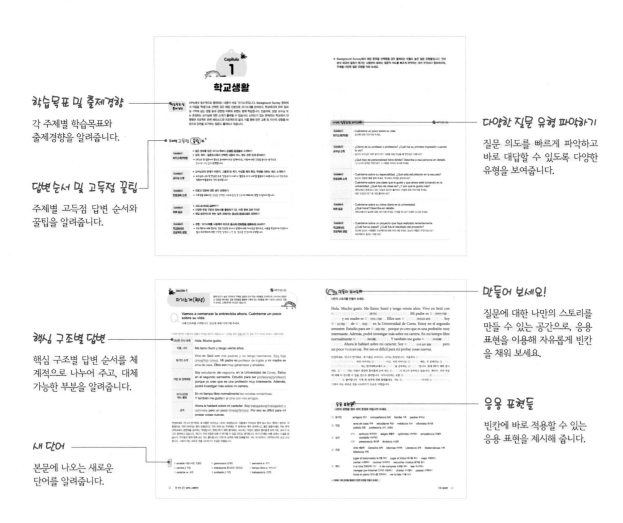

학습목표 및 출제경향

각 주제별 학습목표와
출제경향을 알려줍니다.

답변 순서 및 고득점 꿀팁

주제별 고득점 답변 순서와
꿀팁을 알려줍니다.

다양한 질문 유형 파악하기

질문 의도를 빠르게 파악하고
바로 대답할 수 있도록 다양한
유형을 보여줍니다.

핵심 구조별 답변

핵심 구조별 답변 순서를 체
계적으로 나누어 주고, 대체
가능한 부분을 알려줍니다.

만들어 보세요!

질문에 대한 나만의 스토리를
만들 수 있는 공간으로, 응용
표현을 이용해 자유롭게 빈칸
을 채워 보세요.

응용 표현들

빈칸에 바로 적용할 수 있는
응용 표현을 제시해 줍니다.

새 단어

본문에 나오는 새로운
단어를 알려줍니다.

핵심 문법

기초 필수 문법을 다양한 예문과 함께 알기
쉽게 정리했습니다. 회화뿐만 아니라, 기초
적인 문법도 함께 익혀 보세요.

유용한 표현사전 10

주제별 유용한 표현들을 다양하게 수록했
습니다. 어떤 질문이 나와도 자신있게 답변
할 수 있도록 자신만의 재미있는 스토리를
만들어 보세요.

3단 콤보 답변

주제별 답변에 대한 핵심 구조를 콤보 형식으로 제시해 줍니다.

응용 어휘

문장 내에 핵심 어휘를 응용할 수 있도록 다양한 어휘를 제시해 줍니다.

핵심 구조

고득점을 위한 핵심 구조를 제시해 줌으로써 체계적인 답변을 할 수 있도록 도와줍니다.

모범 답변

콤보 형식의 답변을 단계별로 제시해주고 답변에 반영된 번호로 고득점 답변이 만들어지는 과정을 보여줍니다.

대체 어휘

문장에서 대체 가능한 부분에 들어갈 수 있는 다양한 어휘를 제시해 줍니다.

롤플레이 핵심 패턴

빈출도 높은 롤플레이(Role Play) 핵심 패턴만을 모았습니다. 제시된 가상의 상황에 맞게 상황극을 연습해 보세요.

돌발 질문 10

OPIc 시험의 마지막 단계로, 주제와 관계없는 돌발 질문에 대한 다양한 답변을 제시해 주고, 대체 가능한 어휘들도 함께 알려줍니다.

| Contents |

기초 응용편

1. 학교생활

2. 직장생활

3. 가족 및 이웃

롤플레이 핵심 패턴

돌발 질문 10

꿀팁! 부록

· 4주 완성 학습 계획표 ·

OPIc 시험 대비에 이상적인 4주 완성 학습 계획표입니다.

제시된 계획표 대로 차근차근 준비한다면 4주 후, OPIc 스페인어 시험 준비를 마스터할 수 있습니다.
계획표에 맞게 준비하는 것도 좋지만, 나에게 맞는 플랜으로 나누어서 학습하는 방법들도 활용해 보세요.
시간적 여유가 있다면 반복 학습을 통해 돌발 질문들에 대한 답변에 대응해 보세요.

날짜	내용	학습 ☑	학습 페이지	복습 ☑	복습 페이지	날짜	내용	학습 ☑	학습 페이지	복습 ☑	복습 페이지
1일	· 자기소개(학생) · 교수님 소개	☐ ☐		☐ ☐		16일	· 음악 감상하기 · 요리 하기	☐ ☐		☐ ☐	
2일	**1.** 학교생활 · 전공과목 소개 · 하루 일과	☐ ☐		☐ ☐		17일	**6.** 취미와 관심사 · 악기 연주하기 · 혼자 노래하기, 합창하기	☐ ☐		☐ ☐	
3일	· 학교에서의 프로젝트 경험 · 롤플레이 핵심 패턴 · 돌발 질문 10	☐ ☐ ☐		☐ ☐ ☐		18일	· 애완동물 기르기 · 롤플레이 핵심 패턴 · 돌발 질문 10	☐ ☐ ☐		☐ ☐ ☐	
4일	· 자기소개(직장인) · 직장 상사 소개	☐ ☐		☐ ☐		19일	· 국내여행 · 해외여행	☐ ☐		☐ ☐	
5일	**2.** 직장생활 · 사무실 소개 · 출·퇴근 과정	☐ ☐		☐ ☐		20일	**7.** 여행 (국내/해외) · 국내 출장 · 해외 출장	☐ ☐		☐ ☐	
6일	· 회사 프로젝트 경험 · 롤플레이 핵심 패턴 · 돌발 질문 10	☐ ☐ ☐		☐ ☐ ☐		21일	· 집에서 보내는 휴가	☐		☐	
7일	· 가족 소개 · 이웃 소개	☐ ☐		☐ ☐		22일	· 롤플레이 핵심 패턴 · 돌발 질문 10	☐ ☐		☐ ☐	
8일	**3.** 가족 및 이웃 · 거주지 소개 · 가족 구성원이 맡은 집안일	☐ ☐		☐ ☐		23일	**1. 학교생활** · 롤플레이 핵심 패턴 · 돌발 질문 10	☐ ☐ ☐		☐ ☐ ☐	
9일	· 집안일 관련 경험 · 롤플레이 핵심 패턴 · 돌발 질문 10	☐ ☐ ☐		☐ ☐ ☐		24일	**2. 직장생활** · 롤플레이 핵심 패턴 · 돌발 질문 10	☐ ☐ ☐		☐ ☐ ☐	
10일	· 수영 하기 · 자전거 타기	☐ ☐		☐ ☐		25일	**3. 가족 및 이웃** · 롤플레이 핵심 패턴 · 돌발 질문 10	☐ ☐ ☐		☐ ☐ ☐	
11일	**4.** 운동 · 걷기 & 조깅 · 요가 하기	☐ ☐		☐ ☐		26일	**4. 운동** · 롤플레이 핵심 패턴 · 돌발 질문 10	☐ ☐ ☐		☐ ☐ ☐	
12일	· 헬스 하기 · 롤플레이 핵심 패턴 · 돌발 질문 10	☐ ☐ ☐		☐ ☐ ☐		27일	**5. 여가활동** · 롤플레이 핵심 패턴 · 돌발 질문 10	☐ ☐ ☐		☐ ☐ ☐	
13일	· 영화 보기 · 공원 가기	☐ ☐		☐ ☐		28일	**6. 취미와 관심사** · 롤플레이 핵심 패턴 · 돌발 질문 10	☐ ☐ ☐		☐ ☐ ☐	
14일	**5.** 여가활동 · 해변 가기 · 캠핑 하기	☐ ☐		☐ ☐		29일	**7. 여행** (국내/해외) · 롤플레이 핵심 패턴 · 돌발 질문 10	☐ ☐ ☐		☐ ☐ ☐	
15일	· 스포츠 관람 · 롤플레이 핵심 패턴 · 돌발 질문 10	☐ ☐ ☐		☐ ☐ ☐		30일	전체 복습 및 핵심 정리				

OPIc 시험에 앞서 꼭 알아야 할 스페인어 발음, 기본 문법 및 표현을 간단하게
정리하는 코너입니다. 본문 학습에 앞서 워밍업 시간을 가져 보세요.

예비과

Ⓐ 스페인어의 발음

스페인어는 라틴어를 기반으로 한 언어이기 때문에 로마자를 사용합니다.
스페인어 알파벳은 총 27개로, 5개의 모음(a, e, i, o, u)과 22개의 자음으로 구성됩니다.

■ 알파벳과 발음

알파벳	명칭	발음
*A a	[a] 아	한국어의 [ㅏ] 발음이 납니다. agua[아구아] 물 　　aire[아이레] 공기 　　arte[아르떼] 예술
B b	[be] 베	한국어의 [ㅂ] 발음이 납니다. boda[보다] 결혼식 　　baile[바일레] 춤 　　bebida[베비다] 음료수
C c	[ce] 쎄	1. 한국어의 [ㄲ] 발음이 납니다. (ca[까], co[꼬], cu[꾸]) 　casa[까사] 집 　　coche[꼬체] 자동차 　　cultura[꿀뚜라] 문화 2. 한국어의 [ㅆ] 발음이 납니다. (ce[쎄], ci[씨]) 　cena[쎄나] 저녁 식사 　　cine[씨네] 영화관 * 스페인에서는 [θ] 발음을, 중남미에서는 [ㅆ] 발음을 냅니다. 　ce, ci → θㅔ, θㅣ (스페인) / 쎄, 씨 (중남미)
D d	[de] 데	한국어의 [ㄷ] 발음이 납니다. dato[다또] 자료 　　deporte[데뽀르떼] 운동 　　dormitorio[도르미또리오] 침실
*E e	[e] 에	한국어의 [ㅔ] 발음이 납니다. edificio[에디피씨오] 건물 　　edad[에닫] 나이 　　empresa[엠쁘레사] 회사
F f	[efe] 에페	한국어의 [ㅍ] 발음이 납니다. 영어에서의 [f] 발음과 동일합니다. flor[플로르] 꽃 　　foto[포또] 사진 　　fiesta[피에스따] 축제
G g	[ge] 헤	1. 한국어의 [ㄱ] 발음이 납니다. (ga[가], go[고], gu[구]) 　gato[가또] 수컷 고양이 　　goma[고마] 고무 　　gusto[구스또] 취향 2. 한국어의 [ㅎ] 발음이 납니다. (ge[헤], gi[히]) 　gente[헨떼] 사람들 　　gimnasio[힘나씨오] 체육관 * 독특한 발음이 나기도 합니다. 　gue[게] 　gui[기] 　güe[구에] 　güi[구이]
H h	[hache] 아체	묵음 (소리내지 않음) hotel[오뗄] 호텔 　　hospital[오스삐딸] 병원 　　habitación[아비따씨온] 방
*I i	[i] 이	한국어의 [ㅣ] 발음이 납니다. idioma[이디오마] 언어 　　idea[이데아] 생각 　　isla[이슬라] 섬

J j	[jota] 호따	한국어의 강한 [ㅎ] 발음이 납니다. juego[후에고] 놀이　　　jardín[하르딘] 정원　　　jueves[후에베스] 목요일
K k	[ka] 까	한국어의 [ㄲ] 발음이 납니다. kilómetro[낄로메뜨로] 킬로미터(km)　　　kilogramo[낄로그라모] 킬로그램(kg) kiwi[끼위] 키위 * 이 철자는 일반적으로 '외래어' 외에는 거의 사용되지 않는 철자입니다.
L l	[ele] 엘레	한국어의 [ㄹ] 발음이 납니다. lavadora[라바도라] 세탁기　　　libro[리브로] 책　　　lugar[루가르] 장소 * 'll'의 경우 'lla[야], lle[예], lli[이], llo[요], llu[유]'로 발음합니다. 　lluvia[유비아] 비　　　llave[야베] 열쇠
M m	[eme] 에메	한국어의 [ㅁ] 발음이 납니다. mano[마노] 손　　　madre[마드레] 엄마　　　marido[마리도] 남편
N n	[ene] 에네	한국어의 [ㄴ] 발음이 납니다. nombre[놈브레] 이름　　　novela[노벨라] 소설　　　natación[나따씨온] 수영
Ñ ñ	[eñe] 에녜	한국어의 [ㄴ] 발음이 납니다. 모음과 만나면 이중모음으로 발음합니다. (ña[냐], ñe[녜], ñi[니], ño[뇨], ñu[뉴]) niño[니뇨] 남자아이　　　mañana[마냐나] 내일, 오전
*O o	[o] 오	한국어의 [ㅗ] 발음이 납니다. ojo[오호] 눈　　　obra[오브라] 작품, 공사　　　ordenador[오르데나도르] 컴퓨터
P p	[pe] 뻬	한국어의 [ㅃ] 발음이 납니다. padre[빠드레] 아버지　　　parque[빠르께] 공원　　　pasaporte[빠사뽀르떼] 여권
Q q	[cu] 꾸	한국어의 [께, 끼] 2가지 발음만 있습니다. (que[께], qui[끼]) queso[께소] 치즈　　　quince[낀쎄] 숫자 15
R r	[ere] 에레	한국어의 [ㄹ] 발음이 납니다. rosa[ㄹ로사] 장미　　　perro[뻬ㄹ로] 강아지　　　pero[뻬로] 하지만
S s	[ese] 에세	한국어의 [ㅅ]과 [ㅆ] 사이 발음이 납니다. salida[쌀리다] 출구　　　salud[쌀룻] 건강　　　sol[쏠] 태양
T t	[te] 떼	한국어의 [ㄸ] 발음이 납니다. talla[따야] 치수　　　tarjeta[따르헤따] 카드　　　tenis[떼니스] 테니스
*U u	[u] 우	한국어의 [ㅜ] 발음이 납니다. uso[우소] 사용　　　útil[우띨] 유용한　　　universidad[우니베르씨닫] 대학교

V v	[uve] 우베	한국어의 [ㅂ] 발음이 납니다. (B 발음과 동일합니다.)
		vaso[바소] 물컵 ventana[벤따나] 창문 verano[베라노] 여름
W w	[uve doble] 우베 도블레	이 철자는 '외래어'에만 쓰이며, 본래 발음대로 발음됩니다.
		web[웹] 웹사이트 whisky[위스끼] 위스키
X x	[equis] 에끼스	한국어의 [ㅆ] 발음이 납니다.
		examen[엑싸멘] 시험 xilófono[씰로포노] 실로폰 México[메히꼬] 멕시코
Y y	[ye] 예	한국어의 [이] 발음이 납니다. 모음과 만나면 이중모음으로 발음합니다. (ya[야], ye[예], yo[요], yo[유])
		hoy[오이] 오늘 joya[호야] 보석 yoga[요가] 요가
Z z	[zeta] 쎄따	스페인에서는 [θ] 발음을, 중남미에서는 [ㅆ] 발음을 냅니다.
		zapato[싸빠또] 신발 zumo[쑤모] 주스 zona[쏘나] 지역

■ 스페인어 발음 Point!

· 'c'와 'g'는 뒤에 오는 모음에 따라 다르게 발음합니다.

· 'r'는 기본 발음은 [ㄹ]이지만, 단어의 첫 글자나 'l, n, s' 뒤에 오면 굴려서 발음하고, 'rr'의 경우도 굴려서 발음합니다.

· 'x'의 기본 발음은 [ㅆ]이지만, 모음 뒤에 오는 경우 모음 발음에 [ㄱ] 받침을 함께 넣어 발음합니다.

　　※ 지명이나 국명에서 [ㅎ] 발음을 갖기도 합니다.

　　　　México [메히꼬] 멕시코　　Texas [떼하스] 텍사스

· 스페인과 중남미 발음 중 가장 큰 차이를 보이는 발음은 'ce, ci, z'입니다. 중남미와 스페인 일부 지역에서는 [ㅆ]으로 발음하지만, 스페인 대부분 지역에서는 [θ(th)]로 발음합니다. 모두 바른 발음입니다.

■ 강세

· 스페인어는 모든 단어에 강세가 있고, 해당 모음은 높게 읽습니다.

· 강세의 위치에 따라 의미가 변하는 경우도 있으므로 주의해야 합니다.

① 모음과 자음 n, s로 끝나는 단어: 끝에서 두 번째 모음에 강세

　　España [에스빠냐] 스페인　　　lunes [루네쓰] 월요일　　　joven [호벤] 젊은이

② n, s 이외의 자음으로 끝나는 단어: 마지막 모음에 강세

　　Madrid [마드릳] 마드리드　　　español [에스빠뇰] 스페인어

※ 규칙 ①과 ②를 벗어난 경우는 강세부호(´)를 표시합니다.

café [까페] 커피　　　　　　　habitación [아비따씨온] 방

Ⓑ 스페인어의 문장 부호

스페인어는 다른 언어와 다르게 문장의 앞과 뒤에 문장 부호가 옵니다. 의문문일 경우, 문장 앞에 거꾸로 된 물음표(¿)로 시작하고 감탄문일 경우, 문장 앞에 거꾸로된 느낌표(¡)로 시작하는 것이 특징입니다.

의문문일 경우 : ¿Perdón? [뻬르돈] 뭐라고요?　　　　감탄문일 경우 : ¡Hola! [올라] 안녕!

Ⓒ 스페인어의 문법

■ 명사의 성

• 스페인어의 모든 명사는 '남성'과 '여성'으로 구분됩니다.
• 자연적으로 성이 구분되는 명사는 그에 따르고, 성별에 따라 성을 바꿀 수 있습니다.
• 사물의 성은 고정되어 있습니다.
• 남성 명사는 주로 '-o'로, 여성 명사는 '-a'로 끝납니다. 하지만, 모든 명사가 이를 따르는 것은 아니므로 주의해야 합니다.

[여성 명사]　casa [까사] 집

[남성 명사]　pasaporte [빠사뽀르떼] 여권　　hotel [오뗄] 호텔　　libro [리브로] 책

■ 관사

① 정관사

영어의 'the'와 비슷한 용법으로, '이미 언급된 것이나 알고 있는 것'을 말할 때 씁니다. 남성 단수 정관사 'el'의 경우 전치사 'a(~로)'와 'de(~의)' 뒤에 오면 각각 'al'과 'del'로 줄여 씁니다.

	단수	복수
남성	el	los
여성	la	las

el libro 그 책 / los libros 그 책들　　la casa 그 집 / las casas 그 집들

② 부정관사

영어의 'a/an'과 비슷한 용법으로, '처음 언급되거나 정해지지 않은 대상'을 말할 때 씁니다.

	단수	복수
남성	un	unos
여성	una	unas

■ 스페인어의 주격인칭대명사

주어 역할을 하는 인칭대명사들로, 3인칭의 'Usted'는 'Ud.'으로, 'Ustedes'는 'Uds.'로 줄여서 씁니다.

	단수	복수
1인칭	Yo 나	Nosotros/as 우리들
2인칭	Tú 너	Vosotros/as 너희들
3인칭	Él / Ella / Usted (Ud.) 그 / 그녀 / 당신	Ellos / Ellas / Ustedes (Uds.) 그들 / 그녀들 / 당신들

① Tú와 Ud. 차이점

- Tú : 나이가 비슷하거나 친한 사이, 가족 간에 사용하는 비형식적인 주어
- Ud. : 나보다 나이가 많거나 처음 만나는 사이에 사용하는 형식적인 주어

② Nosotros, Vosotros와 Nosotras, Vosotras 차이점

- Nosotros, Vosotros : 남성으로만 구성된 집단, 남녀 혼성으로 구성된 집단
- Nosotras, Vosotras : 여성으로만 구성된 집단

스페인어의 동사는 주어의 인칭과 문장의 시제에 따라 변형하므로, 3인칭을 제외한 나머지 주어는 대부분 생략합니다.

스페인어의 인사 종류

① 시간에 따른 인사

> Buenos días. 좋은 아침입니다.
>
> Buenas tardes. 좋은 오후입니다.
>
> Buenas noches. 좋은 저녁입니다. / 안녕히 주무세요, 잘자.

② 안부 인사

> ¿Cómo estás? 어떻게 지내니?　　➡　　Muy bien. 아주 잘 지내요.
>
> ¿Cómo está? 어떻게 지내세요?　　　　Bien. 잘 지내요.
>
> ¿Qué tal? 잘 지내니?, 잘 지내세요?

③ 헤어질 때 인사

> Adiós. 잘가, 안녕히 가세요.　　　　Hasta mañana. 내일 봐, 내일 만나요.
>
> Hasta pronto. 곧 만나, 곧 만나요.　　Hasta luego. 나중에 봐, 나중에 만나요.

④ 감사와 사과

> Gracias. 감사합니다.　　➡　　De nada. 천만에요.
>
> Lo siento. 죄송합니다.　　➡　　No pasa nada. 괜찮습니다.

Background Survey

시험 문항 출제를 위한 사전 조사로 응시자가 선택한 주제를 토대로 문항이 출제됩니다. 스페인어의 경우 영어와는 조금 다른 항목들이 있고, 응시자가 선택하지 않은 주제를 바탕으로 출제되는 돌발 질문도 있으므로 유의해야 합니다.

Background Survey 샘플 화면

Background Survey # 샘플테스트의 서베이 항목과 실테스트의 서베이 항목이 다를 수 있습니다.

이 Background Survey 응답을 기초로 개인 맞춤형 문항이 출제가 됩니다.
질문을 자세히 읽고 답변해 주시기 바랍니다.

1 현재 귀하는 어느 분야에 종사하고 계십니까?

- O 사업/회사
- O 재택근무/재택사업
- O 교사/교육자
- O 일 경험 없음

2 현재 귀하는 학생이십니까?

- O 네
- O 아니오

3 현재 귀하는 어디에 살고 계십니까?

- O 개인주택이나 아파트에 홀로 거주
- O 친구나 룸메이트와 함께 주택이나 아파트에 거주
- O 가족(배우자/자녀/기타 가족 일원)과 함께 주택이나 아파트에 거주
- O 학교 기숙사
- O 군대 막사

– 아래의 4~7번 문항에서 12개 이상을 선택해 주시기 바랍니다.

4 귀하는 여가 활동으로 주로 무엇을 하십니까? (두 개 이상 선택)

- O 영화보기
- O 클럽/나이트클럽 가기
- O 공연보기
- O 콘서트보기
- O 박물관가기
- O 공원가기
- O 캠핑하기
- O 해변가기
- O 스포츠 관람

OPIc 공식 홈페이지에서 제공하는 샘플 테스트입니다. 샘플처럼, 처음 시작 전 질문에 해당 답변을 체크하면 맞춤형 문항의 출제가 나옵니다.

✱ Background Survey에 제시된 주제들 중 가장 많이 선택하는 주제 List입니다. 자신이 선택할 주제를 체크하고 체크된 중심으로 시험을 준비해 보세요.

Background Survey 주제별 List

Capítulo 1 학교생활	☐ 자기소개(학생) ☐ 교수님 소개 ☐ 전공과목 소개	☐ 하루 일과 ☐ 학교에서의 프로젝트 경험
Capítulo 2 직장생활	☐ 자기소개(직장인) ☐ 직장 상사 소개 ☐ 사무실 소개	☐ 출·퇴근 과정 ☐ 회사 프로젝트 경험
Capítulo 3 가족 및 이웃	☐ 가족 소개 ☐ 이웃 소개 ☐ 거주지 소개	☐ 가족 구성원이 맡은 집안일 ☐ 집안일 관련 경험
Capítulo 4 운동	☐ 수영 하기 ☐ 자전거 타기 ☐ 걷기 & 조깅	☐ 요가 하기 ☐ 헬스 하기
Capítulo 5 여가활동	☐ 영화 보기 ☐ 공원 가기 ☐ 해변 가기	☐ 캠핑 하기 ☐ 스포츠 관람
Capítulo 6 취미와 관심사	☐ 음악 감상하기 ☐ 요리 하기 ☐ 악기 연주하기	☐ 혼자 노래하기, 합창하기 ☐ 애완동물 기르기
Capítulo 7 여행(국내/해외)	☐ 국내여행 ☐ 해외여행	☐ 국내 출장 ☐ 해외 출장 ☐ 집에서 보내는 휴가

• 학습 순서

~~~~~~~

| 주제별 고득점 꿀팁 | ▶ | 질문유형 파악하기 | ▶ | 핵심 구조별 답변 |

| 나만의 스토리 만들기 | ▶ | 핵심 문법 | ▶ | 유용한 표현사전 10 |

🐝 출제 빈도가 높은 주제별 질문 유형들로만 구성되었습니다. 주제에 맞는 모범 답변을 중심으로 나에게 맞는 스토리를 만들어 보세요. 핵심 문법은 기초를 다지기 위해 익혀두세요. 기초가 탄탄하면 어떤 질문이 나와도 당황하지 않고 의연하게 답변할 수 있습니다.

기초 응용편

Capítulo 1

학교생활

학습목표 및 출제경향

OPIc에서 필수적으로 출제되는 내용이 바로 '자기소개'입니다. Background Survey 항목에서 직업을 '학생'으로 선택한 경우 해당 신분으로 자기소개를 준비하고, 학교에서의 하루 일과 및 기억에 남는 경험 등과 관련된 어휘와 표현도 함께 학습합니다. 전공과목, 담당 교수님 또는 존경하는 교수님에 대한 소개가 출제될 수 있습니다. 난이도가 있는 문제로는 학교에서 진행했던 프로젝트 관련 에피소드와 프로젝트의 결과, 이를 통해 얻은 교훈 등 자신의 경험을 바탕으로 답변을 요구하는 질문도 출제되고 있습니다.

주제별 고득점 꿀팁

Lección 1 **자기소개(학생)**	✹ 많은 정보를 담은 자기소개보다 간결한 문장들로 소개하기 ✹ 성격, 취미 : 설문조사에서 선택한 내용과 어느 정도 관련 있게 준비하기 ☞ OPIc의 첫 질문이자 필수로 준비해야 하는 답변이므로, 시험에 대한 긴장을 푼다는 생각으로 큰소리로 자신 있게 답변합니다.
Lección 2 **교수님 소개**	✹ 교수님과의 관계가 어떤지, 그렇게 된 계기, 수업할 때의 특징, 학생을 대하는 태도 소개하기 ☞ 교수님과 나의 첫 만남은 주로 '단순과거 시제'나 '불완료 과거 시제'를 활용하기 때문에 동사의 변화형도 정확하게 활용하는 것이 중요합니다.
Lección 3 **전공과목 소개**	✹ 전공과 전공에 대한 생각 표현하기 ☞ 고득점을 위해서는 전공을 선택한 이유와 졸업 후 진로에 대해서도 말할 수 있어야 합니다.
Lección 4 **하루 일과**	✹ 시간 순서대로 답변하기 ✹ 다양한 연결 구문과 접속사를 활용하기 (단, 어휘 중복 표현 주의!) ✹ 매일 습관적으로 하는 일에 대해서는 동사의 현재시제로 표현하기
Lección 5 **학교에서의 프로젝트 경험**	✹ 경험 : 과거시제를 사용해야 하므로 동사의 변화형을 정확하게 구사하기 ☞ 프로젝트에 대해 말하는 것은 단순한 묘사나 설명에 비해 까다로운 편이므로, 내용을 복잡하게 구성하지 않고 프로젝트에 대한 간략한 설명과 느낀 점, 결과를 연결시켜 구성합니다.

✹ Background Survey에서 해당 항목을 선택했을 경우 출제되는 빈출도 높은 질문 유형들입니다. 인터 뷰식 외국어 말하기 평가는 시험관이 말하는 질문의 의도를 빠르게 파악하는 것이 무엇보다 중요하므로, 주제별 다양한 질문 유형을 익혀 보세요.

다양한 질문유형 파악하기
🎧 MP3 01-01

Lección 1 자기소개(학생)	• Cuénteme un poco sobre su vida. 당신에 대해 이야기해 주세요.
Lección 2 교수님 소개	• ¿Cómo es su profesor o profesora? ¿Cuál fue su primera impresión cuando lo vio? 당신의 교수님은 어떤 분인가요? 그분을 처음 만났을 때 첫인상은 어땠나요? • ¿Qué tipo de personalidad tiene él/ella? Describa a esa persona en detalle. 그/그녀의 성격은 어떤가요? 그 사람을 자세히 묘사해 주세요.
Lección 3 전공과목 소개	• Cuénteme sobre su especialidad. ¿Qué está estudiando en la escuela? 당신의 전공에 대해 말해 주세요. 학교에서 무엇을 공부하나요? • Cuénteme sobre una clase que le guste y que ahora esté tomando en la universidad. ¿Qué tipo de clase es? ¿Y por qué le gusta más? 대학교에서 현재 듣고 있는 수업과 당신이 좋아하는 수업에 대해 이야기해 주세요. 어떤 수업인가요? 왜 가장 좋아하나요?
Lección 4 하루 일과	• Cuénteme sobre su rutina diaria en la universidad. ¿Qué hace? Describa en detalle. 대학교에서의 일과에 대해 이야기해 주세요. 무엇을 하나요? 자세히 묘사해 주세요.
Lección 5 학교에서의 프로젝트 경험	• Cuénteme sobre un proyecto que haya realizado recientemente. ¿Cuál fue su papel? ¿Cuál fue el resultado del proyecto? 최근에 당신이 수행했던 프로젝트에 대해 이야기해 주세요. 당신의 역할은 무엇이었나요? 프로젝트의 결과는 어땠나요?

자기소개 (학생)

출제 빈도가 높은 인터뷰의 주제별 질문에 맞게 핵심 표현들을 단계적으로 나누어서 답변하는 연습을 해보세요. 응용 표현들을 활용해 나에게 맞는 표현들을 찾아 나만의 스토리도 만들어 보세요. 스페인어에 자신감이 생깁니다.

Q Vamos a comenzar la entrevista ahora. Cuénteme un poco sobre su vida.

이제 인터뷰를 시작합니다. 당신에 대해 이야기해 주세요.

*아래 답변은 수험자의 성별이 여성일 경우의 내용입니다. 남성일 경우 밑줄처리 된 괄호 안의 단어로 바꿔서 사용하세요.

간단한 인사 표현	Hola. Mucho gusto.
이름, 나이	Me llamo Sumi y tengo veinte años.
동거인 소개	Vivo en Seúl con mis padres y no tengo hermanos. Soy hija única(/hijo único). Mi padre es profesor de inglés y mi madre es ama de casa. Ellos son muy generosos y amables.
직업 및 장래희망	Soy estudiante de negocios en la Universidad de Corea. Estoy en el segundo semestre. Estudio para ser profesora(/profesor) porque yo creo que es una profesión muy interesante. Además, podré investigar más sobre mi carrera.
여가시간에 하는 활동	En mi tiempo libre normalmente leo novelas románticas. Y también me gusta ir al cine con mis amigos.
성격	Ahora le hablaré sobre mi carácter. Soy trabajadora(/trabajador) y optimista pero un poco tímida(/tímido). Por eso es difícil para mí probar cosas nuevas.

안녕하세요. 만나서 반가워요. 제 이름은 수미이고, 나이는 20살입니다. 서울에서 부모님과 함께 살고 있고, 형제는 없어요. 외동딸이죠. 저의 아버지는 영어 선생님이고, 저의 어머니는 주부예요. 두 분께서는 매우 관대하시고, 좋은 분들이세요. 저는 한국대학교에서 경영학을 공부하는 학생입니다. 현재 2학기 재학 중이에요. 교수라는 직업이 굉장히 흥미롭게 보여 저는 교수가 되고자 공부하고 있습니다. 게다가, 저의 전공에 대해 더 연구할 수 있을 것으로 생각합니다. 여가시간에는 보통 로맨스 소설을 읽습니다. 친구들과 함께 영화 보는 것도 좋아합니다. 이제 제 성격에 대해 말해볼게요. 저는 부지런하고, 낙천적이지만 조금 소심합니다. 그래서 저는 새로운 것을 시도하기가 조금은 어렵습니다.

 새 단어

☐ amable 사랑스러운, 친절한	☐ generoso/a 관대한	☐ semestre *m.* 학기
☐ carrera *f.* 전공	☐ interesante 흥미로운, 재미있는	☐ tiempo libre *m.* 여가시간
☐ carácter *m.* 성격	☐ profesión *f.* 직업	☐ trabajador/a 근면한

나만의 스토리를 만들어 보세요.

Hola. Mucho gusto. Me llamo Sumi y tengo veinte años. Vivo en Seúl con
① _____ (동거인) _____ . Mi padre es ② _____ (아버지 직업)
y mi madre es ② _____ (어머니 직업) . Ellos son ③ _____ (부모님의 성격) . Soy
② _____ (내 직업) de ④ _____ (전공) en la Universidad de Corea. Estoy en el segundo
semestre. Estudio para ser ② _____ (희망 직업) porque yo creo que es una profesión muy
interesante. Además, podré investigar más sobre mi carrera. En mi tiempo libre
normalmente ⑤ _____ (취미생활) . Y también me gusta ⑤ _____ (취미생활)
_____ . Ahora le hablaré sobre mi carácter. Soy ③ _____ (나의 성격: 장점) pero
un poco ③ (나의 성격: 단점) . Por eso es difícil para mí probar cosas nuevas.

안녕하세요. 만나서 반가워요. 제 이름은 수미이고, 나이는 20살입니다. 서울에서 ①
_____ . 저의 아버지는 ② _____ 이고, 저의 어머니는 ② _____ 예요. 두 분께서는 ③
_____ . 저는 한국대학교에서 ④ _____ 을 공부하는 ② _____ 입니다. 현재 2학기 재학 중이
에요. ② _____ 라는 직업이 굉장히 흥미롭게 보여 저는 ② _____ 가 되고자 공부하고 있습니다. 게다가, 저의 전공
에 대해 더 연구할 수 있을 것으로 생각합니다. 여가시간에는 보통 ⑤ _____ . ⑤
_____ 도 좋아합니다. 이제 제 성격에 대해 말해볼게요. 저는 ③ _____ 이지만 ③ _____ .
그래서 저는 새로운 것을 시도하기가 조금은 어렵습니다.

응용 표현들

나만의 표현을 찾아 위의 문장에 대입시켜 보세요.

① 동거인	amigo/a 친구 compañero/a 동료 familia 가족 padres 부모님	
② 직업	ama de casa 주부 estudiante 학생 médico/a 의사 oficinista 회사원 policía 경찰 profesor/a 교수, 선생님	
③ 성격	장점 : activo/a 적극적인 alegre 쾌활한 optimista 낙천적인 simpático/a 친절한 sociable 사교적인 단점 : perezoso/a 게으른 tímido/a 소심한	
④ 전공	Arte 예술학 Derecho 법학 Idiomas 언어학 Literatura 문학 Matemáticas 수학 Medicina 약학	
⑤ 취미	jugar al baloncesto 농구를 하다 jugar al fútbol 축구를 하다 viajar 여행하다 cantar 노래하다 cocinar 요리하다 escuchar música 음악을 듣다 ir al cine 영화관에 가다 ir de compras 쇼핑을 하다 leer 독서하다 navegar por Internet 인터넷 서핑하다 charlar 수다떨다 pasear 산책하다 tocar el piano 피아노를 연주하다 ver la tele TV를 보다	

* 〈부록〉 기초 단어를 활용해 다양한 표현을 만들어 보세요.

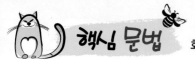
회화에 필요한 문법들과 핵심 공식들을 알려줍니다.

❶ 이름 말하기

Soy Elena. 저는 엘레나입니다.

Mi nombre es Elena. 제 이름은 엘레나입니다.

(= Me llamo Elena.)

❷ ser동사와 estar동사

두 동사 모두 영어 be동사에 해당하며, ser동사는 주어의 '이름'을 밝히거나, '국적, 성격, 외모, 직업'을 밝힐 때 활용되고, estar동사는 주어의 '기분상태'나 '위치'를 나타낼 때 활용됩니다.

	단수			복수		
	인칭대명사	ser 동사	estar 동사	인칭대명사	ser 동사	estar 동사
1인칭	yo 나	soy	estoy	nosotros/as 우리들	somos	estamos
2인칭	tú 너	eres	estás	vosotros/as 너희들	sois	estáis
3인칭	él, ella, usted 그, 그녀, 당신	es	está	ellos, ellas, ustedes 그들, 그녀들, 당신들	son	están

Soy hijo/a único/a. 저는 외동아들/외동딸이에요.

Soy casado/a. = Estoy casado/a. 저는 기혼자(남/여)입니다.

Soy soltero/a. = Estoy soltero/a. 저는 미혼자(남/여)입니다.

Tip!

• 스페인어는 남녀 혼성의 경우 남성의 복수형을 따릅니다.

우리들	nosotros (남자들로만 구성 또는 남녀 혼성)	너희들	vosotros (남자들로만 구성 또는 남녀 혼성)
	nosotras (여자들로만 구성)		vosotras (여자들로만 구성)

주제에 관한 다양하고 유용한 표현들입니다. 자신에게 맞는 문장을 체크하고 재미있는 스토리를 만들어보세요. 돌발 질문에도 당황하지 않고 나만의 표현력은 물론, 논리력에도 자신감이 생깁니다.

☐ 제 이름은 아나입니다.

Me llamo Ana.

☐ 저는 대가족과 함께 살고 있습니다.

Mi familia es grande y vivo con ellos.

☐ 저는 20살입니다.

Tengo veinte años.

☐ 요리사가 되기 위해 공부하고 있습니다.

Estudio para ser cocinero.

☐ 마지막 학기를 다니고 있습니다.

Estoy en el último semestre.

☐ 저는 졸업 예정입니다.

Soy un/una estudiante de último año.

☐ 졸업 후에 취업을 할 예정입니다.

Voy a conseguir un trabajo después de graduarme.

☐ 저는 성실하고 긍정적이지만 조금 소심합니다.

Soy trabajador/a y optimista pero un poco tímido/a.

☐ 저는 소설책 읽는 것을 좋아합니다.

Me gusta leer novelas.

☐ 졸업하면 유럽 여행을 떠나고 싶습니다.

Espero viajar a Europa cuando me gradúe.

교수님 소개

출제 빈도가 높은 인터뷰의 주제별 질문에 맞게 핵심 표현들을 단계적으로 나누어서 답변하는 연습을 해보세요. 응용 표현들을 활용해 나에게 맞는 표현들을 찾아 나만의 스토리도 만들어 보세요. 스페인어에 자신감이 생깁니다.

Q **¿Cómo es su profesor o profesora? ¿Cuál fue su primera impresión cuando lo vio?**

당신의 선생님은 어떤 분인가요? 처음 만났을 때 첫인상은 어땠나요?

* 아래 답변은 교수님의 성별이 남성일 경우의 내용입니다. 여성일 경우, 밑줄처리 된 괄호 안의 단어로 바꿔서 사용하세요.

이름, 나이	Muy bien. Déjeme hablarle sobre mi profesor(/profesora). Él(/Ella) se llama Manuel Sánchez y tiene unos cuarenta años.
서로 알아온 시간	Lo(/La) conozco desde hace dos años.
외모	Él(/Ella) es muy alto(/alta) y un poco delgado(/delgada). Tiene bigote y el pelo castaño, corto y un poco rizado. Siempre lleva gafas. Parece joven para su edad.
첫인상, 반전 이미지	Cuando lo(/la) vi por primera vez, él(/ella) parecía un profesor (/una profesora) muy estricto(/estricta). Por eso antes yo le tenía mucho miedo. Pero en realidad, le gustan mucho los estudiantes. Él(/Ella) es muy amable y nos trata imparcialmente. Lo que más me gusta de él(/ella) es que siempre que tengo alguna preocupación me ayuda a resolverla.
나의 감정	Así que me llevo muy bien con mi profesor(/profesora). Tengo mucha confianza en él(/ella).

좋습니다. 당신에게 저의 교수님에 대해 이야기할게요. 그의 이름은 마누엘 산체스이고, 나이는 40세 정도입니다. 제가 그분을 안 지는 2년 되었어요. 그는 키가 매우 크고, 조금 날씬한 편입니다. 콧수염이 있고, 머리는 짧고, 약간 곱슬머리인 밤색입니다. 항상 안경을 쓰고 계세요. 연세에 비해 굉장히 젊어 보이시죠. 제가 그분을 처음 뵀을 때, 굉장히 엄격한 교수님처럼 보였어요. 그래서 저는 그분이 너무 무서웠어요. 하지만 사실은, 학생들을 매우 좋아하세요. 굉장히 자상하고, 저희 모두를 공평하게 대하세요. 제가 어떤 고민이 있을 때 항상 그것을 해결하도록 저를 도와주신다는 점이 저는 가장 마음에 들어요. 그래서 저는 교수님과 아주 잘 지냅니다. 그분에 대해 많은 신뢰감을 가지고 있어요.

□ castaño/a 밤색의	□ estricto/a 엄격한	□ miedo *m.* 두려움
□ confianza *f.* 신뢰감	□ gafas *f.(pl)* 안경	□ por primera vez 처음으로, 첫 번째로
□ edad *f.* 나이	□ imparcialmente 공평하게	□ preocupación *f.* 걱정, 고민

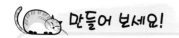

만들어 보세요!

나만의 스토리를 만들어 보세요.

Muy bien. Déjeme hablarle sobre mi ①(남/여 교수님). Él se llama Manuel Sánchez y tiene unos cuarenta años. Lo conozco desde hace dos años. Él es muy ②(외모) y un poco ②(외모). Tiene bigote y el pelo ③(헤어스타일). Siempre ④(장신구, 옷차림). Parece joven para su edad. Cuando lo vi por primera vez, él parecía un profesor muy estricto. Por eso antes yo le tenía mucho miedo. Pero en realidad, le gustan mucho los estudiantes. Él es muy amable y nos trata imparcialmente. Lo que más me gusta de él es que siempre que tengo alguna preocupación me ayuda a resolverla. Así que me llevo muy bien con mi ①(남/여 교수님). Tengo mucha confianza en él.

좋습니다. 당신에게 저의 ① 에 대해 이야기할게요. 그의 이름은 마누엘 산체스이고, 나이는 40세 정도입니다. 제가 그분을 안 지는 2년 되었어요. 그는 ②, 조금 ②. 콧수염이 있고, 머리는 ③ 입니다. 항상 ④ 계세요. 연세에 비해 굉장히 젊어 보이시죠. 제가 그분을 처음 뵀을 때, 굉장히 엄격한 교수님처럼 보였어요. 그래서 저는 그분이 너무 무서웠어요. 하지만 사실은, 학생들을 매우 좋아하세요. 굉장히 자상하고, 저희 모두를 공평하게 대하세요. 제가 어떤 고민이 있을 때 항상 그것을 해결하도록 저를 도와주신다는 점이 저는 가장 마음에 들어요. 그래서 저는 ① 과 아주 잘 지냅니다. 그분에 대해 많은 신뢰감을 가지고 있어요.

응용 표현들

나만의 표현을 찾아 위의 문장에 대입시켜 보세요.

① 성별	• profesor 남자 교수님 • profesora 여자 교수님
	* 소개할 교수님의 성별에 따라 él(그,그는), ella(그녀,그녀는), lo(그를), la(그녀를)로 각각 표현합니다.
② 외모	• alto/a 키가 큰 • bajo/a 키가 작은 • delgado/a 날씬한 • gordo/a 뚱뚱한
③ 헤어 스타일	• calvo 대머리 • pelo corto 짧은 머리 • pelo largo 긴 머리 • pelo liso 생머리 • pelo rizado 곱슬머리 • pelo rubio 금발
④ 장신구, 옷차림	• lleva falda 치마를 입고 • lleva sombrero 모자를 쓰고 • lleva vaqueros 청바지를 입고

* 〈부록〉 기초 단어를 활용해 다양한 표현을 만들어 보세요.

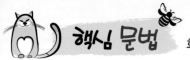 **핵심 문법** 회화에 필요한 문법들과 핵심 공식들을 알려줍니다.

① 나이 말하기

나이를 표현할 때는 'tener동사'를 활용합니다. [부록 〈동사 변화표〉 참고]

> **tener ○○ años** : 나이가 ○○살입니다

Tengo treinta años. 저는 30살입니다.

Mi profesor tiene (unos) cuarenta años. 저희 교수님은 (대략) 40세입니다.

② 인물 묘사하기

● 스페인어 형용사 활용

① '-o'로 끝나는 형용사

☞ 남성명사를 꾸밀 때는 '-o', 여성명사를 꾸밀 때는 '-o'를 '-a'로 바꾸어 씁니다.

② '-o' 이외의 철자로 끝나는 형용사: 남성과 여성 구분 없이 씁니다.

③ 모든 형용사는 꾸미는 명사의 수에 일치시켜야 합니다.

> **ser 동사 + 형용사**

Soy alto/a. 저는 키가 커요.

Mi madre es delgada. 저희 어머니께서는 날씬하세요.

Mi profesor es inteligente y generoso.

저희 교수님께서는 영리하시고 관대하세요.

대체 단어

bajo/a 키가 작은
gordo/a 뚱뚱한
joven 젊은
mayor 나이가 있는

> **tener 동사 + 명사 (+형용사)**

Tengo los ojos oscuros. 저는 짙은 눈을 가지고 있어요.

Ella tiene el pelo corto. 그녀는 짧은 머리를 가지고 있어요.

Mi amigo tiene barba. 내 친구는 턱수염을 가지고 있어요.

대체 단어

(el) bigote 콧수염
largo/a 긴
liso/a 곧은
negro/a 검은
rizado/a 곱슬인

주제에 관한 다양하고 유용한 표현들입니다. 자신에게 맞는 문장을 체크하고 재미있는 스토리를 만들어보세요. 돌발 질문에도 당황하지 않고 나만의 표현력은 물론, 논리력에도 자신감이 생깁니다.

☐ 그/그녀는 대략 40세입니다.

Él/Ella tiene unos cuarenta años.

☐ 교수님께서는 항상 저희에게 좋은 점수를 주십니다.

El/La profesor/a siempre nos da buenas notas.

☐ 그의 수업은 항상 인기 있습니다.

Su clase es siempre popular.

☐ 모두들 그를 좋아하고 그에게 배우고 싶어 합니다.

A todos les encanta él y quieren aprender con él.

☐ 그분이 저의 교수님인 게 저는 행운이라고 생각해요.

Soy muy afortunado/a de tenerlo/la como mi profesor/a.

☐ 그는 나이에 비해 젊어 보여요.

Parece joven para su edad.

☐ 항상 안경을 쓰고 계세요.

Siempre lleva gafas.

☐ 저는 저의 교수님과 잘 지냅니다.

Me llevo muy bien con mi profesor/a.

☐ 그분에 대해 많은 신뢰감을 가지고 있어요.

Tengo mucha confianza en él.

☐ 그분의 교육방식 덕분에 저는 많은 것을 배워요.

Gracias a su estilo de enseñanza, aprendo mucho.

전공과목 소개

출제 빈도가 높은 인터뷰의 주제별 질문에 맞게 핵심 표현들을 단계적으로 나누어서 답변하는 연습을 해보세요. 응용 표현들을 활용해 나에게 맞는 표현들을 찾아 나만의 스토리도 만들어 보세요. 스페인어에 자신감이 생깁니다.

Q **Cuénteme sobre su carrera. ¿Qué cursos está tomando estos días? ¿Cuál es su curso favorito entre ellos y por qué?**

당신의 전공에 대해 말해 보세요. 요즘 수강하고 있는 과목은 무엇인가요? 그 중 가장 좋아하는 과목은 무엇이며 왜 그런가요?

전공 및 전공과목 소개	Estoy tomando seis asignaturas obligatorias relacionadas con mi carrera, Negocios. Tengo que tomar diez unidades más para graduarme.
전공과목에 대한 나의 생각	A decir verdad, esas asignaturas son muy aburridas y difíciles. Hay mucha terminología y a veces no puedo entender todo.
내가 좋아하는 과목 소개	Mi asignatura favorita es Español. Yo la tomo dos horas a la semana como curso de idiomas. En clase hacemos actividades diferentes como ejercicios de gramática y juegos de vocabulario. De vez en cuando escuchamos canciones españolas. También vemos muchos videos para aprender la cultura española.
내가 좋아하는 과목에 대한 생각	Es una clase muy divertida y útil. Lo que más me gusta de la clase es que puedo conocer a estudiantes de diferentes nacionalidades. Para mí, lo más difícil es la conjugación de los verbos porque tengo muy mala memoria.
앞으로의 계획	Pero voy a hacer lo mejor posible para aprender español.

저는 현재 제 전공인 경영학과 관련된 필수과목 6개를 듣고 있어요. 졸업하려면 10학점을 더 들어야 해요. 사실대로 말하자면, 그 과목들은 매우 지루하고, 어려워요. 전문 용어가 많아서 가끔 저는 전부 이해하지는 못해요. 제가 좋아하는 과목은 스페인어예요. 일주일에 2시간씩 어학 강좌로 듣고 있어요. 수업 시간에 문법 연습과 단어 게임과 같은 다양한 활동을 해요. 가끔 스페인 노래를 듣기도 해요. 그리고 스페인 문화를 배우기 위해 영상도 본답니다. 굉장히 재미있고 유익한 수업이죠. 제가 가장 좋아하는 점은 다양한 국적의 학생들을 만날 수 있다는 점이에요. 저한테 가장 어려운 점은 동사변화인데, 제가 암기력이 좋지 않기 때문이에요. 하지만 스페인어를 배우기 위해 저는 최선을 다할 거예요.

새단어

- ☐ actividad *f.* 활동
- ☐ asignatura *f.* 과목
- ☐ curso *m.* 코스, 강좌
- ☐ idioma *m.* 언어
- ☐ memoria *f.* 기억, 메모리
- ☐ obligatorio/a 의무의, 필수적인
- ☐ terminología *f.* 전문용어
- ☐ unidad *f.* 학점

나만의 스토리를 만들어 보세요.

Estoy tomando seis asignaturas obligatorias relacionadas con mi carrera, Negocios. Tengo que tomar diez unidades más para graduarme. A decir verdad, esas asignaturas son muy ① (필수과목에 대한 부정적 묘사)   . Hay mucha terminología y a veces no puedo entender todo. Mi asignatura favorita es ② (좋아하는 과목) . Yo la tomo ③ (과목을 듣는 주기)   como curso de idiomas. En clase hacemos actividades diferentes como ④ (수업시간에 하는 활동)   . De vez en cuando ④ (수업시간에 하는 활동)   . También ④ (수업시간에 하는 활동)   . Es una clase muy ⑤ (좋아하는 과목에 대한 긍정적 묘사) . Lo que más me gusta de la clase es que ⑥ (수업에서 가장 마음에 드는 점)   . Para mí, lo más difícil es ⑦ (수업의 어려운 점)   porque tengo muy mala memoria. Pero voy a hacer lo mejor posible para aprender español.

저는 현재 제 전공인 경영학과 관련된 필수과목 6개를 듣고 있어요. 졸업하려면 10학점을 더 들어야 해요. 사실대로 말하자면, 그 과목들은 ①   . 전문 용어가 많아서 가끔 저는 전부 이해하지는 못해요. 제가 좋아하는 과목은 ②   예요. ③   어학 강좌로 듣고 있어요. 수업 시간에 ④   을 해요. 가끔 ④   도 해요. 그리고 ④   . ⑤   수업이죠. 제가 가장 좋아하는 점은 ⑥   . 저한테 가장 어려운 점은 ⑦   인데, 제가 암기력이 좋지 않기 때문이에요. 하지만 스페인어를 배우기 위해 저는 최선을 다할 거예요.

응용 표현들

나만의 표현을 찾아 위의 문장에 대입시켜 보세요.

① 부정적 묘사	complicado/a 복잡한 · difícil 어려운 · aburrido/a 지루한
② 좋아하는 과목	Matemáticas 수학 · Inglés 영어 · Química 화학 · Historia 역사 · Geografía 지리 · Informática 정보
③ 과목을 듣는 주기	una hora al día 하루에 1시간씩 · dos veces a la semana 일주일에 두 번씩
④ 수업시간에 하는 활동	practicar las técnicas de presentación oral 프레젠테이션하는 방법 연습 practicar haciendo programas 프로그램 만드는 방법 연습 tener un debate sobre varios problemas sociales 다양한 사회 문제에 대한 토론
⑤ 긍정적 묘사	interesante 재미있는 · práctico/a 실용적인 · fácil 쉬운
⑥ 수업에서 가장 마음에 드는 점	ayudar a mejorar el nivel de inglés 영어 실력을 향상시키는데 도움이 되는 것 aprender la programación informática 컴퓨터 프로그래밍을 배우는 것 entender el trasfondo cultural 문화적 배경 지식을 이해하는 것
⑦ 수업의 어려운 점	hablar en público 사람들 앞에서 말하는 것 · tener mucha tarea 과제가 많은 것

＊〈부록〉기초 단어를 활용해 다양한 표현을 만들어 보세요.

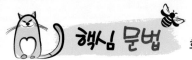

핵심 문법 회화에 필요한 문법들과 핵심 공식들을 알려줍니다.

❶ 현재 수강하는 과목

tomar la clase는 '수업을 듣다'라는 의미로 tomar동사를 현재진행형으로 활용하여 현재 수업을 듣고 있다는 표현으로 사용됩니다.

> **estoy tomando + 수업** : 저는 (수업)을 듣고 있습니다

Estoy tomando la clase de Inglés. 저는 영어 수업을 듣고 있습니다.

Estoy tomando la clase de Derecho. 저는 법학 수업을 듣고 있습니다.

Estoy tomando cinco asignaturas en este semestre.
저는 이번 학기에 다섯 과목을 듣고 있습니다.

❷ 의무 표현

「tener que+동사원형」 구문은 개인적인 의무를 나타낼 때 활용할 수 있습니다. 부록 〈동사 변화표〉 참고

> **tener que + 동사원형** : ~을 해야한다

Tengo que estudiar mucho. 나는 공부를 열심히 해야 한다.

Tienes que limpiar la casa. 너는 집을 청소해야 한다.

Tengo que tomar ocho unidades en este semestre. 저는 이번 학기에 8학점을 들어야 합니다.

Tengo que tomar nueve unidades por lo menos. 저는 적어도 9학점을 들어야 합니다.

❸ 앞으로의 다짐

「ir a+동사원형」 구문은 계획에 대한 표현을 나타낼 때 활용할 수 있습니다. 부록 〈동사 변화표〉 참고

> **ir a + 동사원형** : ~을/를 할 예정이다, ~을/를 할 것이다

Voy a tomar otra clase. 나는 다른 수업을 들을 예정이다.

Voy a cancelar esa clase. 나는 그 수업을 취소할 예정이다.

Voy a estudiar más. 저는 공부를 더 할 것입니다.

Voy a practicar más. 저는 연습을 더 할 것입니다.

Voy a esforzarme más. 저는 노력을 더 할 것입니다.

유용한 표현사전 10

주제에 관한 다양하고 유용한 표현들입니다. 자신에게 맞는 문장을 체크하고 재미있는 스토리를 만들어보세요. 돌발 질문에도 당황하지 않고 나만의 표현력은 물론, 논리력에도 자신감이 생깁니다.

☐ 저는 지금 경제학 석사 과정을 공부하고 있습니다.

Actualmente estoy haciendo en mi maestría en Economía.

☐ 저는 항상 좋은 점수를 받습니다.

Siempre saco buenas notas.

☐ 물리 수업은 주 5시간입니다.

Tengo clase de Física cinco horas a la semana.

☐ 제 전공이 경영학이기 때문에 영어 수준이 매우 중요합니다.

El nivel de inglés es muy importante porque mi carrera es Negocios.

☐ 수업을 통해 저의 작문 실력을 향상시킬 수 있습니다.

A través de la clase, puedo mejorar mis habilidades de escritura.

☐ 제 전공을 위해서 수학을 공부할 필요가 있어요.

Es necesario aprender Matemáticas para mi carrera.

☐ 졸업하려면 10학점을 더 들어야 해요.

Tengo que ganar diez unidades más para graduarme.

☐ 그 수업에 종종 집중하기가 어려워요.

A menudo es difícil concentrarme en esa clase.

☐ 저는 수업을 빠진 적이 없습니다.

Nunca me he saltado las clases.

☐ 의학은 제가 오래 전부터 공부하고 싶었던 분야입니다.

La ciencia médica es un tema que he querido estudiar durante mucho tiempo.

하루 일과

출제 빈도가 높은 인터뷰의 주제별 질문에 맞게 핵심 표현들을 단계적으로 나누어서 답변하는 연습을 해보세요. 응용 표현들을 활용해 나에게 맞는 표현들을 찾아 나만의 스토리도 만들어 보세요. 스페인어에 자신감이 생깁니다.

Q **Usted indicó en la encuesta que es estudiante. ¿Cómo es su vida cotidiana? ¿A qué hora empieza a estudiar? ¿Qué hace en el receso?**

설문조사에 의하면 당신은 학생이라고 했습니다. 당신의 하루 일과는 어떤가요? 몇 시에 공부를 시작하나요? 쉬는 시간에는 무엇을 하나요?

학교 가기 전 하는 일	Hmm… creo que mi vida cotidiana es muy ordinaria. Depende del horario de clase, pero normalmente me despierto a las siete. Antes de las ocho y media termino de prepararme para salir y me marcho de casa a las nueve.
수업 시작 시간	La primera clase casi siempre empieza a las diez y media.
점심시간	Después de la clase de la mañana, como con mis compañeros. Prefiero comer en la cafetería que está al lado de la residencia universitaria, ya que hay varios tipos de comidas que puedo elegir.
점심시간 이후	Los martes y miércoles también tengo clases por la tarde. Por lo tanto, cuando termino de comer, regreso al aula. Si no tengo clases, voy al cibercafé o a la biblioteca para hacer las tareas.
하루 일과에 대한 나의 생각	Siempre se repite este horario por eso es un poco aburrido. Sin embargo, disfruto de la vida universitaria, porque no estoy muy cansado/a ni ocupado/a.

흠… 제가 보기에 저의 하루 일과는 정말 평범한 것 같아요. 수업 시간표에 따라 다르지만, 보통 저는 7시에 일어납니다. 8시 반 전에 준비를 모두 마치고 9시에 집에서 나가죠. 저의 첫 수업은 주로 10시 반에 시작해요. 오전 수업 이후에, 친구들과 점심을 먹습니다. 저는 기숙사 옆에 있는 카페테리아에서 먹는 것을 선호하는데 이유는 제가 고를 수 있는 음식이 많기 때문이죠. 화요일과 수요일에는 오후에 수업이 있어요. 그래서 점심식사 이후에 강의실로 다시 가요. 수업이 없으면 숙제를 하기 위해 PC룸이나 도서관에 갑니다. 이런 스케줄이 항상 반복되기에 조금은 지루합니다. 그렇지만, 저는 엄청 바쁘지도, 피곤하지도 않은 저의 대학생활을 즐긴답니다.

새단어

- ☐ cafetería *f.* 카페테리아, 식당
- ☐ compañero/a *m.f.* 동료
- ☐ horario *m.* 시간표, 일정표
- ☐ ordinario/a 평범한
- ☐ vida cotidiana *f.* 일상생활

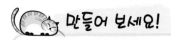
나만의 스토리를 만들어 보세요.

Hmm… creo que mi vida cotidiana es muy ordinaria. Depende del horario de clase, pero normalmente me despierto a las siete. Antes de las ocho y media termino de prepararme para salir y me marcho de casa a las nueve. La primera clase casi siempre empieza a las diez y media. Después de la clase de la mañana, como con mis compañeros. Prefiero comer en la cafetería que está al lado de ① _____ (학교 내 건물) _____, ya que hay varios tipos de comidas que puedo elegir. Los martes y miércoles también tengo clases por la tarde. Por lo tanto, cuando termino de comer, regreso al aula. Si no tengo clases, ② _____ (수업 후 하는 일) _____. Siempre se repite este horario por eso es un poco aburrido. Sin embargo, disfruto de la vida universitaria, porque ③ _____ (지금의 생활을 즐기는 이유) _____.

흠… 제가 보기에 저의 하루 일과는 정말 평범한 것 같아요. 수업 시간표에 따라 다르지만, 보통 저는 7시에 일어납니다. 8시 반 전에 준비를 모두 마치고 9시에 집에서 나가죠. 저의 첫 수업은 주로 10시 반에 시작해요. 오전 수업 이후에, 친구들과 점심을 먹습니다. 저는 ① 에 있는 카페테리아에서 먹는 것을 선호하는데 이유는 제가 고를 수 있는 음식이 많기 때문이죠. 화요일과 수요일에는 오후에 수업이 있어요. 그래서 점심식사 이후에 강의실로 다시 가요. 수업이 없으면 ② . 이런 스케줄이 항상 반복되기에 조금은 지루합니다. 그렇지만, 저는 ③ .

응용 표현들

나만의 표현을 찾아 위의 문장에 대입시켜 보세요.

① 학교 내 건물	• el aula 강의실 • el dormitorio 기숙사 • el gimnasio 체육관 • el salón 강당 • la biblioteca 도서관 • la sala de administración 행정실	
② 수업 후 하는 일	• repaso en la biblioteca (나는) 도서관에서 복습하다 • salgo con mis amigos (나는) 친구들과 놀러 가다 • trabajo a media jornada (나는) 아르바이트를 하다 • voy al gimnasio (나는) 체육관에 가다	
③ 지금의 생활을 즐기는 이유	• estudio lo que me gusta (내가) 좋아하는 것을 공부하다 • me siento animado/a (나는) 활기를 느낀다 • tengo tiempo de sobra para mis pasatiempos (나는) 취미를 위한 시간적 여유를 갖다	

*〈부록〉 기초 단어를 활용해 다양한 표현을 만들어 보세요.

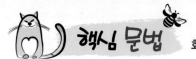

① 하루 일과 표현하기

스페인어로 하루 일과를 나타낼 때는 주로 '재귀동사'를 사용합니다.

Me levanto. (내가) 일어난다.　　　**Me despierto.** (내가) 잠에서 깬다.

Me ducho. (내가) 샤워를 한다.　　　**Me visto.** (내가) 옷을 입는다.

Me acuesto. (내가) 잠자리에 든다.

> **Tip!**
>
> • 시간표현도 함께 나타낼 때 : a la/las + 시간 : ~ 시에
>
> **a la una** 1시에　　　　**a las dos** 2시에　　　　**a las tres** 3시에
>
> Me levanto a las siete. 7시에 일어난다.
> Me acuesto a las once. 11시에 잠자리에 든다.
> Me despierto a la una. 1시에 잠에서 깬다.

② 이동 수단 표현하기

이동 수단을 표현할 때는 기본적으로 전치사 en을 사용하지만, 도보로 이동하는 경우에는 전치사 a를 사용합니다.

> **ir en + 교통수단** : (교통수단)으로 가다
> **ir a pie** : 걸어가다

Voy en metro. 저는 지하철로 갑니다.

Voy en autobús. 저는 버스로 갑니다.

Voy en mi coche. 저는 자가용으로 갑니다.

Voy a pie. 저는 (도보로) 걸어갑니다.

주제에 관한 다양하고 유용한 표현들입니다. 자신에게 맞는 문장을 체크하고 재미있는 스토리를 만들어보세요. 돌발 질문에도 당황하지 않고 나만의 표현력은 물론, 논리력에도 자신감이 생깁니다.

☐ 우리 대학은 서울 중심에 위치하고 있습니다.

Mi universidad está ubicada en el centro de Seúl.

☐ 캠퍼스는 매우 조용해서 공부하기 아주 좋은 장소입니다.

El campus es muy tranquilo, por lo que es un buen lugar para estudiar.

☐ 보통 저는 하루 종일 바쁩니다.

Por lo general, estoy ocupado/a todo el día.

☐ 우리 학교에는 꽤 큰 캠퍼스가 있습니다.

Mi universidad tiene un campus bastante grande.

☐ 모든 강의실이 공부하기에 편리합니다.

Todas las aulas son cómodas para estudiar.

☐ 학교에서 동아리 친구들을 만납니다.

Me encuentro con los amigos de mi club en la universidad.

☐ 수업 후에 거의 매일 우리는 테니스를 칩니다.

Jugamos al tenis casi todos los días después de la clase.

☐ 저는 숙제가 너무 많아서 충분히 쉬지를 못합니다.

Tengo tantas tareas que no puedo descansar lo suficiente.

☐ 우리는 최신 채용 정보에 관한 이야기를 나눕니다.

Hablamos mucho sobre nuestras búsquedas de trabajo.

☐ 우리는 점심을 먹으면서 수업에 관한 이야기를 합니다.

Hablamos de nuestras clases mientras comemos.

학교에서의 프로젝트 경험

출제 빈도가 높은 인터뷰의 주제별 질문에 맞게 핵심 표현들을 단계적으로 나누어서 답변하는 연습을 해보세요. 응용 표현들을 활용해 나에게 맞는 표현들을 찾아 나만의 스토리도 만들어 보세요. 스페인어에 자신감이 생깁니다.

Q Vamos a hablar sobre el proyecto más memorable en el que haya trabajado. ¿Cuándo trabajó en el proyecto y de qué se trataba? ¿Con quién hizo el proyecto? Descríbalo en detalle.

가장 기억에 남는 프로젝트에 대해 말해 보세요. 언제 진행한 프로젝트이고, 무엇에 관한 것이었나요? 누구와 함께 진행했나요? 자세히 묘사해 보세요.

최근 수강했던 과목	Tomé una clase de Negocios el último semestre.
프로젝트에 대한 간략한 내용	El profesor de la clase nos dividió en varios grupos y le dio a cada uno un tema diferente para investigar. Al final del curso, debíamos presentar el resultado de la investigación.
그룹 구성원과 주제	Los grupos se hicieron de seis personas y a nosotros nos tocó el tema de "El método de negocios exitosos".
프로젝트의 결론 및 교훈	Visitamos varios lugares de trabajo para recopilar información y datos. A través del conocimiento que obtuvimos, llegamos a la conclusión de que es importante entender las necesidades de los consumidores. Estaba bastante nervioso porque nuestra nota dependía mucho de esa presentación.
프로젝트 결과	Afortunadamente, nuestro proyecto tuvo éxito y todos recibimos buena nota.

저는 최근 학기에 경영학 수업을 들었어요. 교수님은 저희를 여러 그룹으로 나눈 후, 그룹별로 각자 조사해야 할 주제를 주셨어요. 마지막 시간에는 주제에 대한 조사 결과를 발표해야 했어요. 그룹은 6명의 학생으로 구성되어 있었고, 우리 그룹에는 "성공적인 경영 전략"이라는 주제가 주어졌어요. 우리는 정보와 데이터를 수집하기 위해 다양한 장소를 방문했죠. 우리가 얻은 내용을 통해 우리는 소비자들의 필요성을 이해하는 것이 매우 중요하다는 결론에 도달했어요. 그 발표에 따라 학점이 좌우되기 때문에 저는 매우 긴장됐어요. 다행히도, 우리 프로젝트는 성공했고 모두 좋은 학점을 받았답니다.

새단어

□ conclusión *f.* 결론 □ resultado *m.* 결과 □ tema *m.* 주제
□ investigación *f.* 조사

나만의 스토리를 만들어 보세요.

Tomé una clase de ① (과목명) el último semestre. El profesor de la clase nos dividió en varios grupos y le dio a cada uno un tema diferente para investigar. Al final del curso, debíamos presentar el resultado de la investigación. Los grupos se hicieron de seis personas y a nosotros nos tocó el tema de ②" (프로젝트 주제) ". Visitamos varios lugares de trabajo para recopilar información y datos. A través del conocimiento que obtuvimos, llegamos a la conclusión de que es importante ③ (프로젝트로 얻은 결론 중 중요한 것) . Estaba bastante nervioso porque nuestra nota dependía mucho de esa presentación. Afortunadamente, nuestro proyecto tuvo éxito y todos recibimos buena nota.

저는 최근 학기에 ① 수업을 들었어요. 교수님은 저희를 여러 그룹으로 나눈 후, 그룹별로 각자 조사해야 할 주제를 주셨어요. 마지막 시간에는 주제에 대한 조사 결과를 발표해야 했어요. 그룹은 6명의 학생으로 구성되어 있었고, 우리 그룹에는 ②" "이라는 주제가 주어졌어요. 우리는 정보와 데이터를 수집하기 위해 다양한 장소를 방문했죠. 우리가 얻은 내용을 통해 우리는 ③ 이 매우 중요하다는 결론에 도달했어요. 그 발표에 따라 학점이 좌우되기 때문에 저는 매우 긴장됐어요. 다행히도, 우리 프로젝트는 성공했고 모두 좋은 학점을 받았답니다.

응용 표현들

나만의 표현을 찾아 위의 문장에 대입시켜 보세요.

① 과목명	Conversación 회화 · Economía 경제 · Filosofía 철학 · Física 물리 · Literatura 문학 · Redacción 작문
② 프로젝트 주제	el análisis de la tendencia de económica 경제 경향 분석 el problema nacional de actualidad 국내 최신 이슈 la manera para aumentar la satisfacción de los trabajadores 근로자의 만족도 향상을 위한 방법 las ventajas y desventajas de sistema educativo 교육시스템의 장·단점
③ 프로젝트로 얻은 결론 중 중요한 것	comunicarse 소통하는 것 · cooperar 협력하는 것 proponer nuevas ideas libremente 자유롭게 의견을 제안하는 것

* 〈부록〉 기초 단어를 활용해 다양한 표현을 만들어 보세요.

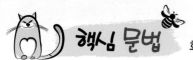

핵심 문법 회화에 필요한 문법들과 핵심 공식들을 알려줍니다.

❶ 과거시제로 '경험' 말하기 : poder동사

「poder＋동사원형」은 주어의 의지와 능력, 가능성을 나타낼 때 활용합니다. '과거의 경험'을 나타낼 때는 poder동사의 과거시제 중 1인칭 단수 변화형 pude를 사용합니다. 부록 〈동사 변화표〉 참고

> **poder + 동사원형** : ～을 할 수 있다

No pude terminarlo. 저는 그것을 끝낼 수 없었어요.

No pude resolverlo. 저는 그것을 해결할 수 없었어요.

No pude entenderlo. 저는 그것을 이해할 수 없었어요.

❷ 과거시제로 '경험' 말하기 : decidir동사

「decidir＋동사원형」은 '과거의 경험'을 나타낼 때는 decidir동사의 과거시제 중 1인칭 단수 변화형 decidí를 사용합니다.

> **decidir + 동사원형** : ～을 결정하다

Decidí pedir un favor. 저는 부탁하기로 결정했어요.

Decidí aplazar el plan. 저는 일정을 연기하기로 결정했어요.

Decidí cambiarlo. 저는 그것을 바꾸기로 결정했어요.

❸ 과거시제로 '감정' 표현하기 : estar동사

'내 기분 상태나 감정'을 나타낼 때는 estar동사의 불완료 과거시제를 활용합니다.
부록 〈동사 변화표〉 참고

> **estaba + 형용사** : 저는 (기분이, 상태가) ～했어요

Estaba agotado/a. 저는 피곤했어요.

Estaba preocupado/a. 저는 걱정됐어요.

Estaba contento/a. 저는 기뻤어요(만족했어요).

주제에 관한 다양하고 유용한 표현들입니다. 자신에게 맞는 문장을 체크하고 재미있는 스토리를 만들어보세요. 돌발 질문에도 당황하지 않고 나만의 표현력은 물론, 논리력에도 자신감이 생깁니다.

☐ 그룹의 몇몇 사람들이 제 시간에 작업을 완료하지 못했습니다.

Unas personas en el equipo no completaron su trabajo a tiempo.

☐ 프로젝트는 제가 예상했던 것처럼 이루어지지 않았습니다.

El proyecto no se realizó como lo había previsto.

☐ 팀원들은 저의 노력을 칭찬해 주었습니다.

Todos los miembros del equipo aplaudieron mis esfuerzos.

☐ 프로젝트는 끝냈지만, 결과는 좋지 않았습니다.

El proyecto se terminó, pero el resultado no fue bueno.

☐ 저는 프로젝트에 최선을 다했습니다.

Hice mi mejor esfuerzo en el proyecto.

☐ 프로젝트 주제는「국제 금융」이었습니다.

El tema del proyecto fue「la banca internacional」.

☐ 저는 다음날까지 리포트를 끝내야 했습니다.

Tuve que terminar mi informe al día siguiente.

☐ 수업 시간에, 그룹 프로젝트를 할 기회가 있었습니다.

En la clase, tuve la oportunidad de trabajar en un proyecto grupal.

☐ 저는 발표를 담당했습니다.

Estuve a cargo de hacer una presentación.

☐ 프로젝트는 저에게 자신감을 주었습니다.

El proyecto me dio confianza.

Capítulo 2

직장생활

학습목표 및 출제경향

Background Survey 항목에서 직업을 '직장인'으로 선택한 경우, 해당 신분으로 자기소개를 준비하고 회사업무와 관련된 다양한 어휘와 표현을 학습합니다. 직장생활과 관련하여 자주 출제되는 문제로는, 직장 상사 또는 직장 동료들 소개 및 그들과의 관계, 출·퇴근 과정 속 겪는 경험 또는 기억에 남는 일 등이 있습니다. 또한 단순 묘사를 요구하는 사무실 소개나 직장 내의 내가 일하는 공간 소개 등도 출제될 수 있습니다. 직장생활에서 자주 접할 수 있는 다양한 소재(사무용품들)들에 대한 설명 또한 출제 가능성이 있으므로 함께 학습해 보세요.

주제별 고득점 꿀팁

Lección 1
자기소개(직장인)
- ★ 본인의 업무와 직급, 회사 동료들과의 관계, 성격 묘사 등을 바탕으로 답변 준비하기
- ★ 성격, 취미 : 설문조사에서 선택한 내용과 어느 정도 관련 있게 준비하기
- ☞ 현재의 직업을 선택하게 된 이유도 간략하게 설명한다면 고득점에 더 가까워집니다.

Lección 2
직장 상사 소개
- ★ 인물묘사 : '자기소개'의 패턴을 활용 ▶ 기본 스토리 구성에 다양한 어휘를 넣어 연습하기
- ★ 직장 상사의 경우 직원들에게 대하는 태도 함께 말하기
- ☞ 묘사하는 내용에서는 스페인어에서 항상 기본이 되는 성수일치가 중요합니다.

Lección 3
사무실 소개
- ★ 장소묘사 : 상대방이 나의 답변을 듣고 해당 장소를 자연스럽게 떠올릴 수 있도록 표현하기
- ★ 사무실 묘사 : 주변 환경과 일하는 공간의 장·단점 함께 표현하기
- ☞ 사무실의 위치, 내부 구조, 일하는 공간 등을 위주로 전체적인 내용에서 세부적인 내용으로 이어지는 구조로 답변합니다.

Lección 4
출·퇴근 과정
- ★ 하루 일과를 나타내는 표현과 함께 출·퇴근 과정에서 하는 일, 느낀 점 등을 함께 표현하기
- ★ 출·퇴근 이동 : 주위 풍경이나 습관적으로 하는 일에 대해 설명하기

Lección 5
회사 프로젝트 경험
- ★ 회사 프로젝트 관련 질문 : 개인의 경험을 바탕으로 답변하므로 시제 사용에 유의하기
- ★ 프로젝트를 진행하면서 어려웠던 점, 느낀 점 등도 함께 언급하기
- ★ 마무리 단계 : 프로젝트의 결과에 대해 반드시 언급하기

✱ Background Survey에서 해당 항목을 선택했을 경우 출제되는 빈출도 높은 질문 유형들입니다. 인터뷰식 외국어 말하기 평가는 시험관이 말하는 질문의 의도를 빠르게 파악하는 것이 무엇보다 중요하므로, 주제별 다양한 질문 유형을 익혀 보세요.

다양한 질문유형 파악하기

 MP3 02-01

Lección 1 **자기소개(직장인)**	• Vamos a comenzar la entrevista ahora. Cuénteme un poco sobre su vida. 인터뷰를 시작하겠습니다. 당신에 대해 이야기해 주세요. • Usted indicó en la encuesta que trabaja. Cuénteme sobre su trabajo. 당신은 직장인이라고 말했습니다. 당신에 대해 이야기해 주세요.
Lección 2 **직장 상사 소개**	• Cuénteme sobre su jefe. ¿Cómo es su jefe? Descríbalo en detalle. 당신의 상사에 대해 이야기해 주세요. 당신의 상사는 어떤 사람이죠? 그 사람을 자세히 묘사해 주세요. • ¿Tiene un compañero de trabajo cercano? Cuénteme sobre una persona con la que sea cercano en su trabajo. 가까운 직장 동료가 있나요? 직장에서 가깝게 지내는 동료에 대해 이야기해 주세요.
Lección 3 **사무실 소개**	• Describa su oficina en detalle. ¿Qué cosas puede encontrar en su oficina? 당신의 사무실을 자세히 묘사해 주세요. 당신의 사무실에서 무엇을 찾을 수 있나요? • ¿Puede decirme sobre los lugares que están alrededor de su lugar de trabajo? 당신의 직장 주변의 장소들에 대해 말해줄 수 있나요? • ¿Qué tipo de muebles tiene en su oficina? 당신의 사무실에는 어떤 종류의 가구들이 있나요?
Lección 4 **출·퇴근 과정**	• ¿Cómo va al trabajo? ¿Qué hace en su camino al trabajo? 당신은 회사까지 어떻게 출근하나요? 출·퇴근길에 하는 일은 무엇인가요? • ¿Qué ve en el camino a su oficina? 출근길에 무엇을 보나요? • Dígame todo lo que hace antes de llegar a su oficina. 당신의 사무실에 도착하기 전 하는 모든 일에 대해 말해 주세요.
Lección 5 **회사 프로젝트 경험**	• Cuénteme sobre un proyecto que haya realizado recientemente. ¿Cuál fue su papel? ¿Cuál fue el resultado del proyecto? 당신이 최근에 수행한 프로젝트에 대해 말해 보세요. 당신의 역할은 무엇이었나요? 프로젝트의 결과는 어땠나요? • ¿Cuál fue el proyecto más memorable que ha hecho hasta ahora? ¿Por qué es tan memorable? 당신이 지금까지 했던 프로젝트 중 가장 기억에 남는 것은 무엇인가요? 이유는 무엇인가요?

자기소개 (직장인)

출제 빈도가 높은 인터뷰의 주제별 질문에 맞게 핵심 표현들을 단계적으로 나누어서 답변하는 연습을 해보세요. 응용 표현들을 활용해 나에게 맞는 표현들을 찾아 나만의 스토리도 만들어 보세요. 스페인어에 자신감이 생깁니다.

Q **Vamos a comenzar la entrevista ahora. Cuénteme un poco sobre su vida.**

이제 인터뷰를 시작합니다. 당신에 대해 이야기해 주세요.

* 아래 답변은 수험자의 성별이 남성일 경우의 내용입니다. 여성일 경우, <u>밑줄처리</u> 된 괄호 안의 단어로 바꿔서 사용하세요.

간단한 인사 표현	¡Hola! Encantado(/Encantada).
이름, 나이	Soy Minsu y tengo treinta y cinco años.
담당 업무, 근무 기간	Soy director(/directora) de exportación. Llevo tres años trabajando en una empresa comercial. Trabajo muchas horas pero es un trabajo interesante porque siempre aprendo cosas nuevas. Por eso me gusta mi trabajo. Además, en mi trabajo es importante hablar inglés y tengo mucho interés en los idiomas.
성격, 주변 사람들의 평판	Soy responsable y diligente. Mis compañeros dicen que soy un/a buen/a líder y están contentos trabajando conmigo.
결혼 여부, 동거인, 취미, 여가활동	Estoy soltero(/soltera) y vivo solo(/sola), así que tengo mucho tiempo libre. Los fines de semana no hago casi nada excepto jugar al fútbol.

안녕하세요! 만나서 반가워요. 제 이름은 민수이고 나이는 35살입니다. 저는 수출 담당 매니저입니다. 무역회사에서 3년째 일하는 중입니다. 일이 많지만, 항상 새로운 일들을 배울 수 있어서 흥미로워요. 그래서 저의 업무를 좋아합니다. 게다가 제가 하는 일에서 영어 구사 능력이 중요한데, 저는 외국어에 관심이 많거든요. 저는 책임감이 강하고 근면한 사람입니다. 제 동료들은 제가 좋은 리더라고 말하며, 저와 함께 일하는 것에 만족해합니다. 저는 미혼이고 혼자 살아서 여가시간이 많답니다. 주말에는 축구 하는 것 외에는 거의 아무것도 하지 않아요.

새단어

- □ contento/a 즐거운, 기쁜
- □ diligente 근면한
- □ líder *m.f.* 리더, 지도자
- □ responsable 책임감 있는
- □ solo/a 혼자서
- □ trabajo *m.* 일, 업무

나만의 스토리를 만들어 보세요.

¡Hola! Encantado. Soy Minsu y tengo treinta y cinco años. Soy ① (직책 및 부서)

. Llevo tres años trabajando en ② (근무하는 회사) . Trabajo

muchas horas pero es un trabajo interesante porque ③ (일을 좋아하는 이유)

. Por eso me gusta mi trabajo. Además, en mi trabajo es importante

④ (업무상 중요한 일) . Soy responsable y

diligente. Mis compañeros dicen que soy un/a buen/a líder y están contentos

trabajando conmigo. Estoy ⑤ (결혼 유무) y vivo ⑥ (동거인 유무) , así que tengo mucho

tiempo libre. Los fines de semana ⑦ (주말에 주로 하는 일) .

안녕하세요! 만나서 반가워요. 제 이름은 민수이고 나이는 35살입니다. 저는 ① 입니다. ②
에서 3년째 일하는 중입니다. 일이 많지만, ③ 흥미로워요. 그래서 저의 업무
를 좋아합니다. 게다가 제가 하는 일에서 ④ . 저는 책임
감이 강하고 근면한 사람입니다. 제 동료들은 제가 좋은 리더라고 말하며, 저와 함께 일하는 것에 만족해합니다. 저
는 ⑤ 이고 ⑥ 살아서 여가시간이 많답니다. 주말에는 ⑦ .

응용 표현들
나만의 표현을 찾아 위의 문장에 대입시켜 보세요.

① 직책 및 부서	직책 : director/a 관리자 · gerente 지배인 · responsable 책임자 · secretario/a 비서 부서 : Producción 생산 · Marketing 마케팅 · Finanzas 회계 · Ventas 영업	
② 근무하는 회사	· banco 은행 · empresa de construcción 건설회사 · empresa 회사 · fábrica 공장	
③ 일을 좋아하는 이유	· puedo conocer a mucha gente (나는) 많은 사람들을 만날 수 있다 · puedo tener varias experiencias (나는) 다양한 경험을 할 수 있다	
④ 업무상 중요한 일	· hablar varios idiomas 다양한 언어를 구사하는 것 · saber operar muchas máquinas 많은 기계를 다룰 줄 아는 것 · saber utilizar el ordenador 컴퓨터를 다룰 줄 아는 것	
⑤ 결혼 유무	· casado/a 기혼의 · soltero/a 미혼의	
⑥ 동거인 유무	· con familia 가족과 함께 · con mi compañero/a 동료와 함께 · con mis padres 부모님과 함께	
⑦ 주말에 주로 하는 일	· hago ejercicio (나는) 운동을 한다 · salgo con mis amigos (나는) 친구들과 함께 놀러 간다 · subo a la montaña (나는) 등산을 간다 · voy a pescar (나는) 낚시를 하러 간다	

* 〈부록〉 기초 단어를 활용해 다양한 표현을 만들어 보세요.

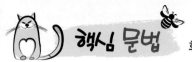 **핵심 문법** 회화에 필요한 문법들과 핵심 공식들을 알려줍니다.

① 직업 말하기

직업을 표현할 때는 ser동사를 활용하고 관사는 붙이지 않습니다.

> **ser동사 + 직업명**

Soy **estudiante.** 저는 학생입니다.

Soy **profesor/a.** 저는 선생님입니다.

Soy **ama de casa.** 저는 주부입니다.

Soy **oficinista.** 저는 회사원입니다.

② 근무 기간 표현하기

어떠한 기간 동안 이어져 온 행위를 말할 때 쓰는 표현으로 '근무 기간, 학습 기간, 연습 기간' 등을 표현할 때 자주 쓰입니다.

> **llevar동사 + 기간 + 현재분사** : ~ 동안 …해 오는 중이다

Llevo dos años trabajando **en una empresa de construcción.**

저는 2년 째 건설회사에서 일하고 있습니다.

Llevo seis meses trabajando **en una escuela.**

저는 6개월 째 학교에서 일하고 있습니다.

③ 관심사 표현하기

취미로 즐겨 하는 행동을 나타내거나, 평소 관심을 갖고 있는 분야에 대해 말할 때 주로 쓰는 표현입니다.

> **tener (mucho) interés en~** : ~에 관심이 (많이) 있다

Tengo (mucho) interés en **el cine.** 저는 영화에 관심이 (많이) 있어요.

Tengo (mucho) interés en **la música.** 저는 음악에 관심이 (많이) 있어요.

Tengo (mucho) interés en **el deporte.** 저는 스포츠에 관심이 (많이) 있어요.

주제에 관한 다양하고 유용한 표현들입니다. 자신에게 맞는 문장을 체크하고 재미있는 스토리를 만들어보세요. 돌발 질문에도 당황하지 않고 나만의 표현력은 물론, 논리력에도 자신감이 생깁니다.

☐ 저는 수출 관리자입니다.

Soy director/a de Exportación.

☐ 저는 이곳에서 5년째 일하고 있습니다.

Llevo cinco años trabajando aquí.

☐ 영어를 구사하는 것이 중요합니다.

Es importante hablar inglés.

☐ 제 직업은 전공과 연관이 있습니다.

Mi trabajo coincide con mi carrera.

☐ 저는 출장을 자주 가야 합니다.

Tengo que viajar frecuentemente de negocios.

☐ 제 일은 너무 단조롭고, 지루합니다.

Mi trabajo es muy rutinario y aburrido.

☐ 그 점이 제 일 중에서 가장 좋아하는 점입니다.

Eso es lo que más me gusta de mi trabajo.

☐ 보통 저는 고객을 응대합니다.

Normalmente atiendo a clientes.

☐ 비서 일이 제 적성에 맞습니다.

El trabajo de secretaria concuerda con mis aptitudes.

☐ 가끔 저는 지치기도 합니다.

A veces estoy agotado/a.

직장 상사 소개

출제 빈도가 높은 인터뷰의 주제별 질문에 맞게 핵심 표현들을 단계적으로 나누어서 답변하는 연습을 해보세요. 응용 표현들을 활용해 나에게 맞는 표현들을 찾아 나만의 스토리도 만들어 보세요. 스페인어에 자신감이 생깁니다.

Q Cuénteme sobre su jefe. ¿Cómo es su jefe? Descríbalo en detalle.

당신의 상사에 대해 이야기해 주세요. 당신의 상사는 어떤 사람이죠? 그 사람을 자세히 묘사해 주세요.

* 아래 답변은 직장 상사의 성별이 여성일 경우의 내용입니다. 남성일 경우, 밑줄처리 된 괄호 안의 단어로 바꿔서 사용하세요.

이름, 나이	Vale. ¿Quiere conocer a mi jefa(/jefe)? Ella(/Él) se llama Mina. No sé exactamente cuántos años tiene pero creo que unos cincuenta años.
함께 일한 기간	Trabajo con ella(/él) desde hace cinco años.
외모	Ella(/Él) es un poco gorda(/gordo) y de estatura media, pero es muy guapa(/guapo).
능력	Ella(/Él) es bastante inteligente. Sabe hablar cinco idiomas: coreano, inglés, español, chino y francés. Sobre todo habla español muy bien. Porque está casada(/casado) con un español (/una española), así que siempre habla español en casa.
성격	Además, es una persona responsable, honesta y trabajadora. También es muy generosa(/generoso) con los empleados. Todos la(/lo) aman y quieren hablar con ella(/él). Gracias a ella(/él) me encanta trabajar allí y no me preocupo si tengo alguna dificultad. Para mí, es la(/lo) mejor jefa(/jefe) que he tenido.

좋아요. 제 상사에 대해 알고 싶나요? 그녀의 이름은 미나입니다. 정확한 나이는 모르지만, 제가 보기에는 50세 정도 된 것 같아요. 그녀와 함께 일한 지는 5년 되었어요. 그녀는 조금 뚱뚱하고, 키는 중간 정도지만 굉장히 예뻐요. 그녀는 굉장히 똑똑해요. 한국어, 영어, 스페인어, 중국어, 그리고 프랑스어의 다섯 가지 언어를 말할 수 있습니다. 무엇보다도 스페인어를 굉장히 잘해요. 왜냐하면 스페인 남자와 결혼을 해서 집에서 항상 스페인어로 말을 하니까요. 게다가 책임감이 강하고 정직하며 부지런한 사람이죠. 직원들에게도 매우 관대합니다. 모두들 그녀를 좋아하고 그녀와 대화 나누기를 원합니다. 그녀 덕분에 저는 일하는 게 너무 좋고 어려움이 있어도 걱정하지 않아요. 저한테는 가장 좋은 상사랍니다.

새단어

- □ bastante 상당히, 꽤
- □ desde ~부터
- □ empleado *m.* 남자 직원
- □ español *m.* 스페인 남자, 스페인어
- □ jefa *f.* 여자 상사
- □ persona *f.* 사람
- □ sobre todo 무엇보다도

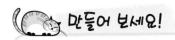
나만의 스토리를 만들어 보세요.

Vale. ¿Quiere conocer a mi jefa? Ella se llama Mina. No sé exactamente cuántos años tiene pero creo que unos cincuenta años. Trabajo con ella desde hace ① (함께 일한 기간) . Ella es un poco gorda y de estatura media, pero es muy guapa. Ella es bastante inteligente. Sabe hablar cinco idiomas: ② (구사하는 언어) . Sobre todo habla español muy bien. Porque está casada con un español, así que siempre habla español en casa. Además, es una persona responsable, honesta y trabajadora. También es muy generosa con los empleados. Todos la aman y quieren hablar con ella. Gracias a ella ③ (함께 일하면서 좋은 점) . Para mí, es la mejor jefa que he tenido.

좋아요. 제 상사에 대해 알고 싶나요? 그녀의 이름은 미나입니다. 정확한 나이는 모르지만, 제가 보기에는 50세 정도 된 것 같아요. 그녀와 함께 일한 지는 ① 되었어요. 그녀는 조금 뚱뚱하고, 키는 중간 정도지만 굉장히 예뻐요. 그녀는 굉장히 똑똑해요. ② 의 다섯 가지 언어를 말할 수 있습니다. 무엇보다도 스페인어를 굉장히 잘해요. 왜냐하면 스페인 남자와 결혼을 해서 집에서 항상 스페인어로 말을 하니까요. 게다가 책임감이 강하고 정직하며 부지런한 사람이죠. 직원들에게도 매우 관대합니다. 모두들 그녀를 좋아하고 그녀와 대화 나누기를 원합니다. 그녀 덕분에 저는 ③ . 저한테는 가장 좋은 상사랍니다.

응용 표현들

나만의 표현을 찾아 위의 문장에 대입시켜 보세요.

① 함께 일한 기간	mucho tiempo 오랜 기간 · poco tiempo 짧은 기간 · seis meses 6개월 · un año 1년
② 구사하는 언어	coreano 한국어 · chino 중국어 · inglés 영어 · japonés 일본어
③ 함께 일하면서 좋은 점	· aprendo mucho (내가) 많이 배운다 · me gusta mucho trabajar (내가) 일하는 것이 매우 좋다 · recibo mucha ayuda (내가) 많은 도움을 받는다 · trabajo cómodamente (내가) 편하게 일한다

* 〈부록〉 기초 단어를 활용해 다양한 표현을 만들어 보세요.

핵심 문법

회화에 필요한 문법들과 핵심 공식들을 알려줍니다.

❶ 기간 표현하기

일정 기간 이루어진 일에 대해 말할 때 자주 쓰는 표현입니다. '과거의 어느 시점부터 지금까지 이어지는 행위'를 표현할 때 씁니다.

> 현재시제 + desde hace + 기간 : ~하고 있는 지 … (기간이) 된다
> = Hace + 기간 + que + 현재시제

Nos conocemos desde hace mucho tiempo. 우리는 오래 전부터 알고 지냈어요.

Somos amigos desde hace tres años. 우리는 3년 전부터 친구예요.

Vivo aquí desde hace un mes. 저는 이곳에 한 달 전부터 살고 있어요.

❷ 능력 표현하기 : saber동사

saber동사는 '어떤 사실이나 지식을 아는 경우'에 사용합니다. 부록 〈동사 변화표〉 참고

> saber동사 + 동사원형 : ~을 할 줄 안다

Sé conducir. 저는 운전을 할 줄 알아요.

Sé tocar el piano. 저는 피아노 연주를 할 줄 알아요.

¿Sabes hablar inglés? 너는 영어를 할 줄 아니?

❸ 인간관계 표현하기

llevar동사는 '가지고 가다'의 의미를 갖는 동사지만, 인간관계에서 상대방에게 호감이 있거나, 상대방과의 친분 또는 친밀도를 말할 때도 llevarse의 형태로 활용하여 씁니다.

> llevarse bien/mal con~ : ~와 잘 지내다 / ~와 잘 못 지내다

Me llevo muy bien con ella. 저는 그녀와 성격이 잘 맞아요.

Me llevo mal con Pedro. 저는 뻬드로와 성격이 맞지 않아요.

주제에 관한 다양하고 유용한 표현들입니다. 자신에게 맞는 문장을 체크하고 재미있는 스토리를 만들어보세요. 돌발 질문에도 당황하지 않고 나만의 표현력은 물론, 논리력에도 자신감이 생깁니다.

☐ 저는 퇴근 후, 그녀와 술을 한잔 하러 자주 갑니다.

Después del trabajo, a menudo voy de copas con ella.

☐ 그/그녀는 회사에 있은 지 3개월밖에 안 됐습니다.

Él/Ella solo ha estado con la compañía tres meses.

☐ 동료들은 상사를 굉장히 칭찬했습니다.

Los compañeros ponen por las nubes al jefe.

☐ 그/그녀는 동료들 사이에서 인기가 많았습니다.

Él/Ella es muy popular entre los compañeros.

☐ 제 상사는 융통성이 없습니다.

Mi jefe/a no es nada flexible.

☐ 그는 매우 말수가 없고 차분합니다.

Él es muy callado y tranquilo.

☐ 그/그녀의 성격은 제 성격과 비슷합니다.

Su carácter es parecido al mío.

☐ 가끔 저는 제 상사를 이해하지 못합니다.

A veces no entiendo a mi jefe/a.

☐ 여전히 그/그녀와 이야기하는 것은 어렵습니다.

Todavía es difícil hablar con él/ella.

☐ 상사가 항상 기분이 나빠 있는 것은 아닙니다.

Mi jefe/a no siempre está de mal humor.

사무실 소개

출제 빈도가 높은 인터뷰의 주제별 질문에 맞게 핵심 표현들을 단계적으로 나누어서 답변하는 연습을 해보세요. 응용 표현들을 활용해 나에게 맞는 표현들을 찾아 나만의 스토리도 만들어 보세요. 스페인어에 자신감이 생깁니다.

Q **Describa su oficina en detalle. ¿Qué cosas puede encontrar en su oficina?**

당신의 사무실을 자세히 묘사해 주세요. 당신의 사무실에서 무엇을 찾을 수 있나요?

사무실의 위치	Mi oficina está un poco lejos de mi casa. Se tarda media hora en autobús. Está en el centro histórico, al lado de la catedral, en la calle Mayor.
층수 표현	Trabajo en la tercera planta de un edificio de cinco pisos.
사무실의 전체적인 공간	Ocho compañeros trabajan en la misma planta conmigo. Mi oficina no es muy grande, por lo tanto compartimos el espacio adecuadamente. En el centro hay una mesa redonda para los clientes. Detrás de la mesa, hay mesas de despacho para cada persona. Si pasa las mesas, puede encontrar un espacio para reuniones. Ahí están todos los equipos para presentaciones, como impresora, proyector, fotocopiadora, etcétera.
사무실에 대한 느낌	Hay ventanas grandes detrás de mi mesa de despacho. Dan a una calle peatonal, por eso es un poco ruidoso, pero me gusta ver pasar a la gente.

제 사무실은 우리 집에서 조금 멀어요. 버스로 30분 정도 걸려요. 마요르 거리의 대성당 옆에, 역사가 깊은 곳에 자리 잡고 있습니다. 저는 5층 건물 중 3층에서 일을 합니다. 8명의 직원이 저와 같은 층에서 일합니다. 사무실이 크지 않아서 저희는 적절하게 잘 나누어 사용하고 있어요. 중앙에는 손님들을 위한 둥근 탁자가 있습니다. 그 탁자 뒤로는 직원들의 사무용 책상들이 있습니다. 책상들을 지나가면 회의를 위한 공간이 있습니다. 그곳에는 프레젠테이션을 하기 위한 프린터기, 프로젝터, 복사기 등 모든 것이 갖추어져 있습니다. 제 사무실 책상 뒤로는 큰 창문들이 있습니다. 횡단보도 쪽을 향하고 있어서 조금 시끄럽지만, 사람들이 지나다니는 것을 볼 수 있어서 저는 좋아합니다.

새단어

- □ calle peatonal *f.* 횡단보도
- □ catedral *f.* 대성당
- □ despacho *m.* 집무실
- □ edificio *m.* 건물

- □ equipo *m.* 도구, 기구, 설비, 팀
- □ espacio *m.* 공간
- □ mismo/a 같은

- □ oficina *f.* 사무실
- □ planta *f.* 층
- □ ruidoso/a 시끄러운

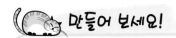
나만의 스토리를 만들어 보세요.

Mi oficina está ① (집에서의 거리) . Se tarda media hora ② (이동 방법) . Está en el centro histórico, al lado de la catedral, en la calle Mayor. Trabajo en la tercera planta de un edificio de cinco pisos. Ocho compañeros trabajan en la misma planta conmigo. Mi oficina no es muy grande, por lo tanto compartimos el espacio adecuadamente. En el centro hay ③ (사무실에서 볼 수 있는 사물) . Detrás de la mesa, hay ③ (사무실에서 볼 수 있는 사물) . Si pasa las mesas, puede encontrar un espacio para reuniones. Ahí están todos los equipos para presentaciones, como impresora, proyector, fotocopiadora, etcétera. Hay ③ (사무실에서 볼 수 있는 사물) detrás de mi mesa de despacho. Dan a una calle peatonal, por eso es un poco ruidoso, pero me gusta ver pasar a la gente.

제 사무실은 ① . ② 로 30분 정도 걸려요. 마요르 거리의 대성당 옆에, 역사가 깊은 곳에 자리 잡고 있습니다. 저는 5층 건물 중 3층에서 일을 합니다. 8명의 직원이 저와 같은 층에서 일합니다. 사무실이 크지 않아서 저희는 적절하게 잘 나누어 사용하고 있어요. 중앙에는 ③ 있습니다. 그 탁자 뒤로는 ③ 이 있습니다. 책상들을 지나가면 회의를 위한 공간이 있습니다. 그곳에는 프레젠테이션을 하기 위한 프린터기, 프로젝터, 복사기 등 모든 것이 갖추어져 있습니다. 제 사무실 책상 뒤로는 ③ 이 있습니다. 횡단보도 쪽을 향하고 있어서 조금 시끄럽지만, 사람들이 지나다니는 것을 볼 수 있어서 저는 좋아합니다.

응용 표현들

나만의 표현을 찾아 위의 문장에 대입시켜 보세요.

① 집에서의 거리	cerca de mi casa 집에서 가까이에 · lejos de mi casa 집에서 멀리에
② 이동 방법	a pie 걸어서 · en autobús 버스로 · en coche 자동차로 · en metro 지하철로
③ 사무실에서 볼 수있는 사물	archivador 문서 보관함 · dispensador de agua 정수기 · escritorio 책상 estantería 책장 · mesa redonda 원탁 · mostrador de información 안내 데스크 planta 식물, 층 · sofá 소파

* 〈부록〉 기초 단어를 활용해 다양한 표현을 만들어 보세요.

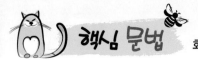 회화에 필요한 문법들과 핵심 공식들을 알려줍니다.

① 건물의 층수 표현하기

Trabajo en la segunda planta de un edificio de diez pisos.
저는 10층짜리 건물의 2층에서 일을 합니다.

Tomo la clase en la octava planta de un edificio de veinte pisos.
저는 20층짜리 건물의 8층에서 수업을 듣습니다.

Vivo en la cuarta planta de un edificio de cinco pisos.
저는 5층짜리 건물의 4층에 삽니다.

> **Tip!**
>
> • 건물의 층수를 표현할 때는 서수를 사용합니다. 스페인어에서는 서수의 경우 11이상의 수에는 쓰지 않고 기수로 대신하여 표현합니다.
>
> | | | |
> |---|---|---|
> | primero/a 첫 번째 | quinto/a 다섯 번째 | noveno/a 아홉 번째 |
> | segundo/a 두 번째 | sexto/a 여섯 번째 | décimo/a 열 번째 |
> | tercero/a 세 번째 | séptimo/a 일곱 번째 | |
> | cuarto/a 네 번째 | octavo/a 여덟 번째 | |

② 방향 표현하기

건물 등이 어느 쪽으로 향해 있다거나 어느 방향을 보고 있다는 의미를 말할 때는 dar동사를 활용하여 표현합니다. 부록 〈동사 변화표〉 참고

> **dar a ~ : ~를 향해 있다**

Las ventanas dan a una calle peatonal. 창문들은 횡단보도 쪽을 향해 있어요.
Mi habitación da a un patio. 제 방은 뜰을 향해 있어요.
El hotel da a una playa. 호텔은 해변을 향해 있어요.

유용한 표현사전 10

주제에 관한 다양하고 유용한 표현들입니다. 자신에게 맞는 문장을 체크하고 재미있는 스토리를 만들어보세요. 돌발 질문에도 당황하지 않고 나만의 표현력은 물론, 논리력에도 자신감이 생깁니다.

☐ 건물은 약 20년 전에 지어졌습니다.

El edificio fue construido hace unos veinte años.

☐ 우리 건물은 최근 리모델링 했습니다.

Nuestro edificio ha sido recientemente remodelado.

☐ 제 사무실은 복도 끝에 있습니다.

Mi oficina se encuentra al final del pasillo.

☐ 모든 것이 잘 갖추어져 있습니다.

Todo está bien equipado.

☐ 화분들이 줄지어 있습니다.

Hay una fila de macetas.

☐ 사무실에서는 무엇이든 찾기가 쉽습니다.

Es fácil encontrar cualquier cosa en nuestra oficina.

☐ 일하기가 굉장히 편합니다.

Es muy cómodo trabajar.

☐ 엘리베이터가 없습니다.

No hay ascensor.

☐ 쉴 수 있는 공간이 있습니다.

Hay un espacio para descansar.

☐ 건물은 접근성이 좋습니다.

El edificio está bien comunicado.

출·퇴근 과정

출제 빈도가 높은 인터뷰의 주제별 질문에 맞게 핵심 표현들을 단계적으로 나누어서 답변하는 연습을 해보세요. 응용 표현들을 활용해 나에게 맞는 표현들을 찾아 나만의 스토리도 만들어 보세요. 스페인어에 자신감이 생깁니다.

Q ¿Cómo va al trabajo? ¿Qué hace en su camino al trabajo?

당신은 회사까지 어떻게 출근하나요? 출근길에 하는 일은 무엇인가요?

이용하는 교통수단	Tomo el autobús para ir al trabajo. No hay aparcamiento en mi trabajo así que no puedo llevar mi coche.
소요 시간	Normalmente, se tarda media hora, pero a veces, cuando hay mucho tráfico, se tarda diez o veinte minutos más. No es una distancia corta, pero al menos no necesito transbordar.
예외	También tomo el metro de vez en cuando, pero prefiero tomar el autobús. Porque no me gusta el aire contaminado del metro.
하는 일	Siempre en mi camino al trabajo, escucho música y pienso en lo que hay que hacer ese día. Si tengo mucho trabajo, veo documentos en el autobús. Por supuesto, duermo cuando no he descansado lo suficiente durante la noche.
마무리	Algunas personas dicen que tomar el transporte público es perder el tiempo, pero en mi caso, disfruto de una pausa corta mirando hacia afuera. Por eso prefiero tomar el autobús para ir al trabajo.

저는 출근하기 위해 버스를 탑니다. 회사에 주차장이 없어서 차를 가져갈 수 없어요. 보통 30분이 걸리지만, 가끔 차가 막힐 때는 10분 또는 20분이 더 걸리기도 합니다. 짧은 거리는 아니지만, 적어도 환승할 필요가 없어요. 가끔 지하철을 타기도 하지만 저는 버스를 더 선호합니다. 지하철의 탁한 공기를 싫어해요. 출근길에 항상 음악을 듣고, 오늘 할 일을 생각합니다. 일이 많으면, 버스에서 서류를 보기도 해요. 물론, 전날 잠을 충분히 자지 못했을 때는 꾸벅꾸벅 졸기도 합니다. 어떤 사람들은 대중교통을 이용하는 것은 시간을 낭비하는 것과 같다고 말하지만, 제 경우에는, 밖을 보면서 잠깐 동안의 휴식을 즐길 수 있어요. 그래서 저는 버스를 타고 가며 시간을 보내는 것을 좋아합니다.

- □ **afuera** 외부로, 바깥으로
- □ **aparcamiento** *m.* 주차장
- □ **camino** *m.* 거리, 길
- □ **caso** *m.* 경우
- □ **coche** *m.* 자동차
- □ **de vez en cuando** 가끔
- □ **durante** ~동안에
- □ **pausa** *f.* 휴식, 쉼
- □ **tiempo** *m.* 시간, 때
- □ **transporte público** *m.* 대중교통

나만의 스토리를 만들어 보세요.

Tomo ① (교통수단)　　　para ir al trabajo. No hay aparcamiento en mi trabajo así que no puedo llevar mi coche. Normalmente, se tarda media hora, pero a veces, cuando hay mucho tráfico, se tarda diez o veinte minutos más. No es una distancia corta, pero al menos no necesito transbordar. También tomo ① (교통수단)　　　de vez en cuando, pero prefiero tomar ① (선호하는 교통수단) . Porque ② (선호하는 이유)　　　. Siempre en mi camino al trabajo, ③ (출근길에 하는 일)　　　. Si tengo mucho trabajo, ③ (출근길에 하는 일)　　　en el autobús. Por supuesto, duermo cuando no he descansado lo suficiente durante la noche. Algunas personas dicen que tomar el transporte público es perder el tiempo, pero en mi caso, disfruto de una pausa corta mirando hacia afuera. Por eso prefiero tomar el autobús para ir al trabajo.

저는 출근하기 위해 ① 　를 탑니다. 회사에 주차장이 없어서 차를 가져갈 수 없어요. 보통 30분이 걸리지만, 가끔 차가 막힐 때는 10분 또는 20분이 더 걸리기도 합니다. 짧은 거리는 아니지만, 적어도 환승할 필요가 없어요. 가끔 ① 　을 타기도 하지만 저는 ① 　를 더 선호합니다. ② 　　　　　　　　. 출근길에 항상 ③ 　　　　　. 일이 많으면, 버스에서 ③ 　　　　. 물론, 전날 잠을 충분히 자지 못 했을 때는 꾸벅꾸벅 졸기도 합니다. 어떤 사람들은 대중교통을 이용하는 것은 시간을 낭비하는 것과 같다고 말하지만, 제 경우에는, 밖을 보면서 잠깐 동안의 휴식을 즐길 수 있어요. 그래서 저는 버스를 타고 가며 시간을 보내는 것을 좋아합니다.

응용 표현들

나만의 표현을 찾아 위의 문장에 대입시켜 보세요.

① 교통수단	el autobús 버스 · el metro 지하철 · el taxi 택시 · la bicicleta 자전거
② 선호하는 이유	es más barato 더 저렴하다　es más rápido 더 빠르다 la estación de metro está cerca de mi casa 지하철역이 집 근처에 있다 la parada de autobús está cerca de mi casa 버스정류장이 집 근처에 있다 no hay atasco 교통체증이 없다
③ 출근길에 하는 일	hablo por teléfono con los clientes (나는) 고객들과 통화를 한다 leo mi agenda (나는) 내 스케줄러를 본다 reviso el correo electrónico (나는) 이메일을 확인한다 veo las noticias por el móvil (나는) 휴대폰으로 뉴스를 본다

＊〈부록〉 기초 단어를 활용해 다양한 표현을 만들어 보세요.

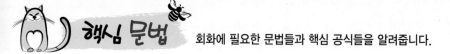

회화에 필요한 문법들과 핵심 공식들을 알려줍니다.

① 소요 시간 표현하기

특정한 사람이 주어가 아닌 무인칭을 주어로 하는 경우에 쓰는 표현입니다.

> **Se tarda + 시간 + en + 동사원형** : ~하는 데 … (시간이) 걸리다

Se tarda mucho en llegar. 도착하는 데 오래 걸려요.

Se tarda media hora en terminarlo. 그것을 끝내는 데 30분이 걸려요.

Se tarda un año en aprenderlo. 그것을 배우는 데 1년이 걸려요.

② 선호하는 것 표현하기

preferir동사는 '선호하다'의 의미로 자신이 좋아하는 것 또는 선호하는 것을 표현할 때 씁니다.

부록 〈동사 변화표〉 참고

> **preferir동사 + 동사원형/명사** : ~을 선호하다

Prefiero tomar el autobús para ir al trabajo. 저는 출근하기 위해 버스를 타는 것을 선호합니다.

Prefiero llevar el coche. 저는 차를 가지고 가는 것을 선호합니다.

Prefiero ir a pie. 저는 걸어가는 것을 선호합니다.

두 가지 경우를 비교하며 선호도를 나타내는 경우에는 「preferir A a B (B보다 A를 선호하다)」라는 표현을 씁니다.

Prefiero ir a pie a tomar el autobús. 저는 버스 타는 것보다 걸어가는 것을 선호합니다.

Prefiero el té al café. 저는 커피보다 차를 선호합니다.

Prefiero la honra al dinero. 저는 돈보다 명예를 선호합니다.

주제에 관한 다양하고 유용한 표현들입니다. 자신에게 맞는 문장을 체크하고 재미있는 스토리를 만들어보세요. 돌발 질문에도 당황하지 않고 나만의 표현력은 물론, 논리력에도 자신감이 생깁니다.

☐ 보통 저는 7시에 일어납니다.

Normalmente me levanto a las siete.

☐ 매일 아침 저는 집 주변을 조깅합니다.

Cada mañana, salgo a correr alrededor de mi casa.

☐ 보통 저는 출근하기 위해 버스를 탑니다.

Por lo general, tomo el autobús para ir a trabajar.

☐ 매일 출근하기 위해 한 시간이 걸립니다.

Todos los días tardo una hora en llegar al trabajo.

☐ 저는 사무실에 8시 50분에 도착합니다.

Llego a la oficina a las nueve menos diez.

☐ 저는 한 번도 지각한 적이 없습니다.

Nunca he llegado tarde.

☐ 퇴근은 대략 6시에 합니다.

Salgo del trabajo más o menos a las seis.

☐ 출근길에 커피를 한 잔 마십니다.

Tomo una taza de café en camino al trabajo.

☐ 거의 늦게까지 일하지는 않습니다.

Casi no trabajo hasta tarde.

☐ 길에서 많은 시간을 보낼 필요가 없습니다.

No necesito pasar mucho tiempo en la calle.

회사 프로젝트 경험

출제 빈도가 높은 인터뷰의 주제별 질문에 맞게 핵심 표현들을 단계적으로 나누어서 답변하는 연습을 해보세요. 응용 표현들을 활용해 나에게 맞는 표현들을 찾아 나만의 스토리도 만들어 보세요. 스페인어에 자신감이 생깁니다.

Q **Cuénteme sobre un proyecto que haya realizado recientemente. ¿Cuál fue su papel? ¿Cuál fue el resultado del proyecto?**

당신이 최근에 수행한 프로젝트에 대해 말해 보세요.
당신의 역할은 무엇이었나요? 프로젝트의 결과는 어땠나요?

프로젝트 수행 시기 및 간략한 내용	Participé en un proyecto de grupo para analizar la estrategia de mercadotecnia el mes pasado. El proyecto no fue tan difícil, pero el tiempo para completarlo fue corto.
프로젝트 진행 과정	Primero, recolectamos los datos basados en recientes estrategias exitosas de mercadotecnia. Luego, elegimos las estrategias más adecuadas para nuestra empresa. Aunque hubo varias propuestas, elegimos las que tenían mayor probabilidad de ser realizadas. Propusimos ofrecer nuestra página web y manuales de uso en varios idiomas a nuestros clientes.
프로젝트 결과	Presenté nuestro análisis en la conferencia y recibimos aplausos de los ejecutivos.
프로젝트에 대한 소감	Aunque tuvimos que trabajar hasta tarde en el proyecto, fue un momento inolvidable para nuestro equipo, porque obtuvimos un buen resultado.

지난달, 저는 마케팅 전략을 분석하는 팀 프로젝트를 수행하였습니다. 프로젝트 자체는 그렇게 어렵지 않았지만, 우리는 시간이 충분하지 않았어요. 먼저, 최근 성공적이었던 마케팅 전략들을 바탕으로 자료를 수집했습니다. 그런 다음, 우리 회사에 적합한 전략들을 골랐어요. 다양한 전략들이 있었지만, 우리는 실현 가능성이 있는 전략들을 선택했습니다. 우리는 제품을 볼 수 있는 홈페이지에 다양한 언어를 지원하고, 제품 설명서 또한 더 많은 언어로 배포하는 방안을 제시했습니다. 우리의 분석 결과를 회의에서 발표하였고, 임원들로부터 큰 박수를 받았습니다. 프로젝트를 하느라 늦게까지 일하곤 했지만, 좋은 성과를 얻으면서 우리 팀으로서는 잊을 수 없는 순간이었습니다.

□ análisis *m.* 조사, 분석	□ estrategia *f.* 전략	□ mercadotecnia *f.* 마케팅
□ conferencia *f.* 회의	□ inolvidable 잊을 수 없는	□ proyecto *m.* 프로젝트
□ empresa *f.* 회사	□ manual de uso *m.* 사용설명서	

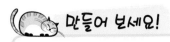

나만의 스토리를 만들어 보세요.

Participé en un proyecto de grupo para ①   (프로젝트 내용)
② (프로젝트를 수행한 시기) . El proyecto no fue tan difícil, pero el tiempo para completarlo fue corto. Primero, recolectamos los datos basados en recientes estrategias exitosas de mercadotecnia. Luego, elegimos las estrategias más adecuadas para nuestra empresa. Aunque hubo varias propuestas, elegimos las que tenían mayor probabilidad de ser realizadas. ③
            (프로젝트에서 한 일)   . Presenté nuestro análisis en la conferencia y recibimos aplausos de los ejecutivos. Aunque ④
        (프로젝트를 하면서 어려웠던 점)   , fue un momento inolvidable para nuestro equipo, porque obtuvimos un buen resultado.

② ____ . 저는 ① _____ 팀 프로젝트를 수행하였습니다. 프로젝트 자체는 그렇게 어렵지 않았지만, 우리는 시간이 충분하지 않았어요. 먼저, 최근 성공적이었던 마케팅 전략들을 바탕으로 자료를 수집했습니다. 그런 다음, 우리 회사에 적합한 전략들을 골랐어요. 다양한 전략들이 있었지만, 우리는 실현 가능성이 있는 전략들을 선택했습니다. ③ _____ . 우리의 분석 결과를 회의에서 발표하였고, 임원들로부터 큰 박수를 받았습니다. 프로젝트를 하느라 ④ ____ , 좋은 성과를 얻으면서 우리 팀으로서는 잊을 수 없는 순간이었습니다.

응용 표현들

나만의 표현을 찾아 위의 문장에 대입시켜 보세요.

① 프로젝트 내용	actualizar el programa de seguridad para empleados 직원용 보안 프로그램을 업그레이드하는 것 entrevistar a los empleados sobre el trabajo que realizan 업무에 대해 직원들의 인터뷰를 하는 것 publicar un nuevo boletín informativo para los clientes 고객을 위한 정보지를 발행하는 것	
② 프로젝트를 수행한 시기	el año pasado 작년 · hace una semana 일주일 전 · hace un mes 한 달 전 la semana pasada 지난주	
③ 프로젝트에서 한 일	actualicé el programa (나는) 프로그램을 업그레이드시켰다 escribí un artículo sobre las entrevistas (나는) 인터뷰의 기사를 작성했다 publicamos el primer boletín informativo (우리는) 첫 정보지를 발행했다	
④ 프로젝트를 하면서 어려웠던 점	este proyecto tomó más tiempo del que pensaba 내가 생각했던 것보다 시간이 더 걸렸다 había muchas dificultades imprevistas 예상치 못한 어려움이 많았다 no funcionaba el programa 프로그램이 작동하지 않았다	

* 〈부록〉 기초 단어를 활용해 다양한 표현을 만들어 보세요.

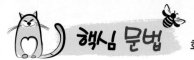
❶ 과거시제로 '의무' 말하기 : tener동사

「tener que + 동사원형」은 주어의 의무를 나타낼 때 활용합니다. 그러나 '과거의 의무를 나타낼 때' 는 tener동사의 과거시제 중 1인칭 단수 변화형 tuve를 사용합니다. 부록 〈동사 변화표〉 참고

> **tuve que + 동사원형** : ~을/를 해야 했다

Tuve que asistir a esa conferencia. 저는 그 회의에 참석해야 했었습니다.

Tuve que abreviar las vacaciones. 저는 휴가를 단축해야 했었습니다.

Tuve que trabajar hasta tarde. 저는 늦게까지 일을 해야 했었습니다.

❷ 과거시제로 '경험' 말하기 : ser동사

ser동사의 과거시제 중 3인칭 단수 변화형 fue를 사용하여 '주어가 ~하였다'라는 표현을 합니다. 단, ser동사와 ir동사의 과거시제 변화형은 동일하므로 문맥상 의미를 파악하여야 하는 점을 주의 하세요. 부록 〈동사 변화표〉 참고

El proyecto no fue tan difícil. 프로젝트는 그렇게 어렵지 않았습니다.

El trabajo fue muy interesante. 일은 굉장히 재미있었습니다.

Eso no fue tan fácil. 그것은 그렇게 쉬운 것은 아니었습니다.

[ir(가다)동사]

Elena no fue a España. 엘레나는 스페인에 가지 않았습니다.

Mi hermano fue a la playa ayer. 남동생은 어제 해변에 갔습니다.

Juan fue en metro. 후안은 지하철로 갔습니다.

자신에게 맞는 답변을 체크해 보세요. ☑

주제에 관한 다양하고 유용한 표현들입니다. 자신에게 맞는 문장을 체크하고 재미있는 스토리를 만들어보세요. 돌발 질문에도 당황하지 않고 나만의 표현력은 물론, 논리력에도 자신감이 생깁니다.

☐ 작년 여름 프로젝트를 진행한 기억이 있습니다.

Recuerdo que estaba trabajando en un proyecto el verano pasado.

☐ 제 업무는 보도자료를 쓰는 것이었습니다.

Mi cargo era escribir comunicados de prensa.

☐ 저는 회의록을 작성해야 했습니다.

Tuve que hacer las minutas de las reuniones.

☐ 저는 다른 프로젝트를 진행하느라 바빴습니다.

Estaba muy ocupado/a trabajando en el otro proyecto.

☐ 저는 일정을 다시 잡아야 했습니다.

Tuve que reprogramar.

☐ 우리는 이 프로젝트를 극비리에 진행해야 했습니다.

Tuvimos que hacer este proyecto en absoluto secreto.

☐ 그것이 프로젝트 중 가장 어려운 일이었습니다.

Eso fue el trabajo más difícil del proyecto.

☐ 끝난 후에 저는 보너스를 받았습니다.

Después de terminarlo, recibí una bonificación.

☐ 저는 관리자로 승진했습니다.

Fui ascendido/a a supervisor/a.

☐ 프로젝트에서 성공했기 때문에 저는 매우 만족스러웠습니다.

Estuve muy contento/a porque tuve éxito en el proyecto.

Capítulo

3

가족 및 이웃

학습목표 및 출제경향 자기소개 다음으로 자주 출제되는 주제로, 가족이나 이웃 및 주변 환경에 대한 묘사와 경험 등에 대해 출제됩니다. Background Survey 항목에서 선택한 거주형태에 관련된 질문이 나오므로 '아파트'나 '주택'으로 선택할 것을 예상하여 답변을 준비하고 가족 또는 이웃과 관련된 다양한 어휘와 표현을 학습합니다. 주로 출제되는 내용은 가족 구성원에 대한 설명과 관계 및 분위기, 내가 사는 동네의 모습, 집안일과 관련된 경험, 에피소드 등이 출제되고 있습니다. 집안일과 관련된 문제는 여가활동의 '주거 개선' 부분에서 출제될 수 있고, 콤보 형식으로 출제되기도 합니다.

주제별 고득점 꿀팁

Lección 1
가족 소개

✱ 가족 구성원을 소개 ▶ 각 구성원의 성격과 외모 묘사하기
✱ 가족 중 나와 가장 가깝게 지내는 구성원을 소개하고 가까운 이유와 함께 하는 활동 설명하기
✱ 가족과 함께 거주하지 않는 경우 : 가족과 만나는 횟수, 방법, 장소 등 간략하게 설명하기

Lección 2
이웃 소개

✱ 사는 동네에 대한 간략한 묘사, 주변에서 자주 보는 이웃의 모습, 추측되는 일과 등 설명하기
☞ 이웃과 교류가 활발한 경우, 함께 하는 활동에 대해 언급하고, 교류가 많지 않은 경우에는 그 이유에 대해서도 설명합니다.

Lección 3
거주지 소개

✱ 거주지의 형태가 아파트인지, 주택인지를 대답하기
✱ 집의 구조에 대해 열거 후, 위치 및 장소 묘사의 어휘는 다양하게 구사하기
☞ 고득점을 위해 감독관이 집 내부의 모습을 떠올릴 수 있도록, 공간의 특징들도 함께 답변합니다.

Lección 4
가족 구성원이 맡은 집안일

✱ 가족 구성원별로 각자 맡은 집안일에 대해 설명하기
✱ 내가 맡은 집안일에 대해 설명하고 맡게 된 이유와 어려운 점 등을 함께 표현하기

Lección 5
집안일 관련 경험

✱ 내가 맡았던 집안일 ▶ 집안일을 수행한 과정 또는 하지 못한 이유 ▶ 결과 ▶ 교훈
☞ 위의 스토리 전개를 위해 어려웠을 때 겪었던 경험에 대해 답변하는 것이 좋습니다.

✴ Background Survey에서 해당 항목을 선택했을 경우 출제되는 빈출도 높은 질문 유형들입니다. 인터 뷰식 외국어 말하기 평가는 시험관이 말하는 질문의 의도를 빠르게 파악하는 것이 무엇보다 중요하므로, 주제별 다양한 질문 유형을 익혀 보세요.

다양한 질문유형 파악하기

 MP3 03-01

Lección 1 가족 소개	• Cuénteme sobre su familia. ¿Cuántas personas hay en su familia? ¿Con quién de su familia se lleva mejor? Describa cada persona en detalle. 당신의 가족에 대해 이야기해 주세요. 당신의 가족은 몇 명인가요? 가족 중 누구와 가장 가까운가요? 각 구성원들에 대해 자세히 묘사해 주세요. • ¿Podría hablar sobre su familia? ¿Cómo pasa el tiempo con su familia? 당신의 가족에 대해 말해줄 수 있나요? 가족과 어떻게 시간을 보내나요?
Lección 2 이웃 소개	• ¿Podría hablar sobre su vecindario? ¿Cómo es la vista y la gente allí? ¿Le gusta o no? Cuénteme en detalle. 당신의 이웃에 대해 말해줄 수 있나요? 그곳의 모습과 사람들은 어떤가요? 마음에 드나요? 자세히 이야기해 주세요. • Describa las interacciones que tiene con sus vecinos. ¿Con qué frecuencia se ven? ¿Qué actividades hacen? 당신의 이웃과의 교류에 대해 설명해 주세요. 얼마나 자주 만나나요? 어떤 활동들을 하나요?
Lección 3 거주지 소개	• Cuénteme sobre su casa. ¿Cómo es? ¿Qué tipo de habitaciones tiene? 당신의 집에 대해 이야기해 주세요. 어떻게 생겼나요? 어떤 종류의 방이 있나요? • Cuénteme sobre su habitación. ¿Cómo es? ¿Qué hay en su habitación? 당신의 방에 대해 이야기해 주세요. 어떻게 생겼나요? 방에 무엇이 있나요?
Lección 4 가족 구성원이 맡은 집안일	• Cuénteme sobre las tareas domésticas que cada miembro de la familia es responsable. ¿Qué tarea hace usted normalmente? ¿Con qué frecuencia la hace? 가족 구성원이 맡은 집안일에 대해 말해 보세요. 당신은 보통 어떤 일을 하나요? 그 일을 얼마나 자주하나요? • ¿Con quién vive? ¿Cómo se dividen las tareas domésticas entre las personas que viven con usted? 당신은 누구와 함께 살고 있나요? 집안일은 어떻게 분배하나요?
Lección 5 집안일 관련 경험	• ¿Qué fue lo más memorable de las tareas domésticas? Cuénteme qué pasó y qué hizo. 집안일과 관련해서 가장 기억에 남는 일은 무엇인가요? 무슨 일이 있었고, 당신이 무엇을 했는지 이야기해 주세요. • Deme un ejemplo de un momento en el que no cumplió con su responsabilidad cuando era un niño. ¿Qué pasó después? 어렸을 때 집안일을 제대로 하지 못한 경험을 말해주세요. 그 다음에는 무슨 일이 있었나요?

가족 소개

출제 빈도가 높은 인터뷰의 주제별 질문에 맞게 핵심 표현들을 단계적으로 나누어서 답변하는 연습을 해보세요. 응용 표현들을 활용해 나에게 맞는 표현들을 찾아 나만의 스토리도 만들어 보세요. 스페인어에 자신감이 생깁니다.

Q **Cuénteme sobre su familia. ¿Cuántas personas hay en su familia? ¿Con quién de su familia se lleva mejor? Describa cada persona en detalle.**

당신의 가족에 대해 이야기해 주세요. 당신의 가족은 몇 명인가요? 가족 중 누구와 가장 가까운가요? 각 구성원들에 대해 자세히 묘사해 주세요.

서론	Bueno, voy a presentarle a mi familia.
가족 구성원 소개	Hay cinco miembros en mi familia: mi padre, mi madre, un hermano mayor, una hermana menor y yo.
부모님 소개	Mi padre es muy tranquilo. Debido a tanto trabajo, no puede pasar mucho tiempo con nosotros en casa. Al contrario, mi madre es amable y muy cariñosa. Ella es ama de casa.
형제, 자매 소개	Mi hermano mayor es arquitecto. Está casado y vive muy lejos de mi ciudad. Por lo tanto, nos vemos de vez en cuando. Me llevo muy bien con mi hermana menor, porque tenemos casi los mismos gustos. Por ejemplo, nos gusta jugar a los videojuegos y pasear con nuestro perro. Además, nos parecemos mucho. Ella siempre me hace feliz.
내가 가장 좋아하는 가족	Por supuesto, quiero a toda mi familia pero mi madre es la mejor. Puedo contarle mis problemas francamente. También ella cocina muy bien y los fines de semana hacemos postres juntos/as. Me encanta pasar el tiempo con mi madre.

좋아요, 당신에게 우리 가족을 소개할게요. 우리 가족은 아버지, 어머니, 오빠(형), 여동생 그리고 저, 총 5명입니다. 아버지는 굉장히 조용하신 분이에요. 일이 많으셔서, 우리와 많은 시간을 보내지 못하세요. 반대로, 어머니는 상냥하고 좋은 분입니다. 그녀는 주부입니다. 제 오빠(형)는 건축가예요. 결혼을 해서 멀리 살아요. 그래서 우리는 가끔씩 만납니다. 여동생하고는 취미가 비슷해서 저랑 잘 어울려요. 예를 들면, 비디오게임을 하거나, 강아지와 산책을 해요. 게다가 우리는 서로 많이 닮았어요. 그녀는 항상 나를 기쁘게 해주죠. 물론 저는 가족 모두를 좋아하지만, 엄마를 제일 좋아해요. 엄마한테는 제 고민을 솔직하게 털어놓을 수 있어요. 또, 요리를 굉장히 잘하셔서 주말마다 같이 디저트를 만들어요. 그녀와 함께 하는 시간이 저는 너무 좋아요.

새단어

- □ cariñoso/a 사랑스러운, 호감이 있는
- □ ciudad *f.* 도시
- □ feliz 행복한
- □ fin de semana *m.* 주말
- □ miembro *m.* 구성원, 멤버
- □ todo/a 모든
- □ tranquilo/a 조용한

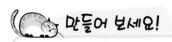

나만의 스토리를 만들어 보세요.

Bueno, voy a presentarle a mi familia. Hay cinco miembros en mi familia: mi padre, mi madre, un hermano mayor, una hermana menor y yo. Mi padre es muy tranquilo. Debido a tanto trabajo, no puede pasar mucho tiempo con nosotros en casa. Al contrario, mi madre es amable y muy cariñosa. Ella es ama de casa. Mi hermano mayor es arquitecto. Está casado y vive muy lejos de mi ciudad. Por lo tanto, nos vemos de vez en cuando. Me llevo muy bien con mi hermana menor, ① _____(사이가 좋은 이유)_____ . Por ejemplo, nos gusta ② _____(좋아하는 취미 생활)_____ . Además, nos parecemos mucho. Ella siempre me hace feliz. Por supuesto, quiero a toda mi familia pero mi madre es la mejor. Puedo contarle mis problemas francamente. También ella cocina muy bien y los fines de semana hacemos postres juntos/as. Me encanta pasar el tiempo con mi madre.

좋아요, 당신에게 우리 가족을 소개할게요. 우리 가족은 아버지, 어머니, 오빠(형), 여동생 그리고 저, 총 5명입니다. 아버지는 굉장히 조용하신 분이에요. 일이 많으셔서, 우리와 많은 시간을 보내지 못하세요. 반대로, 어머니는 상냥하고 좋은 분입니다. 그녀는 주부입니다. 제 오빠(형)는 건축가예요. 결혼을 해서 멀리 살아요. 그래서 우리는 가끔씩 만납니다. 여동생하고는 ① _____ 해서 저랑 잘 어울려요. 예를 들면, ② _____ . 게다가 우리는 서로 많이 닮았어요. 그녀는 항상 나를 기쁘게 해주죠. 물론 저는 가족 모두를 좋아하지만, 엄마를 제일 좋아해요. 엄마한테는 제 고민을 솔직하게 털어놓을 수 있어요. 또, 요리를 굉장히 잘하셔서 주말마다 같이 디저트를 만들어요. 그녀와 함께 하는 시간이 저는 너무 좋아요.

응용 표현들
나만의 표현을 찾아 위의 문장에 대입시켜 보세요.

① 사이가 좋은 이유	porque no hay gran diferencia de edad 나이 차이가 많지 않기 때문에
	porque pasamos mucho tiempo juntos 많은 시간을 함께 보내기 때문에
	porque trabajamos en algo similar 비슷한 일을 하기 때문에
② 좋아하는 취미 생활	acampar 캠핑하는 것 andar en bicicleta 자전거 타는 것
	tomar fotos 사진을 찍는 것 ver películas 영화를 보는 것
	visitar museos 박물관에 가는 것

＊ 〈부록〉 기초 단어를 활용해 다양한 표현을 만들어 보세요.

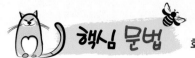

❶ 소유 표현하기

Juan es mi hermano. 후안은 저의 남자 형제입니다.

Pedro y Elena son mis primos. 뻬드로와 엘레나는 저의 사촌들입니다.

Mis padres son amables. 우리 부모님들은 상냥합니다.

Ellos son mis abuelos. 그분들은 저의 조부모님입니다.

> **Tip!**
> · 스페인어의 소유형용사는 꾸며주는 명사의 성과 수에 일치시킵니다. 소유자와 무관함을 주의하세요.
>
> mi / mis (나의)
> mi casa 나의 집   mis libros 나의 책들
>
> nuestro / nuestra / nuestros / nuestras (우리들의)
> nuestro libro 우리들의 책   nuestros libros 우리들의 책들
> nuestra casa 우리들의 집   nuestras casas 우리들의 집들

❷ 취미생활 표현하기

> Me gusta + 단수명사/동사원형 : 나는 ~을/를 좋아합니다,
> Me gustan + 복수명사   나는 ~하는 것을 좋아합니다

Me gusta el viaje. 저는 여행을 좋아합니다.

Me gustan los deportes. 저는 스포츠들을 좋아합니다.

Me gusta pasear. 저는 산책하는 것을 좋아합니다.

> Le gusta + 단수명사/동사원형 : 그/그녀/당신은 ~을/를 좋아합니다,
> Le gustan + 복수명사   ~하는 것을 좋아합니다

Le gusta el fútbol. 그/그녀/당신은 축구를 좋아합니다.

Le gustan las mascotas. 그/그녀/당신은 애완동물들을 좋아합니다.

Le gusta nadar. 그/그녀/당신은 수영하는 것을 좋아합니다.

> **Tip!**
> · 동사원형은 여러 개가 오더라도, 'Me/Le gusta ~' 형태를 사용합니다.
>
> Me gusta cantar y bailar. 저는 노래하고 춤추는 것을 좋아합니다.
> Le gusta viajar y descansar. 그/그녀/당신은 여행하고 휴식을 취하는 것을 좋아합니다.

주제에 관한 다양하고 유용한 표현들입니다. 자신에게 맞는 문장을 체크하고 재미있는 스토리를 만들어보세요. 돌발 질문에도 당황하지 않고 나만의 표현력은 물론, 논리력에도 자신감이 생깁니다.

☐ 특히 엄마와 저는 공통점이 많아서 아주 가까운 사이입니다.

Especialmente mi mamá y yo somos muy cercanos/as ya que tenemos mucho en común.

☐ 우리는 다른 취미를 가지고 있습니다.

Tenemos gustos diferentes.

☐ 우리는 매우 친한 사이입니다.

Somos uña y carne.

☐ 우리는 공통점이 많습니다.

Tenemos muchas cosas en común.

☐ 그들은 화목하게 지냅니다.

Ellos tienen una buena relación.

☐ 저는 우리 가족으로 인해 행복하고 항상 감사하게 생각합니다.

Estoy feliz con mi familia y siempre estoy agradecido/a por ella.

☐ 우리 가족은 서로 다른 점이 많지만, 그래도 서로 사랑합니다.

Los miembros de mi familia son muy diferentes, pero nos amamos mucho.

☐ 저는 형제/자매가 많아서 외롭지 않습니다.

Nunca me he sentido solo/a, porque tengo muchos hermanos.

☐ 그/그녀는 저의 숙제를 자주 도와줍니다.

Él/Ella a menudo me ayuda con mis tareas.

☐ 우리는 주중(평일)에는 자주 보지 못하지만, 일요일마다 다 같이 저녁식사를 합니다.

No nos vemos mucho entre semana, pero cenamos juntos los domingos.

이웃 소개

출제 빈도가 높은 인터뷰의 주제별 질문에 맞게 핵심 표현들을 단계적으로 나누어서 답변하는 연습을 해보세요. 응용 표현들을 활용해 나에게 맞는 표현들을 찾아 나만의 스토리도 만들어 보세요. 스페인어에 자신감이 생깁니다.

Q ¿Podría hablar sobre su vecindario? ¿Cómo es la vista y la gente allí? ¿Le gusta o no? Cuénteme en detalle.

당신의 이웃에 대해 말해줄 수 있나요? 그곳의 모습과 사람들은 어떤가요? 마음에 드나요? 자세히 이야기해 주세요.

서론	Déjeme contarle acerca de mi vecindario.
집 주변 설명	Mi apartamento se encuentra en la parte posterior del edificio con vista al río Han. Puedo verlo por la ventana en la sala de estar. Hay un parque y noto que la gente se levanta temprano para hacer ejercicio en el parque.
이웃에 대한 설명	Las personas con las que vivo aquí son jóvenes y generalmente salen a trabajar y no regresan a casa hasta altas horas de la noche. Por eso, la gente, aunque vive al lado, apenas se conoce. Parece que mis vecinos no están muy interesados en los demás. Pero por esta razón, casi no hay ruido en mi vecindario.
나의 생각	Espero seguir viviendo aquí mientras mi familia así lo haga.

저의 이웃에 대해 이야기해 볼게요. 우리 아파트는 건물 뒤편에 위치하고 있고, 한강이 보여요. 거실에서 창문을 통해 한강을 볼 수 있죠. 공원이 하나 있는데, 많은 사람들이 공원에서 운동하기 위해 일찍 일어나는 것을 알 수 있어요. 이곳에 사는 사람들은 젊은 사람들이라, 보통 출근해서 밤늦게까지 돌아오지 않아요. 그래서 서로 잘 모르고 심지어 옆에 사는 이웃도 모르고 지내요. 제 생각에 저의 이웃들은 다른 사람들에게 별로 관심이 없는 것 같아요. 하지만, 그 이유 때문에 소란을 피우는 일은 거의 없죠. 저는 가족들이 함께하는 동안에는 이곳에서 계속 살고 싶어요.

새단어

- □ acerca de ~에 관하여
- □ gente *f.* 사람들
- □ noche *f.* 밤, 저녁
- □ parque *m.* 공원
- □ parte *f.* 부분
- □ posterior 뒤편의, 뒤쪽의
- □ sala de estar *f.* 거실
- □ temprano 일찍, 이른
- □ vecindario *m.* 이웃
- □ ventana *f.* 창문

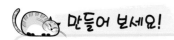

나만의 스토리를 만들어 보세요.

Déjeme contarle acerca de mi vecindario. Mi apartamento se encuentra en la parte posterior del edificio ① (집에서 볼 수 있는 경치) . Puedo verlo por la ventana en la sala de estar. Hay un parque y noto que la gente se levanta temprano para hacer ejercicio en el parque. Las personas con las que vivo aquí son ②(이웃의 특징) y generalmente ③ (이웃들의 평소 모습)
. Por eso, la gente, aunque vive al lado, apenas se conoce. Parece que mis vecinos ④ (내가 생각하는 이웃들) . Pero por esta razón, casi no hay ruido en mi vecindario. Espero seguir viviendo aquí mientras mi familia así lo haga.

저의 이웃에 대해 이야기해 볼게요. 우리 아파트는 건물 뒤편에 위치하고 있고, ① 보여요. 거실에서 창문을 통해 한강을 볼 수 있죠. 공원이 하나 있는데, 많은 사람들이 공원에서 운동하기 위해 일찍 일어나는 것을 알 수 있어요. 이곳에 사는 사람들은 ② 이라, 보통 ③ . 그래서 서로 잘 모르고 심지어 옆에 사는 이웃도 모르고 지내요. 제 생각에 저의 이웃들은 ④ 것 같아요. 하지만, 그 이유 때문에 소란을 피우는 일은 거의 없죠. 저는 가족들이 함께하는 동안에는 이곳에서 계속 살고 싶어요.

응용 표현들

나만의 표현을 찾아 위의 문장에 대입시켜 보세요.

① 집에서 볼 수 있는 경치	con vista a la calle 거리 전망 · con vista al jardín 정원 전망 con vista al mar 바다 전망
② 이웃의 특징	estudiantes 학생들 · muy mayores 연세가 많은 분들 oficinistas 회사원들 · recién casados 신혼부부들
③ 이웃들의 평소 모습	comen fuera (그들은) 외식을 한다 se saludan (그들은) 서로 인사를 나눈다
④ 내가 생각하는 이웃들	están ocupados (그들은) 바쁘다 les gusta hablar con los vecinos (그들은) 이웃과 이야기하기를 좋아한다 no se conocen (그들은) 서로 알지 못한다

＊ 〈부록〉 기초 단어를 활용해 다양한 표현을 만들어 보세요.

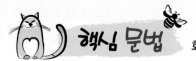

① 사물, 사람, 장소의 존재 유무

hay동사는 '~이 있다'라는 의미로 존재 여부를 나타냅니다. 영어의 there is/are~와 같은 의미이고 형태는 뒤에 오는 명사와 관계없이 hay로 통일하여 사용합니다.

> Hay muchas tiendas. 많은 상점이 있습니다.
>
> Hay dos ventanas. 창문이 2개 있습니다.
>
> Hay un parque. 공원이 하나 있습니다.
>
> Hay un río. 강이 하나 있습니다.

> **Tip!**
>
> · hay동사 뒤에는 정관사(el/la/los/las)는 올 수 없습니다.
>
> Hay la casa bonita. (×)

② 아는 사람 소개하기

conocer동사는 '알다'라는 의미로 경험을 통해 누군가를 또는 무엇인가를 알게 된 사실을 표현합니다. 부록 〈동사 변화표〉 참고

> **conocer동사 + a + 사람의 형태** : ~을/를 안다

> Conozco a mi vecino. 저는 이웃 주민을 알고 있어요.
>
> No conozco a nadie. 저는 아무도 몰라요.
>
> No conozco bien a mi vecino. 저는 이웃 주민을 잘 모릅니다.
>
> Nos conocemos desde hace mucho tiempo. 우리는 서로 오래 전부터 알고 있어요.

주제에 관한 다양하고 유용한 표현들입니다. 자신에게 맞는 문장을 체크하고 재미있는 스토리를 만들어보세요. 돌발 질문에도 당황하지 않고 나만의 표현력은 물론, 논리력에도 자신감이 생깁니다.

☐ 저는 이웃과 마주칠 일이 거의 없습니다.

Rara vez me encuentro con mis vecinos.

☐ 우리 동네에는 가볼 만한 곳이 많습니다.

Hay muchos lugares para visitar en mi vecindario.

☐ 저는 이웃들을 일주일에 한 번 정도 봅니다.

Veo a mis vecinos una vez a la semana.

☐ 우리는 쓰레기를 버릴 때 자주 만납니다.

A menudo nos vemos cuando sacamos la basura.

☐ 우리가 이사를 왔을 때부터 알고 지내왔다.

Nos conocemos desde que nos mudamos a la casa.

☐ 저는 이웃들과 가깝게 지냅니다.

Tengo una relación cercana con mis vecinos.

☐ 집 뒤에는 아름다운 산들이 있습니다.

Detrás de las casas hay hermosas montañas.

☐ 저는 사람들의 왕래가 빈번한 곳에 살고 있습니다.

Vivo en un barrio donde la gente va y viene todo el tiempo.

☐ 주변에 아이들이 많지 않습니다.

No hay muchos niños alrededor.

☐ 우리는 주변 동네에서 일어나는 일들에 대해 의견을 나눕니다.

Discutimos cosas que están sucediendo en la comunidad.

거주지 소개

출제 빈도가 높은 인터뷰의 주제별 질문에 맞게 핵심 표현들을 단계적으로 나누어서 답변하는 연습을 해보세요. 응용 표현들을 활용해 나에게 맞는 표현들을 찾아 나만의 스토리도 만들어 보세요. 스페인어에 자신감이 생깁니다.

Q Cuénteme sobre su casa. ¿Cómo es?
¿Qué tipo de habitaciones tiene?

당신의 집에 대해 이야기해 주세요. 어떻게 생겼나요? 어떤 종류의 방이 있나요?

서론	A ver… Primero, voy a hablar sobre mi barrio.
집 위치와 거주지의 형태	Vivo en un barrio que se llama 'Guro'. Es una zona bien comunicada. Mi casa también está cerca de la estación de metro 'Guro'. Vivo en un apartamento, en la quinta planta.
집에 있는 공간의 전체적인 설명	Tiene tres habitaciones, una cocina y un baño pequeño. El salón está al lado de la cocina. También, hay una terraza muy bonita.
세부적인 설명	El dormitorio principal, que está al final del pasillo, tiene una cama grande para mis padres. Otra habitación, que es más pequeña, es para mí. En mi habitación hay una cama, un armario y una mesa con el ordenador. Tiene dos ventanas, por eso entra mucha luz. Utilizamos la otra habitación como armario. La cocina no es grande, pero tiene todo lo que necesitamos. Además, la remodelaremos pronto. Mi madre está a la expectativa de eso. Mi lugar favorito es el salón porque da a un parque y el paisaje es muy bonito.

한 번 볼까요… 먼저, 제가 사는 동네를 소개할게요. 저는 '구로'에 살아요. 굉장히 접근성이 좋은 곳이죠. 우리 집도 지하철 '구로'역에서 가까워요. 저는 아파트 5층에 살고 있어요. 방은 3개, 주방이 1개, 그리고 작은 욕실이 있어요. 거실은 주방 옆에 있습니다. 그리고 예쁜 테라스도 있어요. 가장 안쪽에 있는 큰 방에는 저희 부모님을 위한 큰 침대가 있습니다. 조금 더 작은 다른 방은 제 방입니다. 제 방에는 침대가 하나 있고, 옷장 하나와 컴퓨터가 있는 책상이 있습니다. 창문이 2개가 있어서 채광이 좋아요. 다른 방 하나는 옷장처럼 쓰고 있습니다. 주방은 크지는 않지만 필요한 것은 다 있어요. 게다가, 곧 리모델링할 예정이에요. 우리 엄마가 매우 기대하고 있죠. 제가 제일 좋아하는 공간은 거실인데, 거실이 공원 쪽을 향해 있어서 전망이 아주 예쁘기 때문입니다.

새단어

- □ apartamento *m.* 아파트
- □ armario *m.* 옷장
- □ barrio *m.* 동네, 구역
- □ baño *m.* 욕실
- □ cocina *f.* 주방
- □ dormitorio *m.* 침실
- □ expectativa *f.* 기대
- □ favorito/a 좋아하는
- □ habitación *f.* 방
- □ lugar *m.* 장소
- □ luz *f.* 불빛, 빛
- □ terraza *f.* 테라스

만들어 보세요!

나만의 스토리를 만들어 보세요.

A ver… Primero, voy a hablar sobre mi barrio. Vivo en un barrio que se llama 'Guro'. Es una zona bien comunicada. Mi casa también está cerca de ① (집에서 가까운 곳에 있는 대표 장소) . Vivo en un apartamento, en la quinta planta. Tiene tres habitaciones, una cocina y un baño pequeño. El salón está ② (거실의 위치) . También, hay una terraza muy bonita. El dormitorio principal, que está ② (큰 방의 위치) , tiene ③ (방 안에 있는 사물/가구) . Otra habitación, que es más pequeña, es para mí. En mi habitación hay ③ (방 안에 있는 사물/가구) . Tiene dos ventanas, por eso entra mucha luz. Utilizamos la otra habitación como armario. La cocina no es grande, pero tiene todo lo que necesitamos. Además, la remodelaremos pronto. Mi madre está a la expectativa de eso. Mi lugar favorito es ④ (집안 내에서 좋아하는 공간) porque ⑤ (해당 공간을 좋아하는 이유) .

한 번 볼까요… 먼저, 제가 사는 동네를 소개할게요. 저는 '구로'에 살아요. 굉장히 접근성이 좋은 곳이죠. 우리 집도 ① 에서 가까워요. 저는 아파트 5층에 살고 있어요. 방은 3개, 주방이 1개, 그리고 작은 욕실이 있어요. 거실은 ② 에 있습니다. 그리고 예쁜 테라스도 있어요. ② 에 있는 큰 방에는 ③ 가 있습니다. 조금 더 작은 다른 방은 제 방입니다. 제 방에는 ③ 이 있습니다. 창문이 2개가 있어서 채광이 좋아요. 다른 방 하나는 옷장처럼 쓰고 있습니다. 주방은 크지는 않지만 필요한 것은 다 있어요. 게다가, 곧 리모델링할 예정이에요. 우리 엄마가 매우 기대하고 있죠. 제가 제일 좋아하는 공간은 ④ 인데, ⑤ .

응용 표현들

나만의 표현을 찾아 위의 문장에 대입시켜 보세요.

① 집에서 가까운 곳에 있는 대표 장소	centro comercial 쇼핑센터　hospital 병원　lago 호수 supermercado 슈퍼마켓　teatro 극장　tiendas de conveniencia 편의점	
② 거실 및 큰방 위치	al lado de la cocina 주방 옆에　detrás del baño 화장실 뒤 편에 enfrente de mi habitación 내 방 맞은 편에	
③ 방 안에 있는 사물/가구	cama 침대　cómoda 서랍장　espejo 거울　estantería 책장　mesilla 협탁	
④ 집안 내에서 좋아하는 공간	cocina 주방　comedor 식당　patio 뜰　salón 거실　veranda 베란다	
⑤ 해당 공간을 좋아하는 이유	es agradable (그곳은) 아늑하다　es limpio/a (그곳은) 깨끗하다 es tranquilo/a (그곳은) 조용하다	

* 〈부록〉 기초 단어를 활용해 다양한 표현을 만들어 보세요.

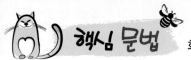

핵심 문법 회화에 필요한 문법들과 핵심 공식들을 알려줍니다.

❶ 사물, 사람, 장소의 위치 표현

위치를 나타내는 경우에는 estar동사를 사용하고, 위치 관련 부사와 함께 표현합니다.

> 단수명사 + está + 위치 표현
> 복수명사 + están + 위치표현

La cocina está a la derecha de mi habitación. 주방은 제 방 오른쪽에 있습니다.

El cuarto de baño está a la izquierda del comedor. 화장실은 식당 왼쪽에 있습니다.

Mi apartamento está enfrente del parque. 제 아파트는 공원 맞은편에 있습니다.

El supermercado está detrás del banco. 슈퍼마켓은 은행 뒤편에 있습니다.

Tip!

• 위치를 나타내는 표현 익히기

está al lado de~ : ~의 옆에 있다	está junto a~ : ~의 바로 옆에 있다
está entre A y B : A와 B 사이에 있다	está en el centro de~ : ~의 중앙에 있다
está cerca de~ : ~의 가까이에 있다	está lejos de~ : ~의 멀리에 있다
está delante de~ : ~의 앞에 있다	está detrás de~ : ~의 뒤에 있다
está a la derecha de~ : ~의 오른쪽에 있다	está a la izquierda de~ : ~의 왼쪽에 있다

---

❷ 내가 주로 머무는 공간 표현하기

pasar동사는 뒤에 장소가 오는 경우에는 주로 '(~을/를) ~지나가다'의 의미로 쓰이고, 뒤에 시간이 오는 경우에는 주로 '(시간을) 보내다'의 의미로 쓰입니다.

> pasar tiempo en + 장소 : ~에서 시간을 보내다

Paso mucho tiempo en la sala de estar. 저는 주로 거실에서 많은 시간을 보냅니다.

Paso mucho tiempo en mi habitación. 저는 주로 제 방에서 많은 시간을 보냅니다.

Paso mucho tiempo en la universidad. 저는 주로 학교에서 많은 시간을 보냅니다.

Paso mucho tiempo en la biblioteca. 저는 주로 도서관에서 많은 시간을 보냅니다.

주제에 관한 다양하고 유용한 표현들입니다. 자신에게 맞는 문장을 체크하고 재미있는 스토리를 만들어보세요. 돌발 질문에도 당황하지 않고 나만의 표현력은 물론, 논리력에도 자신감이 생깁니다.

☐ 가장 먼저 보이는 것이 거실입니다.

Lo primero que se ve es la sala de estar.

☐ 크지는 않지만 아주 아늑합니다.

No es grande pero es muy agradable.

☐ 저는 침대에서 음악 듣는 것을 좋아합니다.

Me gusta escuchar la música en mi cama.

☐ 제 아파트는 조용한 주택가에 위치합니다.

Mi apartamento está ubicado en una zona residencial tranquila.

☐ 저는 제 방에 머무는 것을 좋아하는데 왜냐하면 매우 마음이 편안해지기 때문입니다.

Me encanta pasar tiempo en mi habitación porque es muy relajante.

☐ 저는 주방에서 많은 시간을 보냅니다.

Paso mucho tiempo en la cocina.

☐ 제 방은 개인 욕실이 함께 있습니다.

Tengo una habitación con baño privado.

☐ 제 방은 너무 작아서 가구들을 많이 놓을 수가 없습니다.

No puedo poner muchos muebles porque mi habitación es demasiado pequeña.

☐ 제 방에는 작은 발코니가 있는데, 저는 그곳을 좋아합니다.

Mi habitación tiene un pequeño balcón y me gusta allí.

☐ 우리 집은 친근한 분위기가 납니다.

Mi casa tiene un ambiente familiar.

가족 구성원이 맣은 집안일

출제 빈도가 높은 인터뷰의 주제별 질문에 맞게 핵심 표현들을 단계적으로 나누어서 답변하는 연습을 해보세요. 응용 표현들을 활용해 나에게 맞는 표현들을 찾아 나만의 스토리도 만들어 보세요. 스페인어에 자신감이 생깁니다.

Q Cuénteme sobre las tareas domésticas que cada miembro de la familia es responsable. ¿Qué tarea hace usted normalmente? ¿Con qué frecuencia la hace?

가족 구성원이 맡은 집안일에 대해 말해 보세요. 당신은 보통 어떤 일을 하나요?
그 일을 얼마나 자주하나요?

부모님이 하시는 집안일	Tenemos diferentes tareas domésticas que hacer. Mi madre cocina todos los días y también limpia la casa. Mi padre friega los platos después de comer. Cuando mi madre va a hacer la compra, mi padre la lleva al supermercado y la ayuda a cargar cosas pesadas.
형제 또는 자매가 하는 집안일	El trabajo de mi hermano es solo sacar la basura. Mi hermano es demasiado pequeño para hacer muchas cosas.
내가 하는 집안일	Tengo que limpiar mi habitación tres veces a la semana. Además, estoy a cargo de clasificar la basura para reciclar.
다같이 하는 집안일	Los domingos limpiamos juntos la casa por todos los rincones.
집안일에 대한 나의 생각	A veces me molestan las tareas domésticas, pero realizarlas es bastante gratificante.

우리는 각자 다른 집안일을 맡고 있습니다. 저희 엄마는 매일 요리를 하고 집 안 청소도 하세요. 저희 아빠는 식사 후, 설거지를 담당해요. 또한, 엄마가 장을 보러 갈 때, 슈퍼마켓에 모셔다 드리고 무거운 짐을 나르는 것도 도와주세요. 제 남동생이 맡은 일은 쓰레기를 버리는 일입니다. 남동생은 많은 일을 하기에는 너무 어려요. 저는 일주일에 3번 제 방을 청소해야 합니다. 게다가, 분리수거를 하는 일도 제 담당이죠. 매주 일요일 우리는 다 같이 집 안 구석구석을 청소해요. 가끔 저는 집안일이 귀찮지만, 보람찬 일이기는 합니다.

새단어

- □ además 게다가
- □ demasiado/a 너무, 과하게
- □ diferente 다른
- □ gratificante 보람있는, 뿌듯한
- □ pesado/a 무거운
- □ plato *m.* 접시
- □ supermercado *m.* 슈퍼마켓
- □ tarea doméstica *f.* 집안일

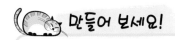

나만의 스토리를 만들어 보세요.

Tenemos diferentes tareas domésticas que hacer. Mi madre ① (엄마가 하시는 집안일) todos los días y también ① (엄마가 하시는 집안일). Mi padre ② (아빠가 하시는 집안일). Cuando mi madre va a hacer la compra, mi padre la lleva al supermercado y la ayuda a cargar cosas pesadas. El trabajo de mi hermano es ③ (동생이 하는 집안일). Mi hermano es demasiado pequeño para hacer muchas cosas. Tengo que ④ (내가 맡은 집안일) tres veces a la semana. Además, estoy a cargo de ④ (내가 맡은 집안일). Los domingos ⑤ (가족이 함께하는 집안일). A veces me molestan las tareas domésticas, pero realizarlas es bastante gratificante.

우리는 각자 다른 집안일을 맡고 있습니다. 저희 엄마는 매일 ① 를 하고 ① 도 하세요. 저희 아빠는 ② 를 담당해요. 또한, 엄마가 장을 보러 갈 때, 슈퍼마켓에 모셔다 드리고 무거운 짐을 나르는 것도 도와주세요. 제 남동생이 맡은 일은 ③ 입니다. 남동생은 많은 일을 하기에는 너무 어려요. 저는 일주일에 3번 ④ 해야 합니다. 게다가, ④ 를 하는 일도 제 담당이죠. 매주 일요일 우리는 다 같이 ⑤ 해요. 가끔 저는 집안일이 귀찮지만, 보람찬 일이기는 합니다.

응용 표현들

나만의 표현을 찾아 위의 문장에 대입시켜 보세요.

① 엄마가 하시는 집안일	· fregar el suelo 바닥을 닦는 것 · fregar los platos 설거지하는 것 · lavar la ropa 옷을 세탁하는 것 · planchar 다리미질하는 것
② 아빠가 하시는 집안일	· cortar el césped 잔디를 자르는 것 · lavar el coche 세차하는 것 · recoger la mesa 식탁을 치우는 것 · regar las plantas 식물에 물을 주는 것
③ 동생이 하는 집안일	· hacer la cama 침대를 정리하는 것 · limpiar los vidrios 유리창을 닦는 것 · pasear al perro 강아지를 산책시키는 것
④ 내가 맡은 집안일	· hacer la compra 장을 보는 것 · ordenar el escritorio 책상을 정리하는 것 · sacar la basura 쓰레기를 버리는 것
⑤ 가족이 함께하는 집안일	· limpiamos juntos/as (우리는) 함께 청소한다 · ordenamos las flores juntos/as (우리는) 꽃들을 함께 정리한다 · preparamos la cena juntos/as (우리는) 저녁을 함께 준비한다

* 〈부록〉 기초 단어를 활용해 다양한 표현을 만들어 보세요.

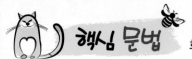 **핵심 문법** 회화에 필요한 문법들과 핵심 공식들을 알려줍니다.

1 빈도 표현하기

Siempre limpio mi habitación. 저는 항상 제 방을 청소합니다.

A menudo ayudo a mis padres. 저는 부모님을 자주 도와드립니다.

Cocino para mi familia una vez al mes. 한 달에 1번 가족들을 위해 저는 요리를 합니다.

Nunca hago las tareas domésticas. 저는 집안일은 절대 하지 않습니다.

> **Tip!**
>
> • 빈도를 나타내는 다양한 표현
>
> | | |
> |---|---|
> | siempre 항상 | todos los días 매일 |
> | a menudo, muchas veces 자주, 여러 번 | normalmente, generalmente 보통 |
> | a veces, de vez en cuando 가끔 | casi nunca 거의 ~않는 |
> | nunca 한 번도 ~않는 | |

2 요일 표현하기

El lunes lavo la ropa. 저는 월요일에 세탁을 합니다.

El sábado descanso. 저는 토요일에 휴식을 취합니다.

Salgo con mis amigos el fin de semana. 저는 주말에 친구들과 외출을 합니다.

Los lunes lavo la ropa. 저는 월요일마다 세탁을 합니다.

Los sábados descanso. 저는 토요일마다 휴식을 취합니다.

Salgo con mis amigos los fines de semana. 저는 주말마다 친구들과 외출을 합니다.

> **Tip!**
>
> • '월요일~금요일'은 단수형과 복수형의 형태가 동일하고, '토요일~일요일'은 단수형과 복수형, 각각 다른 형태를 가지고 있습니다.
>
> ① 단수형으로 쓰는 경우: ~요일에
>
> | | | | |
> |---|---|---|---|
> | el lunes 월요일에 | el martes 화요일에 | el miércoles 수요일에 | el jueves 목요일에 |
> | el viernes 금요일에 | el sábado 토요일에 | el domingo 일요일에 | |
>
> ② 복수형으로 쓰는 경우: ~요일마다
>
> | | | | |
> |---|---|---|---|
> | los lunes 월요일마다 | los martes 화요일마다 | los miércoles 수요일마다 | los jueves 목요일마다 |
> | los viernes 금요일마다 | los sábados 토요일마다 | los domingos 일요일마다 | |

주제에 관한 다양하고 유용한 표현들입니다. 자신에게 맞는 문장을 체크하고 재미있는 스토리를 만들어보세요. 돌발 질문에도 당황하지 않고 나만의 표현력은 물론, 논리력에도 자신감이 생깁니다.

☐ 저는 집안일 하는 것을 별로 좋아하지 않습니다.

No me gusta mucho hacer las tareas domésticas.

☐ 우리 가족은 교대로 집안일을 합니다.

Los miembros de mi familia se turnan para hacer las tareas domésticas.

☐ 저는 어머니를 도와 집안일을 해야 합니다.

Tengo que ayudar a mi madre con las tareas domésticas.

☐ 저는 매일 설거지와 집 안을 청소합니다.

Limpio los platos y mi casa todos los días.

☐ 이것은 우리가 책임감을 배울 수 있도록 합니다.

Esto nos hace aprender sobre las responsabilidades personales.

☐ 제 형제/자매는 바빠서 집안일을 할 수 없습니다.

Como mi hermano/a está ocupado/a, no puede hacer las tareas domésticas.

☐ 부모님은 집안일을 하실 시간이 없습니다.

Mis padres no tienen tiempo para hacer las tareas domésticas.

☐ 집안일들은 너무 힘듭니다.

Las tareas domésticas son muy pesadas.

☐ 가끔 이 일은 정말 귀찮습니다.

A veces, este es un trabajo realmente molesto.

☐ 제가 이 일을 하지 않으면, 엄마는 항상 저를 혼냅니다.

Mi madre siempre me regaña si no hago este trabajo.

집안일 관련 경험

출제 빈도가 높은 인터뷰의 주제별 질문에 맞게 핵심 표현들을 단계적으로 나누어서 답변하는 연습을 해보세요. 응용 표현들을 활용해 나에게 맞는 표현들을 찾아 나만의 스토리도 만들어 보세요. 스페인어에 자신감이 생깁니다.

Q **¿Qué fue lo más memorable de las tareas domésticas? Cuénteme qué pasó y qué hizo.**

집안일과 관련해서 가장 기억에 남는 일은 무엇인가요? 무슨 일이 있었고, 당신이 무엇을 했는지 이야기해 주세요.

경험을 했던 시점	Tengo un recuerdo inolvidable sobre las tareas domésticas. Cuando tenía diez años, mis padres hicieron un viaje por unos días.
집안일을 하지 않은 상황	Entonces, no hice nada más que jugar durante ese tiempo. Además, rompí la ventana por descuido. Mi habitación estaba desordenada, y todo estaba hecho un lío.
집안일을 하지 않은 것에 대한 결과	Mis padres llegaron a la casa un día antes de lo esperado, y mi madre estaba realmente enojada cuando vio mi habitación desordenada. Ella me regañó durante tres horas y luego, limpié mi habitación llorando.
집안일에 대한 나의 생각	Desde entonces, nunca desordeno mi casa aunque mis padres estén ausentes.

저는 집안일과 관련해서 잊을 수 없는 기억이 있습니다. 제가 10살 때, 부모님이 며칠 동안 여행을 가셨어요. 그사이 저는 아무것도 하지 않고, 놀기만 했죠. 제 방은 어지럽혀 있었고, 모든 게 엉망이었죠. 게다가, 실수로 창문까지 깼어요. 부모님이 예상보다 하루 일찍 집에 오셨고, 저희 엄마는 제 방을 본 순간 정말 화가 많이 나셨어요. 엄마는 저를 3시간 동안 꾸짖고, 그 후 저는 울면서 방을 치웠어요. 그때부터, 저는 부모님이 계시지 않더라도 절대 집을 엉망으로 만들지 않아요.

 새단어

- □ **ausente** 부재의
- □ **aunque** 비록 ~일지라도
- □ **desde entonces** 그때부터
- □ **desordenado/a** 엉망인, 어지럽힌
- □ **nada más que** ~이외에는 아무 것도
- □ **recuerdo** *m.* 기억, 추억
- □ **sobre** ~에 대해서

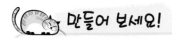

나만의 스토리를 만들어 보세요.

Tengo un recuerdo inolvidable sobre las tareas domésticas. Cuando tenía diez años, mis padres ① _____(부모님의 부재 이유)_____ por unos días. Entonces, no hice nada más que jugar durante ese tiempo. Además, ② _____(집안일을 망쳐 놓은 경험)_____ Mi habitación estaba desordenada, y todo estaba hecho un lío. Mis padres llegaron a la casa un día antes de lo esperado, y mi madre estaba realmente enojada cuando vio mi habitación desordenada. Ella me regañó durante tres horas y luego, limpié mi habitación llorando. Desde entonces, nunca desordeno mi casa aunque mis padres estén ausentes.

저는 집안일과 관련해서 잊을 수 없는 기억이 있습니다. 제가 10살 때, 부모님이 며칠 동안 ① _____. 그 사이 저는 아무것도 하지 않고, 놀기만 했죠. 제 방은 어지럽혀 있었고, 모든 게 엉망이었죠. 게다가, ② _____ 부모님이 예상보다 하루 일찍 집에 오셨고, 저희 엄마는 제 방을 본 순간 정말 화가 많이 나셨어요. 엄마는 저를 3시간 동안 꾸짖고, 그 후 저는 울면서 방을 치웠어요. 그때부터, 저는 부모님이 계시지 않더라도 절대 집을 엉망으로 만들지 않아요.

응용 표현들

나만의 표현을 찾아 위의 문장에 대입시켜 보세요.

① 부모님의 부재 이유
- estuvieron ocupados (부모님이) 바쁘셨다
- viajaron de negocios (부모님이) 출장을 가셨다
- visitaron a mis abuelos (부모님이) 조부모님 댁을 방문하셨다

② 집안일을 망쳐 놓은 경험
- Averié la televisión. TV를 고장 냈다.
- La alarma antirrobo se activó por equivocación. 실수로 도난 경보기가 작동했다.
- Quemé la comida. 음식을 태웠다.
- Tiré algo valioso. 귀중품을 버렸다.

* 〈부록〉 기초 단어를 활용해 다양한 표현을 만들어 보세요.

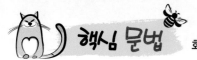
❶ 과거시제로 '어린 시절' 말하기 : tener 동사

과거의 특정 나이에 있었던 일에 대해 표현할 때는 tener 동사의 불완료 과거시제를 활용합니다.

부록 〈동사 변화표〉 참고

> **Cuando tenía ○○ años ~** : 내가 ○○살이었을 때 ~

Cuando tenía doce años, no tenía miedo a nada.

제가 12살이었을 때, 두려운 게 없었습니다.

Cuando tenía veinte años, vivía solo/a.

제가 20살이었을 때, 저는 혼자 살았습니다.

Cuando tenía treinta años, me casé.

제가 30살이었을 때, 결혼을 했습니다.

❷ 과거시제로 '실수' 말하기 : olvidarse 동사

'깜빡하다, 잊어버렸다' 등의 실수를 표현할 때는 olvidarse 동사의 과거시제 중 1인칭 단수 변화형인 'Se me olvidó'를 사용하여 '(주어)가 나에게 잊혀졌다'라는 표현으로 나타냅니다.

> **Se + me(간접 목적격대명사) + olvidó + 주어** : (주어)가 나에게 잊혀졌다

Se me olvidó una cosa importante. 저는 중요한 일을 깜빡했어요.

Se me olvidó su nombre. 저는 그의/그녀의/당신의 이름을 깜빡했어요.

Se me olvidó la cita. 저는 약속을 깜빡했어요.

Se me olvidó el móvil. 저는 휴대폰을 깜빡했어요.

주제에 관한 다양하고 유용한 표현들입니다. 자신에게 맞는 문장을 체크하고 재미있는 스토리를 만들어보세요. 돌발 질문에도 당황하지 않고 나만의 표현력은 물론, 논리력에도 자신감이 생깁니다.

☐ 잊을 수 없는 경험이었습니다.

Fue una experiencia inolvidable.

☐ 저는 완전히 깜빡 했습니다.

Se me olvidó por completo.

☐ 저는 약간 행동이 느렸습니다.

Yo era un poco torpe.

☐ 저는 큰 교훈을 얻었습니다.

Aprendí una gran lección.

☐ 제가 아버지 신발을 닦아놓지 않아서 아버지가 신발을 신을 수 없었습니다.

Mi padre no podía ponerse los zapatos porque no los había pulido.

☐ 저는 부모님으로부터 어떠한 보상도 받지 않았지만, 그것을 불평하지 않았습니다.

Aunque no recibí ninguna recompensa de mis padres, nunca me quejé.

☐ 꽤 힘든 일이었고 시간도 오래 걸렸습니다.

Fue bastante difícil y tomó mucho tiempo.

☐ 우리 엄마는 저의 무책임한 행동을 마음에 들어 하지 않았습니다.

A mi madre no le gustaba mi comportamiento irresponsable.

☐ 쉬울 거라고 생각했습니다.

Pensé que sería fácil.

☐ 제가 너무 게을러서 그것을 하는 것에 별로 신경을 쓰지 않았습니다.

No me importaba hacerlo porque era demasiado perezoso/a.

● 학습 순서

⁓⁓⁓⁓⁓

[답변순서 및 고득점 꿀팁] ▶ [질문유형 파악하기] ▶ [주제별 3단 콤보 답변]

[모범 답변] ▶ [핵심 문법] ▶ [유용한 표현사전 10]

↳ 3단 콤보 답변을 응용한
모범 답변을 제시해 줍니다.

🐝 출제 빈도가 높은 주제별 질문에 대한 콤보 형식의 답변들로 구성했습니다. 질문의 핵심을
파악하고, 답변에 대한 핵심 구조를 중심으로 응용 어휘를 활용해 나에게 맞는 콤보 형식의
답변을 만들어 보세요.

콤보 응용편

Capítulo 4

운동

학습목표 및 출제경향 Background Survey를 바탕으로 출제되기 때문에 어느 정도 답변을 미리 준비할 수 있습니다. 하지만, 돌발 질문 형식으로 출제되는 경우도 있으므로 다양한 표현과 어휘를 학습하는 것이 좋습니다. 콤보 형식으로 출제되는 경우를 대비하여 하나의 주제에 단계적으로 답변하는 방법을 함께 학습합니다. 요가의 경우, 요가 학원에 등록하기 위한 절차와 그에 관련된 내용을 묻는 질문 또는 롤플레이 형식으로도 출제됩니다. 걷기나 조깅은 다른 종목에 비해 비교적 단순한 운동이므로 다른 운동과의 비교에 대한 질문도 출제될 수 있습니다.

주제별 답변 순서 및 고득점 꿀팁

Lección 1
수영 하기
✱ 수영을 하게 된 계기 ▶ 수영하는 주기 ▶ 좋아하는 이유 ▶ 변화된 모습
✱ 자주 가는 수영장 모습 ▶ 그 장소를 좋아하는 이유 ▶ 에피소드

Lección 2
자전거 타기
✱ 자신의 자전거 묘사 ▶ 자전거를 구매한 경로
✱ 타게 된 계기와 타는 장소 ▶ 그 장소를 좋아하는 이유 ▶ 에피소드

Lección 3
걷기 & 조깅
✱ 걷기와 조깅을 할 때 주의사항 알려주기
☞ 걷기와 조깅은 어휘만 바꾸면 비슷한 답변 구조로 다양하게 활용할 수 있다는 점을 고려하여 Survey에서 선택할 때 2가지를 함께 선택하는 것이 좋습니다.
☞ '여가활동'의 '공원 가기'와 연관 지어 답변을 준비하는 것도 좋습니다.

Lección 4
요가 하기
✱ 요가 복장과 필요한 도구 ▶ 요가를 하는 과정 ▶ 주의사항
✱ 처음 요가를 시작했을 때의 느낌 ▶ 변화된 모습 ▶ 에피소드

Lección 5
헬스 하기
✱ 헬스장 구조, 내부 시설 묘사 ▶ 운동 순서 ▶ 에피소드
✱ 헬스를 하는 주기 ▶ 헬스를 하는 이유 ▶ 헬스의 장점

✽ Background Survey에서 해당 항목을 선택했을 경우 자주 출제되는 콤보 형식의 질문 유형입니다.
빈출도 높은 질문 유형들을 익혀두고, 질문의 의도를 빠르게 파악할 수 있도록 학습해 보세요.

다양한 질문유형 파악하기

Lección 1
수영 하기

- Usted indicó que le gusta nadar. ¿Cuándo suele ir a nadar? ¿Por qué le gusta?
  ¿Cuáles son las ventajas de esta actividad?
- ¿Cómo se interesó por primera vez en la natación?

– 당신은 수영을 좋아한다고 했습니다. 얼마나 자주 수영을 가나요? 왜 수영을 좋아하나요? 수영의 장점은 무엇인가요?
– 처음 수영에 관심을 갖게 된 계기가 무엇인가요?

Lección 2
자전거 타기

- Describa su bicicleta en detalle. ¿Cómo es? ¿Dónde la compró?
- Usted indicó que le gusta montar en bicicleta. ¿Cuándo aprendió a montar en bicicleta
  y quién le enseñó? ¿Con qué frecuencia monta en bicicleta? ¿Por qué le gusta?
- ¿Alguna vez ha tenido una experiencia inusual al montar en bicicleta?
  ¿Cuándo y dónde sucedió?

– 당신의 자전거를 자세히 묘사해 주세요. 어떻게 생겼나요? 어디서 구매했나요?
– 당신은 자전거 타는 것을 좋아한다고 했습니다. 자전거 타는 것을 언제, 누구에게 배웠나요?
  자전거를 얼마나 자주 타나요? 왜 좋아하죠?
– 자전거를 타다가 특이한 경험을 해본 적이 있나요? 언제, 어디서 일어났나요?

Lección 3
걷기 & 조깅

- Describa los lugares a los que generalmente va a caminar.
- ¿Cuáles son los beneficios de trotar/caminar?
- Usted dijo que le gusta trotar. ¿Cuáles son los riesgos de trotar?
  ¿Y qué hace para evitar tales riesgos?
- ¿Ha tenido una experiencia particularmente memorable al caminar?
  ¿Cuándo y dónde ocurrió? ¿Con quién estaba? ¿Qué pasó?

– 걷기를 위해 주로 가는 장소를 묘사해 보세요.
– 조깅/걷기의 장점은 무엇이 있나요?
– 당신은 조깅을 좋아한다고 했습니다. 조깅을 하는 동안에 어떤 위험이 있나요?
  그런 위험들을 피하기 위해 당신은 무엇을 하나요?
– 걷기를 하면서 기억에 남는 경험을 한 적이 있나요? 언제, 어디서 일어났나요? 누구와 함께 있었나요?
  무슨 일이 있었죠?

Lección 4
요가 하기

- Usted indicó que le gusta hacer yoga. ¿Dónde hace yoga?
  ¿Cuál es su lugar favorito para hacer yoga?
- ¿Cómo se interesó por primera vez en yoga? ¿Quién le enseñó?
- ¿Qué se pone cuando hace yoga? ¿Qué se necesita para hacer yoga?

– 당신은 요가를 좋아한다고 했습니다. 어디서 요가를 하나요? 요가를 하기 위해 당신이 좋아하는 장소는 어디인가요?
– 처음 요가를 시작한 계기가 무엇인가요? 누가 당신에게 요가를 가르쳐 주었나요?
– 요가를 할 때 무엇을 입나요? 요가를 하기 위해서는 무엇이 필요하죠?

Lección 5
헬스 하기

- Usted indicó que le gusta ir al gimnasio. ¿Cuál es el objetivo de ir al gimnasio?
  ¿Dónde está el gimnasio? ¿Cómo es? ¿Qué hay en el gimnasio?
- ¿Qué hace en el gimnasio?
- ¿Ha tenido una experiencia particularmente memorable en el gimnasio?
  ¿Cuándo ocurrió?

– 당신은 헬스장에 가는 것을 좋아한다고 했습니다. 헬스장에 가는 목적이 무엇인가요? 헬스장은 어디에 있나요?
  어떻게 생겼나요? 헬스장에는 무엇이 있죠?
– 당신은 헬스장에서 무엇을 하나요?
– 헬스장에서 기억에 남는 경험을 한 적이 있나요? 언제 그 일이 일어났나요?

수영 하기

> OPIc 시험에서는 콤보 형식으로 출제되는 경우가 많습니다. 주제별 답변에 대한 핵심 구조를 중심으로 응용어휘를 활용한 콤보 형식의 답변을 연습해 보세요. 모범 답변을 활용해 나만의 스토리텔링도 만들어 보세요.

Q Usted indicó que le gusta nadar. ¿Cuáles son las ventajas de esta actividad? ¿Cómo se interesó por primera vez en la natación? ¿Ha tenido una experiencia particularmente memorable en la piscina?

당신은 수영을 좋아한다고 했습니다. 수영의 장점은 무엇인가요? 처음 수영에 관심을 갖게 된 계기가 무엇인가요? 수영장에서 기억에 남는 경험을 한 적이 있나요?

 3단 콤보 답변

주제별 답변에 대한 핵심 구조를 중심으로 응용 어휘를 활용해 콤보 형식의 답변을 익혀 보세요.

❶ 수영의 장점

핵심 구조 수영을 좋아하는 이유, 수영의 장점, 수영을 통해 변화된 나의 모습

① Nadar mejora la circulación de la sangre.
혈액순환을 향상시킵니다.

② Puedo mover todos los músculos del cuerpo.
몸의 모든 근육을 움직일 수 있습니다.

③ Durante la natación, quemo calorías muy rápido.
수영하는 도중에는 칼로리를 매우 빨리 소모합니다.

④ Tiene muchos beneficios mentales.
정신건강에도 많은 이점을 가지고 있습니다.

⑤ Los huesos se hacen más resistentes.
뼈를 더 튼튼하게 합니다.

응용어휘
① la capacidad de concentración 집중력　　la función cardíaca 심장 기능
② prevenir enfermedades 질병 예방　　reducir el estrés 스트레스를 줄이다

② 수영 하기

핵심 구조 수영을 하게 된 계기, 수영을 주로 하는 곳

① **Decidí** ponerme a dieta por mi salud y **empecé a nadar.**
건강을 위해서 다이어트를 하기로 결심했고, 수영을 시작했습니다.

② **Suelo ir al gimnasio local para nadar.**
저는 수영을 하기 위해 지역 체육관에 가곤 합니다.

③ **Cuando no tengo nada que hacer, voy a nadar.**
할 일이 없을 때, 저는 수영을 하러 갑니다.

④ **Normalmente voy a nadar** con mis amigos **en el parque acuático en verano.**
보통 저는 여름에 워터파크에 친구들과 수영을 하러 갑니다.

⑤ **Nado** todos los días **para mantenerme saludable.**
저는 건강을 유지하기 위해 매일 수영을 합니다.

응용어휘
① **perder peso** 살을 빼다　　　　　　**quitar el estrés** 스트레스를 해소하다
② **ir a la piscina cubierta** 실내수영장에 가다
④ **con mi familia** 가족과　　　　　　**solo/a** 혼자
⑤ **cada dos días** 격일로　　　　　　**una vez a la semana** 일주일에 1번

③ 수영과 관련된 경험

핵심 구조 수영 관련 에피소드, 나의 감정

① **Estaba agotado/a por nadar.**
수영을 하고 나서 녹초가 됐습니다.

② **Caí en la piscina.**
수영장에 빠졌습니다.

③ **Tuve un calambre en mi pierna.**
다리에 쥐가 났습니다.

④ **Gracias a la natación,** perdí más de diez kilogramos.
수영 덕분에 10kg 이상 빠졌습니다.

⑤ **Al prinicipio** no fue divertido.
처음에는 재미가 없었습니다.

응용어휘
④ **se me quitó el estrés** 스트레스를 해소했다　　**desarrollé mi capacidad física** 체력을 향상시켰다
⑤ **tuve miedo al agua** 물이 무서웠다　　　　　**no nadé muy bien** 수영을 잘 하지 못했다

3단 콤보 답변들로 이루어진 모범 답변입니다. 마음에 드는 답변을 선택해 연습해 보세요. ☑

□ **1단계** 수영의 장점 ② + ③ + ④　　　　　　　　　　　　🎧 MP3 **04-03**

Me gusta nadar porque tiene muchos beneficios. Los médicos dicen que nadar es la mejor manera de desarrollar la capacidad física. En realidad, cuando nado, puedo mover todos los músculos del cuerpo. Así que durante la natación, quemo calorías muy rápido. También tiene muchos beneficios mentales como quitar el estrés. Creo que nadar es una buena forma de mantenerme saludable.

제가 수영을 좋아하는 이유는 많은 이점이 있기 때문입니다. 의사들은 수영이 체력을 향상시키는 좋은 방법이라고 말합니다. 실제로 제가 수영을 할 때, 몸의 모든 근육을 움직일 수 있습니다. 그래서 수영하는 동안에 칼로리 소모가 매우 빠르죠. 또한, 스트레스 해소와 같은 정신적인 부분에서의 이점도 많습니다. 제 생각에 수영은 몸을 건강하게 유지하는 좋은 방법인 것 같습니다.

□ **2단계** 수영 하기 ② + ④　　　　　　　　　　　　　　🎧 MP3 **04-04**

El año pasado asistí a una clase de natación con mi mejor amigo. Desde ese momento, nadar se ha convertido en mi deporte favorito. Suelo ir al gimnasio local cerca de mi casa para nadar. Tiene siete líneas de treinta metros y una piscina pequeña para niños. Además, voy a un parque acuático con mi amigo cada verano. Siempre pasamos mucho tiempo nadando y jugando. Disfruto del sol y puedo mantenerme fresco/a en el agua. No me preocupo por el calor. Creo que la natación es una actividad divertida.

작년에 저의 가장 친한 친구와 함께 수영 수업에 참여했습니다. 그때부터 수영은 제가 제일 좋아하는 운동이 되었죠. 저는 집 근처 지역 체육관에 수영을 하러 가곤 합니다. 그곳에는 30m의 레인 7개가 있고, 유아용 작은 풀장이 있습니다. 또한, 여름마다 친구와 함께 워터파크에 갑니다. 우리는 항상 수영하고 놀면서 많은 시간을 보냅니다. 햇빛을 즐기기도 하고 물속에서 시원함을 유지할 수도 있죠. 더위를 걱정하지 않아요. 저는 수영이 재미있는 활동이라고 생각합니다.

3단계 수영과 관련된 경험 ③　　　　　　　🎧 MP3 **04-05**

Tuve una experiencia terrible mientras nadaba. La semana pasada fui a nadar y de repente, tuve un calambre en mi pierna. No podía moverme. Solo traté de salvarme y no sabía qué hacer. Afortunadamente pronto me calmé, pero perdí el collar cuando me retorcía de dolor. Nunca podré olvidar ese día. Desde entonces, siempre hago bastante ejercicio de calentamiento antes de nadar.

수영하면서 정말 끔찍한 경험이 있었어요. 지난주에 수영을 하러 갔는데, 갑자기 다리에 쥐가 났죠. 움직일 수가 없었어요. 살려고 노력하는 것 외에는 무엇을 할지 생각을 못했어요. 다행히도 곧 진정되었지만 제가 몸을 비틀면서 목걸이를 잃어버렸어요. 그 날을 절대 잊을 수가 없죠. 그때부터 저는 항상 수영 전에 준비 운동을 충분히 한답니다.

나만의 스토리를 만들어 보세요! 🐝

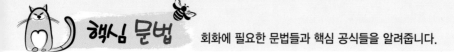

❶ 나의 생각 표현하기

creer동사는 '믿다'라는 의미로, 1인칭 현재시제 변화형 creo를 써서 나의 생각을 표현합니다.

> **creo que~** : 나는 ~라고 생각하다 (= pienso que~)

Creo que es una buena actividad. 저는 (그것이) 좋은 활동이라고 생각합니다.

Creo que tiene muchas ventajas. 저는 (그것이) 장점이 많다고 생각합니다.

Creo que es un hábito muy saludable. 저는 건강한 습관이라고 생각합니다.

Creo que es muy difícil flotar en el agua. 저는 물에 뜨는 게 어렵다고 생각합니다.

❷ 습관적인 활동 표현하기

soler동사는 '~하곤 하다, ~하는 습관이 있다'라는 의미로, 항상 뒤에 동사원형을 동반합니다.

> **suelo + 동사원형** : (나는) ~을/를 하곤 하다

Suelo ir a nadar. 수영을 하러 가곤 합니다.

Suelo hacer ejercicio. 운동을 하곤 합니다.

Suelo dar un paseo. 산책을 하곤 합니다.

Suelo ir al cine. 영화관에 가곤 합니다.

❸ 과거 시점의 경험 표현하기 : perder동사

perder동사의 단순 과거시제 1인칭 단수형 perdí를 활용하여 '(내가) ~을 잃어버렸다'라는 의미를 표현할 수 있습니다. `부록 〈동사 변화표〉 참고`

Perdí las gafas. 안경을 잃어버렸습니다.

Perdí un pendiente. 귀걸이 하나를 잃어버렸습니다.

Perdí el pasaporte. 여권을 잃어버렸습니다.

주제에 관한 다양하고 유용한 표현들입니다. 자신에게 맞는 문장을 체크하고 재미있는 스토리를 만들어보세요. 돌발 질문에도 당황하지 않고 나만의 표현력은 물론, 논리력에도 자신감이 생깁니다.

☐ 최근에 수영을 갔던 적은 작년 여름이었습니다.

La última vez que fui a nadar fue el verano pasado.

☐ 수영장은 넓은 창문으로 덮여 있습니다.

La piscina está cubierta con ventanas anchas.

☐ 저는 일주일에 1번 또는 2번씩 수영을 하러 갑니다.

Voy a nadar una o dos veces a la semana.

☐ 그 시간에는 사람이 적습니다.

En esa hora hay menos personas.

☐ 나는 시간이 있을 때 가능한 한 수영을 하려고 노력합니다.

Intento ir a nadar todo el tiempo que pueda.

☐ 수영은 모든 연령층의 사람들에게 매력을 주는 활동입니다.

La natación es una actividad que atrae a personas de todas las edades.

☐ 부상 위험이 거의 없습니다.

Casi no hay riesgo de lesionarse.

☐ 등의 통증 때문에 수영을 시작했습니다.

Empecé a nadar debido al dolor en mi espalda.

☐ 수영복과 수영 모자, 물안경을 착용합니다.

Llevo un traje de baño, un gorro de baño y gafas de natación.

☐ 저는 평범한 수영복을 입습니다.

Llevo un traje de baño ordinario.

자전거 타기

OPIc 시험에서는 콤보 형식으로 출제되는 경우가 많습니다. 주제별 답변에 대한 핵심 구조를 중심으로 응용어휘를 활용한 콤보 형식의 답변을 연습해 보세요. 모범 답변을 활용해 나만의 스토리텔링도 만들어 보세요.

Q **Describa su bicicleta en detalle. ¿Cómo es? ¿Dónde la compró? ¿Con qué frecuencia monta en bicicleta? ¿Por qué le gusta? ¿Alguna vez ha tenido una experiencia inusual al montar en bicicleta? ¿Cuándo y dónde sucedió?**

당신의 자전거를 자세히 묘사해 주세요. 어떻게 생겼나요? 어디서 구매했나요? 자전거를 얼마나 자주 타나요? 왜 좋아하죠? 자전거를 타다가 특이한 경험을 해본 적이 있나요? 언제, 어디서 일어났나요?

 **3단 콤보 답변**

주제별 답변에 대한 핵심 구조를 중심으로 응용 어휘를 활용해 콤보 형식의 답변을 익혀 보세요.

❶ 자전거 묘사

핵심 구조 자전거 외관, 구매한 시점, 구매한 곳, 자전거에 대한 나의 느낌

① **Mi bicicleta es de carretera.**
제 자전거는 로드바이크입니다.

② **Mi bicicleta es de color negro y tiene rayas plateadas.**
제 자전거는 검은색이고, 은색 줄무늬를 가지고 있습니다.

③ **Es bastante cara, ya que es un producto de marca.**
브랜드 제품이라 꽤 비쌉니다.

④ **Mi bicicleta es muy ligera pero cara.**
제 자전거는 매우 가벼운데 비쌉니다.

⑤ **La compré, en un hipermercado hace dos años.**
저는 2년 전에 자전거를 대형마트에서 구매했습니다.

⑥ **Estoy muy satisfecho/a con mi bicicleta.**
제 자전거에 매우 만족합니다.

응용어휘
① de montaña 산악 바이크
② azul 파란색, blanco 흰색, rojo 빨간색, verde 초록색　　　rayas doradas 금색 줄무늬
④ muy pesada pero barata 매우 무겁지만 저렴하다　　　muy moderna 매우 현대적이다
⑤ en un mercado de segunda mano 중고 시장에서　　　por Internet 인터넷을 통해

② 자전거 타기

핵심 구조 자전거를 배우기 시작한 계기, 자전거를 주로 타는 곳과 시점, 좋아하는 이유

① Aprendí a montar en bicicleta cuando tenía ocho años.
제가 8살 때, 자전거 타는 것을 배웠습니다.

② Me gusta montar en bicicleta para mantenerme saludable.
저는 제 몸을 건강하게 유지하기 위해 자전거 타는 것을 좋아합니다.

③ Monto en bicicleta con mis amigos a un parque cerca de mi casa los fines de semana.
주말마다 친구들과 함께 집 근처 공원에서 자전거를 탑니다.

④ Disfruto montando en bicicleta andando a través del parque.
저는 공원 사이를 달리며 자전거 타는 것을 즐깁니다.

⑤ Puedo tomar aire fresco andando en bicicleta.
자전거를 타면서 신선한 공기를 마실 수 있습니다.

응용어휘

③ mi novio 내 남자친구   mi novia 내 여자친구
⑤ Puedo mantenerme saludable 몸을 건강하게 유지할 수 있다
　 Puedo ver paisajes bonitos 예쁜 풍경을 볼 수 있다

③ 자전거 타기와 관련된 경험

핵심 구조 자전거 관련 에피소드, 나의 감정

① Tropecé y me caí en la carretera.
비틀거려서 넘어졌습니다.

② Nos quedamos mojados por la lluvia.
비에 우리는 흠뻑 젖었습니다.

③ No tenía mucha experiencia montando en bicicleta.
저는 자전거를 탄 경험이 많지 않았습니다.

④ No podía parar y la bicicleta bajaba muy rápido.
저는 멈출 수가 없었고, 자전거는 매우 빠르게 내려갔습니다.

⑤ Nos quedamos decepcionados.
우리는 조금 실망했어요.

모범 답변

3단 콤보 답변들로 이루어진 모범 답변입니다. 마음에 드는 답변을 선택해 연습해 보세요. ☑

□ **1단계** 자전거 묘사 ① + ④ + ③ + ② + ⑤ + ⑥   MP3 **04-07**

Mi bicicleta es de carretera. Es muy ligera pero bastante cara ya que es un producto de marca. Mi bicicleta es de color rojo porque es mi color favorito. Tiene un sillín cómodo y el manillar es ancho. También tiene una cesta pequeña para poner algo. La compré, en un hipermercado hace dos años con mi propio dinero para reemplazar la vieja. Estoy satisfecho/a con mi bicicleta.

제 자전거는 로드바이크입니다. 가볍지만 브랜드 제품이라 꽤 비쌉니다. 제 자전거 색깔은 빨간색인데, 제가 제일 좋아하는 색입니다. 안장이 편안하고 핸들은 넓습니다. 또한, 무언가를 넣을 수 있는 작은 바구니도 있습니다. 저는 오래된 자전거를 바꾸려고 2년 전에 제 용돈을 가지고 지금의 자전거를 대형마트에서 구입했습니다. 저는 제 자전거에 만족합니다.

□ **2단계** 자전거 타기 ③ + ④ + ⑤   MP3 **04-08**

Entre semana no tengo tiempo para montar en bicicleta. Además, está prohibido usarla en mi apartamento. Así que salgo en bicicleta con mis amigos a un parque cerca de mi casa los fines de semana. Disfruto montando en bicicleta andando a través del parque ya que puedo tomar aire fresco. A veces es un poco peligroso porque en la ciudad hay mucho tráfico. Por eso cuando monto en bicicleta, me pongo ropa adecuada para evitar accidentes.

저는 주중에 자전거를 탈 시간이 없습니다. 게다가, 저희 아파트에서는 자전거 타는 것이 금지되어 있습니다. 그래서 저는 친구들과 함께 주말마다 집 근처 공원에서 자전거를 탑니다. 공원을 달리면서 자전거 타는 것을 저는 즐기는데, 그 이유는 신선한 공기를 마실 수 있기 때문이죠. 도시에는 교통량이 많아서 가끔씩 위험하기도 합니다. 그래서 저는 자전거를 탈 때 사고를 막기 위해 적합한 옷을 입습니다.

□ **3 단계** 자전거 타기와 관련된 경험 ② + ⑤　　　🔘 MP3 **04-09**

El mes pasado monté en bicicleta en el parque cerca de mi casa con mi amigo. Hacía buen tiempo. Planeamos andar por una hora, pero tuvimos que volver a casa después de veinte minutos. Porque nos quedamos mojados por la lluvia. Nos quedamos decepcionados. Desde entonces, siempre reviso el tiempo antes salir en bicicleta.

지난달 제 친구와 함께 집 근처 공원에서 자전거를 탔습니다. 날씨가 좋았어요. 우리는 1시간 정도 타기로 계획했지만, 20분 후에 집으로 돌아와야만 했습니다. 왜냐하면 비 때문에 우리가 흠뻑 젖었거든요. 우리는 조금 실망했어요. 그때부터, 자전거를 타러 가기 전에 저는 항상 날씨를 확인합니다.

나만의 스토리를 만들어 보세요! 🐝

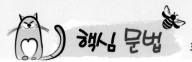
❶ 만족감 표현하기

만족하는 사람이 남성이면 satisfecho, 여성이면 satisfecha로 표현합니다.

> **estar satisfecho/a con~** : ~에 만족하다

Estoy satisfecho/a con **mi compra.** 제 구매에 만족합니다.

Estoy satisfecho/a con **la calidad.** 품질에 만족합니다.

Estoy satisfecho/a con **el precio.** 가격에 만족합니다.

Estoy satisfecho/a con **el servicio.** 서비스에 만족합니다.

❷ 즐거움 표현하기

disfrutar동사는 '즐기다, 향유하다'라는 의미로, 「disfrutar de + 명사」 또는 「disfrutar + 현재분사」의 형태로 주로 표현합니다.

> **disfruto de + 명사** : (나는) ~를 즐기다

Disfruto de **la vida.** 인생을 즐깁니다.

Disfruto del **momento.** 순간을 즐깁니다.

Disfruto del **tiempo.** 날씨를 즐깁니다.

Tip!
- 전치사 'de' 뒤에 남성 단수 정관사 'el'이 오는 경우 반드시 축약형 'del'로 표기합니다.

❸ 과거 시점의 날씨 표현하기

날씨를 나타낼 때는 hacer동사의 3인칭 단수형인 hace를 활용합니다. 과거 시점의 날씨를 나타낼 때는 hacer동사의 불완료 과거시제 3인칭 단수형 hacía를 활용합니다.

Hace **buen tiempo.** 날씨가 좋습니다.

Hace **mal tiempo.** 날씨가 좋지 않습니다.

Hacía **mucho calor.** 날씨가 매우 더웠습니다.

Hacía **mucho frío.** 날씨가 매우 추웠습니다.

주제에 관한 다양하고 유용한 표현들입니다. 자신에게 맞는 문장을 체크하고 재미있는 스토리를 만들어보세요. 돌발 질문에도 당황하지 않고 나만의 표현력은 물론, 논리력에도 자신감이 생깁니다.

☐ 넘어져서 무릎이 심하게 다쳤습니다.

Me caí y me dañé las rodillas.

☐ 자전거를 타는 일은 제 삶의 많은 부분을 차지했습니다.

Montar en bicicleta ha ocupado una gran parte de mi vida.

☐ 여전히 저는 불안합니다.

Todavía me da ansiedad.

☐ 프레임은 가늘고 강합니다.

El cuadro de la bicicleta es fino y fuerte.

☐ 바퀴들은 검은색이고 컵홀더가 있습니다.

Las ruedas son negras y tiene un portavasos.

☐ 자동차로부터 떨어져 타려고 노력합니다.

Intento mantenerme alejado/a de los coches.

☐ 매일 자전거를 타기로 결심했습니다.

Decidí comenzar a salir en bicicleta todos los días.

☐ 저는 살을 빼고 싶어서 자전거를 타기 시작했습니다.

Empecé a montar en bicicleta porque esperaba perder peso.

☐ 야외에서 운동하는 것을 선호합니다.

Prefiero hacer ejercicio al aire libre.

☐ 자전거를 탈 때는 개들을 조심해야 합니다.

Tengo que tener cuidado con los perros mientras ando en bicicleta.

Lección 3

걷기 & 조깅

> OPIc 시험에서는 콤보 형식으로 출제되는 경우가 많습니다. 주제별 답변에 대한 핵심 구조를 중심으로 응용어휘를 활용한 콤보 형식의 답변을 연습해 보세요. 모범 답변을 활용해 나만의 스토리텔링도 만들어 보세요.

Q Usted dijo que le gusta trotar. Describa los lugares a los que generalmente va a caminar. ¿Cuáles son los riesgos de trotar? ¿Y qué hace para evitar tales riesgos? ¿Ha tenido una experiencia particularmente memorable al caminar? ¿Cuándo y dónde ocurrió? ¿Con quién estaba? ¿Qué pasó?

당신은 조깅을 좋아한다고 했습니다. 걷기를 위해 주로 가는 장소를 묘사해 보세요. 조깅을 하는 동안에 어떤 위험이 있나요? 그런 위험들을 피하기 위해 당신은 무엇을 하나요? 걷기를 하면서 기억에 남는 경험을 한 적이 있나요? 언제, 어디서 일어났나요? 누구와 함께 있었나요? 무슨 일이 있었죠?

3단 콤보 답변

주제별 답변에 대한 핵심 구조를 중심으로 응용 어휘를 활용해 콤보 형식의 답변을 익혀 보세요.

① 걷기나 조깅을 하는 장소

핵심 구조 걷기나 조깅을 하는 장소, 시간, 목적

① **Troto** todas las mañanas.
저는 매일 아침 조깅을 합니다.

② **El lugar donde suelo trotar es** un parque grande cerca de mi casa.
조깅을 가는 장소는 집 근처 큰 공원입니다.

③ **No es necesario** preparar muchos equipos **para trotar**.
조깅하기 위해서는 많은 도구를 준비할 필요가 없습니다.

④ **Mientras troto,** hago el plan del día.
조깅을 하는 동안 하루의 계획을 세웁니다.

⑤ **Trotar por el parque** no cuesta nada de dinero y es un ejercicio fácil.
공원을 조깅하는 것은 돈이 들지 않고 또 쉬운 운동입니다.

응용어휘
① los fines de semana 주말마다   solo entre semana 평일에만
   todas las noches 매일 저녁
② un patio de escuela 학교 운동장   un parque cerca de la universidad 대학교 근처 공원
③ aprender algo especial 특별한 무언가를 배우다   tener mucho tiempo 많은 시간적 여유를 가지다
④ escucho música 음악을 듣다   tomo aire fresco 신선한 공기를 마시다

② 걷기나 조깅을 할 때 주의할 점

핵심 구조 주의할 점, 부상 위험

① Antes de trotar, reviso el tiempo.
조깅을 하기 전 저는 날씨를 체크합니다.

② Es más fácil trotar en una pista de goma.
고무 바닥 트랙에서 조깅을 하는 것이 더 쉽습니다.

③ Los riesgos más comunes al trotar son en los tobillos y las rodillas.
조깅을 하면서 가장 공통적으로 겪는 부상은 발목과 무릎 부상입니다.

④ Hay que proteger la piel con el protector solar.
선크림으로 피부를 보호해야 합니다.

⑤ Es importante tomar mucha agua.
물을 많이 마시는 것이 중요합니다.

응용어휘
① alisto agua para tomar (저는) 마실 물을 준비한다
hago bastante calentamiento (저는) 준비 운동을 충분히 한다
④ llevar su móvil para emergencias 위급상황을 위해 휴대폰을 지참
⑤ descansar un poco entre carreras 조깅 중에 잠깐 쉬는 것
respirar regularmente 규칙적으로 호흡하는 것

③ 걷기 또는 조깅과 관련된 경험

핵심 구조 걷기 또는 조깅과 관련된 에피소드, 나의 감정

① De repente, empezó a llover. 갑자기 비가 오기 시작했습니다.

② Me mojé hasta los huesos. 비에 흠뻑 젖었습니다.

③ Tropecé con una piedra. 돌에 걸려서 넘어졌습니다.

④ No podía caminar más. 저는 더 이상 걸을 수 없었습니다.

⑤ Estaba vergonzoso/a. 저는 창피했습니다.

응용어휘
③ un árbol 나무   un obstáculo 장애물
⑤ triste 슬프다   doloroso/a 아프다

3단 콤보 답변들로 이루어진 모범 답변입니다. 마음에 드는 답변을 선택해 연습해 보세요. ☑

□ **1단계** 걷기나 조깅을 하는 장소 ④ + ③ 🔘 MP3 **04-11**

Troto para perder peso y para mantenerme en forma. Por lo general, troto por el parque cerca de mi casa dos veces a la semana por la mañana. Hay una larga pista de goma que rodea el parque. Mucha gente la utiliza para hacer ejercicio. Mientras troto, hago el plan del día. Me gusta trotar porque no es necesario preparar muchos equipos. Solo necesito un par de zapatillas y ropa cómoda. Eso es lo mejor de trotar.

저는 체중을 감량하고 몸매를 유지하기 위해 조깅을 합니다. 보통 일주일에 2번, 아침에 집 근처 공원에서 조깅을 합니다. 공원 둘레에 긴 고무바닥 트랙이 있습니다. 많은 사람이 운동을 하기 위해 그곳을 활용합니다. 저는 조깅을 하는 동안 하루의 계획을 세웁니다. 제가 조깅을 좋아하는 이유는 조깅을 하기 위해 많은 도구를 준비할 필요가 없기 때문입니다. 단지 운동화 한 켤레와 편한 옷차림만 필요합니다. 그것이 조깅의 가장 좋은 장점이죠.

□ **2단계** 걷기나 조깅을 할 때 주의할 점 ③ + ④ + ⑤ 🔘 MP3 **04-12**

Trotar es más seguro que otras formas de ejercicio. Pero hay unos puntos que hay que tener en cuenta mientras se trota. La lesión más común al trotar es en los tobillos. Para evitar cualquier posibilidad de lesión en los tobillos, se debe tener un buen par de zapatillas. Además, se tiene que hacer bastante calentamiento antes de trotar. Hay que proteger la piel con el protector solar, especialmente en verano. También es importante tomar mucha agua.

조깅은 다른 운동에 비해 안전한 운동입니다. 하지만, 조깅을 할 때 몇 가지 고려해야 할 점이 있습니다. 조깅을 하면서 가장 공통적으로 겪는 부상은 발목 부상입니다. 발목에 부상을 입을 가능성을 막기 위해 좋은 운동화를 신어야 합니다. 게다가, 조깅 전 준비 운동을 충분히 해야 합니다. 특히 여름에는 선크림으로 피부를 보호해야 합니다. 또한, 물을 많이 마시는 것도 중요합니다.

□ **3단계** 걷기 또는 조깅과 관련된 경험 ③ 🎧 MP3 **04-13**

Un día fui al parque a trotar. Estaba trotando por una pista. Siempre escucho música mientras troto. Ese día fue igual. Yo usé mi móvil para cambiar la música y no miraba hacia adelante. Así que tropecé con una piedra. Me levanté e intenté caminar, pero me dolía. Apenas pude llegar a casa y limpié la herida con agua. Ya no uso mi móvil mientras troto.

하루는 조깅하러 공원에 갔어요. 트랙을 조깅하고 있었죠. 저는 항상 조깅을 하는 동안에 음악을 듣습니다. 그날도 마찬가지였어요. 음악을 바꾸려고 휴대폰을 만지면서 앞을 보지 않았죠. 그래서 돌에 걸려 넘어졌습니다. 일어나서 걸으려고 했지만, 아팠어요. 겨우 집에 와서 물로 상처를 씻었습니다. 이제는 조깅하는 동안에 휴대폰을 만지지 않아요.

나만의 스토리를 만들어 보세요! 🐝

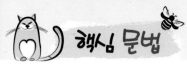 **핵심 문법** 회화에 필요한 문법들과 핵심 공식들을 알려줍니다.

① 필요성 표현하기

특정한 누군가를 지칭하지 않은 무인칭을 대상으로 '필요성'에 대해 표현합니다.

> **Es necesario + 동사원형** : ~하는 것이 필요하다, ~할 필요가 있다

Es necesario tener cuidado. 조심할 필요가 있습니다.

Es necesario hacer ejercicio. 운동할 필요가 있습니다.

Es necesario practicar mucho. 연습이 많이 필요합니다.

Es necesario llevar zapatillas cómodas. 편한 운동화를 신을 필요가 있습니다.

② 중요성 표현하기

특정한 누군가를 지칭하지 않은 무인칭을 대상으로 '중요성'에 대해 표현합니다.

> **Es importante + 동사원형** : ~하는 것이 중요하다

Es importante concentrarse. 집중하는 것이 중요합니다.

Es importante mirar alrededor. 주변을 살피는 것이 중요합니다.

Es importante tener más cuidado de noche. 밤에는 더 조심하는 것이 중요합니다.

Es importante trotar apropiadamente. 적당히 조깅하는 것이 중요합니다.

③ 과거 시점의 갑작스러운 상황 표현하기

de repente는 '갑자기'라는 의미로 해당 표현 뒤에 단순 과거시제를 쓰면 과거 시점의 갑작스러운 상황을 표현합니다.

De repente, me atacó. 갑자기, 저를 공격했습니다.

De repente, apareció alguien. 갑자기, 누군가 나타났습니다.

De repente, me gritó. 갑자기, 저에게 소리를 질렀습니다.

De repente, me dio un mareo. 갑자기, 머리가 어지러웠습니다.

주제에 관한 다양하고 유용한 표현들입니다. 자신에게 맞는 문장을 체크하고 재미있는 스토리를 만들어보세요. 돌발 질문에도 당황하지 않고 나만의 표현력은 물론, 논리력에도 자신감이 생깁니다.

☐ 트랙은 많은 나무와 꽃, 잔디로 꾸며져 굉장히 아름답습니다.

La pista es muy agradable, con muchos árboles, flores y césped.

☐ 조깅하면서 신선한 공기를 느끼는 것은 제가 스트레스를 줄이는 데 도움이 됩니다.

Trotar y sentir el aire fresco me ayuda a quitar el estrés.

☐ 공원에 들어갔을 때, 알 수 없는 소리를 들을 수 있었습니다.

Cuando entré al parque escuché un sonido desconocido.

☐ 의사가 저에게 조깅을 추천했습니다.

El doctor me recomendó trotar.

☐ 날씨가 너무 더웠고 그늘을 찾을 수 없었습니다.

Hacía mucho calor y no podía encontrar sombra.

☐ 식사 후에는 조깅을 하지 않는 것이 좋습니다.

Es mejor no trotar después de comer.

☐ 호흡기 질환을 예방할 수 있습니다.

Puedo prevenir problemas respiratorios.

☐ 무리하지 않는 것이 중요합니다.

Es importante no excederse.

☐ 저녁에 조깅할 때는, 항상 친구와 함께 갑니다.

Cuando troto por la noche, siempre voy con mi amigo.

☐ 저는 건강을 위해서 계속 조깅을 할 겁니다.

Seguiré trotando para mantener mi salud.

요가 하기

OPIc 시험에서는 콤보 형식으로 출제되는 경우가 많습니다. 주제별 답변에 대한 핵심 구조를 중심으로 응용어휘를 활용한 콤보 형식의 답변을 연습해 보세요. 모범 답변을 활용해 나만의 스토리텔링도 만들어 보세요.

Q Usted indicó que le gusta hacer yoga. ¿Dónde hace yoga? ¿Cuál es su lugar favorito para hacer yoga? ¿Cómo se interesó por primera vez en yoga? ¿Quién le enseñó? ¿Qué se pone cuando hace yoga? ¿Qué se necesita para hacer yoga?

당신은 요가를 좋아한다고 했습니다. 어디서 요가를 하나요? 요가를 하기 위해 당신이 좋아하는 장소는 어디인가요? 처음 요가를 시작한 계기가 무엇인가요? 누가 당신에게 요가를 가르쳐 주었나요? 요가를 할 때 무엇을 입나요? 요가를 하기 위해서는 무엇이 필요하죠?

 3단 콤보 답변

주제별 답변에 대한 핵심 구조를 중심으로 응용 어휘를 활용해 콤보 형식의 답변을 익혀 보세요.

① 요가를 하는 장소

핵심 구조 요가를 하는 장소 묘사, 하는 시간, 목적, 요가 내용

① Voy a un instituto de yoga cerca de mi oficina.
저는 회사 근처의 요가 학원에 갑니다.

② Tomo una clase tres veces a la semana.
일주일에 3번 수업을 듣습니다.

③ Uso mi estera y me pongo ropa ligera.
저는 개인 매트와 가벼운 옷차림으로 요가를 합니다.

④ Me gusta el yoga porque es muy relajante.
저는 요가가 마음을 편안하게 해줘서 좋아합니다.

⑤ El instructor me da clase una hora y luego, la repaso yo solo/a.
선생님이 1시간 동안 수업을 하시고 그 후 저 혼자 그것을 복습합니다.

응용어휘
① la casa de mi amiga 친구네 집   mi casa 나의 집
    mi universidad 나의 대학교   un gimnasio 체육관
④ es tranquilo 조용하다   me ayuda a dormir bien 잠을 잘 자도록 도와준다
    puedo hacerlo solo/a 혼자 할 수 있다

② 요가를 시작하게 된 계기

핵심 구조 요가를 배우게 된 동기, 배우면서 변화된 점

① Empecé a hacer yoga hace tres años para perder peso.

3년 전 체중감량을 위해 요가를 하기 시작했습니다.

② Después de graduarme de la universidad estaba un poco gordo/a.

대학교를 졸업한 후, 제가 조금 뚱뚱했었어요.

③ Estaba fuera de forma antes de empezar a hacer yoga.

요가를 시작하기 전에는 몸매가 별로였습니다.

④ Sentí algunos cambios después de un año.

1년 후 약간의 변화를 느꼈습니다.

⑤ Uno de mis amigos me recomendó el yoga.

제 친구 중 한 명이 저에게 요가를 추천했습니다.

응용어휘
① para tener buena figura 몸매를 가꾸기 위해
para mejorar la calidad del sueño 수면의 질을 향상시키기 위해
③ estaba gordo/a 뚱뚱했다　　　estaba cansado/a 피곤했다　　　estaba débil 몸이 약했다

③ 요가 할 때 입는 복장

핵심 구조 요가 할 때 입는 복장과 필요한 도구

① No es necesario vestir de manera especial para hacer yoga.

요가를 하기 위해서 특별한 복장을 입을 필요가 없습니다.

② Llevo ropa amplia para facilitar el movimiento.

쉽게 움직일 수 있도록 헐렁한 옷을 입습니다.

③ Algunas ropas no son muy apropiadas para practicar yoga.

어떤 옷들은 요가 연습에 매우 적합하지 않습니다.

④ Es mejor llevar una chaqueta que se pueda quitar fácilmente cuando entre en calor.

몸이 더워지면 쉽게 벗을 수 있는 재킷을 가지고 가는 것이 좋습니다.

응용어휘
① mucho equipo 많은 도구　　　ponerse los calcetines 양말을 신다　　　un espacio amplio 넓은 공간
② ropa cómoda 편안한 옷　　　ropa ligera 가벼운 옷

모범 답변

3단 콤보 답변들로 이루어진 모범 답변입니다. 마음에 드는 답변을 선택해 연습해 보세요. ☑

☐ **1단계** 요가를 하는 장소 ① + ② + ⑤ + ④ MP3 **04-15**

Voy a un instituto de yoga cerca de mi casa. Allí tienen varios programas de yoga. Yo tomo una clase por la noche, tres veces a la semana. No hay mucha genta a esa hora. El instructor me da clase una hora y luego, la repaso solo/a. Si no voy al instituto, hago yoga en casa. Me gusta el yoga porque es muy relajante. Especialmente el yoga caliente me ayuda a sudar más y sudar me ayuda a sentirme renovado/a. Además, es más fácil quemar calorías. Después de regresar a casa, duermo bien gracias al yoga.

저는 집 근처의 요가 학원에 다닙니다. 그곳에는 요가와 관련된 다양한 프로그램이 있어요. 저는 일주일에 3번, 저녁에 수업을 듣습니다. 그 시간에는 사람이 많지 않아요. 선생님이 저한테 1시간 수업을 해주시고 그 이후에 저 혼자 복습을 합니다. 학원에 가지 않으면, 집에서 요가를 해요. 저는 요가가 마음을 편안하게 해줘서 좋아합니다. 특히 핫 요가는 땀을 더 흘리고 땀을 흘리면 기분이 상쾌해집니다. 칼로리 소모도 훨씬 쉽습니다. 집에 돌아오면, 요가 덕분에 잠을 잘 잔답니다.

☐ **2단계** 요가를 시작하게 된 계기 ② + ⑤ + ① + ④ MP3 **04-16**

Después de graduarme de la universidad estaba un poco gordo/a. Por lo tanto, quería perder peso y buscaba una manera divertida y fácil. Uno de mis amigos me recomendó el yoga. Así que empecé a hacer yoga hace tres años. Me pareció muy divertido y sentí algunos cambios después de un año. Como resultado, adelgacé a mi peso objetivo. Al principio, era un poco difícil y estaba cansado/a pero ahora estoy satisfecho/a con el resultado. Por eso, quiero seguir haciéndolo.

대학교를 졸업한 후, 제가 조금 뚱뚱했었어요. 그래서 체중 감량을 하고 싶었고, 재미있고 쉬운 방법을 찾고 있었죠. 제 친구 중 한 명이 저에게 요가를 추천했습니다. 그래서 3년 전 요가를 시작했답니다. 제가 느끼기에 요가는 너무 재미있었고 1년 후에 저는 약간의 변화를 느꼈습니다. 결과적으로 저는 목표한 몸무게까지 감량했어요. 처음에는 조금 힘들고 피곤했지만, 지금은 결과에 만족한답니다. 그래서 저는 계속 요가를 하고 싶어요.

3단계 요가 할 때 입는 복장 ① + ②　　　　　　　🔊 MP3 **04-17**

Para hacer yoga no se necesita comprar equipo nuevo o ropa. En el instituto hay esteras individuales, pero si hago yoga en casa, solo pongo una manta en el suelo en lugar de la estera. Además, no es necesario vestir de manera especial. Mientras lo hago, llevo ropa amplia para facilitar el movimiento. Normalmente me pongo una camiseta sin mangas porque hago yoga dentro de casa o en el instituto. Si hace un poco de frío, llevo un suéter extra o una chaqueta ligera. Así, cuando entro en calor, puedo quitármelo.

요가는 새 도구나 옷을 살 필요가 없습니다. 학원에는 개인 매트가 있는데, 만약 집에서 요가를 한다면, 저는 그냥 매트 대신 바닥에 담요를 놓습니다. 특별한 복장을 입을 필요도 없습니다. 요가를 할 때는, 움직이기 편하도록 헐렁한 옷을 입습니다. 요가는 집이나 혹은 학원에서 하기 때문에 보통 민소매 셔츠를 입죠. 조금 추우면, 스웨터나 가벼운 재킷을 입습니다. 그래야 몸이 더워지면 벗을 수 있어요.

나만의 스토리를 만들어 보세요! 🐝

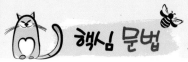
① 가정 표현하기

'만약 ~한다면'과 같은 가정의 의미를 표현할 때는 'si'를 활용하여 내용에 따라 다양한 시제의 문장으로 나타냅니다. 가장 기본적인 현재시제의 문장에 'si'를 활용하여 '(만약) ~한다면, ~하다'의 문장을 만들 수 있습니다.

> **Si + 현재시제** : (만약) ~한다면,

Si no tengo tiempo, no puedo ir a hacer yoga. 만약 시간이 없으면, 요가를 하러 가지 못합니다.

Si hago yoga, duermo bien. 요가를 하면, 잠을 잘 잡니다.

Si no puedo dormir, practico un poco de yoga.
만약 잠을 잘 수 없으면, 요가를 조금 연습합니다.

② 전후 관계 표현하기

어떤 행동을 하기 전이나 한 후의 상황을 표현할 수 있습니다.

> **antes de~** : ~하기 전에 / **después de~** : ~한 후에

Antes de dormir, siempre hago yoga. 잠을 자기 전, 항상 저는 요가를 합니다.

Después de volver a casa, descanso. 집에 돌아온 후, 저는 휴식을 취합니다.

③ 옷차림 표현하기

llevar 동사와 ponerse 동사는 모두 '입다, 착용하다'의 의미로 목적어를 필요로 하지만, vestirse 동사는 '(옷을)입다'의 의미로 목적어가 필요하지 않고 '~스타일로(방식으로) 옷을 입는 행위'를 표현합니다.

> **Llevo(=Me pongo) + 옷, 장신구** : 나는 (옷, 장신구)을/를 입는다(착용한다)

Me visto. 나는 옷을 입는다.

Llevo ropa ligera. 저는 가벼운 옷을 착용합니다.

Me visto de manera normal. 저는 평범한 스타일로 옷을 입습니다.

Me pongo una chaqueta extra. 저는 재킷을 추가로 입습니다.

주제에 관한 다양하고 유용한 표현들입니다. 자신에게 맞는 문장을 체크하고 재미있는 스토리를 만들어보세요. 돌발 질문에도 당황하지 않고 나만의 표현력은 물론, 논리력에도 자신감이 생깁니다.

☐ 핫요가를 1시간 하는 것은 지치기는 하지만, 기분은 좋습니다.

Una hora de yoga caliente me agota, pero me siento bien.

☐ 다양한 포즈를 해보는 것이 조금 두려웠습니다.

Tenía miedo de probar varias posturas.

☐ 저는 모든 포즈를 정확하게 따라 하려고 노력합니다.

Intento seguir todas las posturas correctamente.

☐ 유연성과 평형감각을 기를 수 있습니다.

Puedo mejorar la flexibilidad y el equilibrio.

☐ 제 친구는 요가를 하고 난 후, 건강이 좋아졌다고 말했습니다.

Mi amiga me dijo que mejoraba su salud después de hacer yoga.

☐ 코브라 자세를 하면 더 빨리 지방을 분해할 수 있습니다.

Si hago la postura de la cobra, puedo quemar grasa más rápidamente.

☐ 각 포즈들은 축적된 지방을 줄이는데 도움을 줍니다.

Cada postura ayuda a reducir las grasas aumuladas.

☐ 트레이닝 바지를 입는 것이 편합니다.

Es cómodo llevar pantalón deportivo.

☐ 처음에는 조금 두렵고 부끄러웠습니다.

Al principio, me dio vergüenza y un poco de temor.

☐ 선생님이 어떻게 하는지 잘 보아야 합니다.

Tengo que ver bien cómo hace mi instructor.

헬스 하기

OPIc 시험에서는 콤보 형식으로 출제되는 경우가 많습니다. 주제별 답변에 대한 핵심 구조를 중심으로 응용어휘를 활용한 콤보 형식의 답변을 연습해 보세요. 모범 답변을 활용해 나만의 스토리텔링도 만들어 보세요.

Q Usted indicó que le gusta ir al gimnasio. ¿Dónde está el gimnasio? ¿Cómo es? ¿Qué hay en el gimnasio? ¿Qué hace en el gimnasio? ¿Ha tenido una experiencia particularmente memorable en el gimnasio? ¿Cuándo ocurrió?

당신은 헬스장에 가는 것을 좋아한다고 했습니다. 헬스장은 어디에 있나요? 어떻게 생겼나요? 헬스장에는 무엇이 있죠? 당신은 헬스장에서 무엇을 하나요? 헬스장에서 기억에 남는 경험을 한 적이 있나요? 언제 그 일이 일어났나요?

 3단 콤보 답변

주제별 답변에 대한 핵심 구조를 중심으로 응용 어휘를 활용해 콤보 형식의 답변을 익혀 보세요.

❶ 헬스장 묘사

핵심 구조 헬스장 묘사, 헬스장에 대한 나의 느낌

① Todas las máquinas son nuevas.
모든 운동 기구들이 새 것입니다.

② En la otra zona, hay una clase de yoga y de ejercicios aeróbicos.
다른 곳에서는 요가와 에어로빅 수업이 있습니다.

③ El gimnasio al que voy está en el mismo edificio donde está mi oficina.
제가 다니는 헬스장은 제 사무실과 같은 건물에 있습니다.

④ Es muy cómodo para hacer ejercicio.
운동하기에 너무 편합니다.

⑤ El gimnasio es limpio y espacioso.
헬스장은 깨끗하고 넓습니다.

응용어휘

① últimos 최신의 것
② pilates 필라테스   power jump 파워 점프
③ cerca de mi casa 우리 집 근처에   cerca de mi oficina 우리 사무실 근처에
    cerca de mi universidad 우리 대학교 근처에   en mi campus 우리 캠퍼스에
⑤ es caro 비싸다   es popular 인기가 있다

② 헬스장에서 하는 운동의 과정

핵심 구조 헬스장에서 주로 하는 운동, 좋아하는 운동, 힘든 운동

① Entro en el vestuario y primero me cambio de ropa.

우선 탈의실에 들어가서 옷을 갈아 입습니다.

② Hago ejercicio de calentamiento unos diez minutos.

대략 10분 정도 준비운동을 합니다.

③ Subo a la elíptica y le doy suficientemente rápido para sudar.

헬스 자전거를 타고 땀을 흘리기 위해 최대한 빨리 움직입니다.

④ No descanso mucho entre cada máquina.

기구를 바꾸는 사이에는 많이 쉬지 않습니다.

⑤ Me gusta correr en la cinta caminadora porque es muy sencillo.

저는 런닝머신에서 뛰는 것을 좋아하는데, 왜냐하면 아주 간단하기 때문이죠.

⑥ Levantar las mancuernas pesadas es muy difícil para mí.

저한테는 무거운 덤벨을 드는 것이 너무 힘듭니다.

③ 헬스장에서 겪은 경험

핵심 구조 헬스장에서 겪은 일, 내가 얻은 교훈

① Estaba muy avergonzado/a.

너무 창피했습니다.

② Me torcí mi tobillo izquierdo.

왼쪽 발목을 삐었습니다.

③ La lesión fue tan dolorosa que no pude caminar por mí mismo.

다친 곳이 너무 아파서 혼자 걸을 수가 없었습니다.

④ Desde ese día, trato de tener cuidado con mis tobillos.

그날 이후, 발목을 조심하려고 신경을 씁니다.

응용 어휘

① doloroso/a 고통스러운, 아픈   vergonzoso/a 부끄러운

② muñeca derecha 오른쪽 손목   muñeca izquierda 왼쪽 손목
    tobillo derecho 오른쪽 발목

③ levantarme (내가) 일어나다

3단 콤보 답변들로 이루어진 모범 답변입니다. 마음에 드는 답변을 선택해 연습해 보세요. ☑

☐ **1단계** 헬스장 묘사 ③ + ⑤ + ① + ④　　　　　　　 MP3 **04-19**

El gimnasio al que voy está cerca de mi universidad. Es limpio, espacioso y bien organizado. Hay diez cintas caminadoras frente a la ventana. Detrás de ellas hay varias máquinas, tales como pesas, elípticas, etc. Todas las máquinas son nuevas. Además de la zona de máquinas, hay otra zona para ejercicios grupales, por ejemplo, la clase de ejercicios aeróbicos. También este gimnasio está equipado con sauna y vestuario. Me gusta aquí porque es muy cómodo para hacer ejercicio.

제가 다니는 헬스장은 우리 대학교에서 가깝습니다. 제가 가는 곳은 깨끗하고, 넓고 질서정연하게 된 곳입니다. 창가 정면으로 10개의 러닝머신이 일렬로 있습니다. 그 뒤편으로는 덤벨이나 헬스 자전거 등과 같은 다양한 기구들이 있습니다. 모든 운동 기구들이 새것입니다. 기구들이 있는 구역 외에, 그룹으로 하는 운동을 위한 구역이 있는데 예를 들면, 에어로빅 수업 같은 거죠. 그리고 이 헬스장은 사우나와 탈의실이 완비되어 있습니다. 저는 운동하기에 너무 편해서 이곳을 좋아합니다.

☐ **2단계** 헬스장에서 하는 운동의 과정 ① + ② + ③　　　　　 MP3 **04-20**

Primero, me cambio por la ropa que se ofrece en el gimnasio. Hago ejercicio de calentamiento unos diez minutos. Luego, corro en la cinta caminadora más o menos treinta minutos. Subo la velocidad cada diez minutos. A veces, participo en la clase de ejercicios aeróbicos pero si no hay clase, después de correr, subo a la elíptica y le doy bastante rápido para sudar. Trato de hacer ejercicio más de una hora y media. Cuando termino, me ducho y regreso a casa.

먼저, 헬스장에서 제공해 주는 옷으로 갈아입습니다. 대략 10분 정도 준비운동을 합니다. 그리고 나서, 러닝머신을 30분 정도 뜁니다. 10분마다 속도를 올리죠. 가끔은, 에어로빅 수업에도 참여하지만 수업이 없으면 러닝머신을 뛰고 나서, 헬스 자전거를 타고 땀을 흘리기 위해 최대한 빨리 움직입니다. 되도록 1시간 반 이상 운동을 하려고 하죠. 끝나고 나면, 샤워하고 집에 돌아옵니다.

☐ **3 단계** 헬스장에서 겪은 경험 ② 🔘 MP3 **04-21**

El mes pasado fui al gimnasio después de trabajar. Estaba corriendo en la cinta caminadora. De repente, las mujeres se empezaron a juntar alrededor de un hombre. Noté que ese hombre era un actor famoso y además, estaba corriendo junto a mí. Me sorprendí tanto que tropecé y me torcí el tobillo izquierdo. La lesión fue tan dolorosa que no pude caminar por mí mismo, por eso el instructor me llevó al hospital. Aprendí que tengo que concentrarme más cuando haga ejercicio.

지난달, 퇴근 후 헬스장에 갔습니다. 러닝머신을 뛰고 있었죠. 갑자기 여자들이 한 남자 주위로 몰려들기 시작했어요. 저는 그 남자가 유명한 배우라는 것을 알아차렸고, 심지어 제 바로 옆에서 뛰고 있었어요. 저는 너무 놀라서 왼쪽 발목을 삐었답니다. 다친 곳이 너무 아파서 혼자 걸을 수가 없어서 트레이너가 저를 병원에 데려갔습니다. 저는 운동을 할 때 더 집중해야 한다는 교훈을 얻었습니다.

나만의 스토리를 만들어 보세요! 🐝

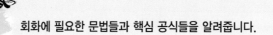

핵심 문법 회화에 필요한 문법들과 핵심 공식들을 알려줍니다.

❶ 건물 설비 표현하기

estar equipado/a con~는 '~을 갖추고 있는'이라는 의미로 주어는 주로 건물이나 장소, 기계 등이 올 수 있고, 동사도 그에 맞게 주로 3인칭을 씁니다.

El gimnasio está equipado con muchas máquinas.
헬스장은 많은 기구들을 갖추고 있습니다.

El edificio está bien equipado. 건물 설비가 좋습니다.

El hotel está mal equipado. 호텔은 설비가 좋지 않습니다.

❷ 지시사로 표현하기

지시 형용사는 명사 앞에 위치하며, 뒤에 나오는 명사의 성과 수에 일치시킵니다.

	지시 형용사 단수형	지시 형용사 복수형
이	este / esta	estos / estas
그	ese / esa	esos / esas
저	aquel / aquella	aquellos / aquellas

Esta máquina es pesada. 이 기구는 무겁습니다.

Ese hombre es un actor famoso. 그 남자는 유명한 배우입니다.

Aquel gimnasio es viejo. 저 헬스장은 오래됐습니다.

❸ 과거의 진행 표현하기

「estar동사 + 현재분사」 구문은 진행의 의미를 나타낼 수 있습니다. estar동사의 불완료 과거시제를 활용하여 과거의 어느 시점을 기준으로 계속해서 이루어진 동작 또는 행위를 표현합니다.

> **estaba + 현재분사** : 저는 ~을 하는 중이었습니다

Estaba estudiando. 저는 공부하는 중이었습니다.

Estaba viendo la televisión. 저는 TV를 보는 중이었습니다.

Estaba comiendo. 저는 식사를 하는 중이었습니다.

주제에 관한 다양하고 유용한 표현들입니다. 자신에게 맞는 문장을 체크하고 재미있는 스토리를 만들어보세요. 돌발 질문에도 당황하지 않고 나만의 표현력은 물론, 논리력에도 자신감이 생깁니다.

☐ 헬스장에 들어갔을 때, 알 수 없는 소리를 들었습니다.

Cuando entré al gimnasio escuché un sonido desconocido.

☐ 헬스장은 매일 운영합니다.

El gimnasio abre todos los días.

☐ 저는 에어로빅을 배우고 싶었습니다.

Yo quería aprender a hacer aeróbicos.

☐ 가끔 헬스장이 붐비면 기다려야만 기구를 사용할 수 있습니다.

A veces tengo que esperar para usar las máquinas cuando el gimnasio está lleno.

☐ 제가 헬스장에 갈 때마다 많은 사람들이 운동하는 모습을 볼 수 있습니다.

Puedo ver a mucha gente haciendo ejercicio cada vez que voy al gimnasio.

☐ 훌륭한 헬스 트레이너를 만났습니다.

Conocí a un buen instructor de gimnasio.

☐ 저는 칼로리 소모와 체중감량을 빨리하기 위해 러닝머신에서 뜁니다.

Corro en la cinta caminadora para perder peso y quemar calorías rápidamente.

☐ 휴대폰 위에 무거운 덤벨을 떨어뜨렸습니다.

Dejé caer unas mancuernas pesadas sobre mi móvil.

☐ 트레이너들이 기구를 사용하는 방법을 설명해 줍니다.

Los instructores dan consejos sobre cómo usar las máquinas.

☐ 너무 아파서 하루 쉬어야 했습니다.

Estaba tan enfermo/a que tuve que descansar un día.

Capítulo 5

여가활동

학습목표 및 출제경향

Background Survey에서 수험자들이 답변하기 쉬운 항목을 집중적으로 학습하고 해당 항목별로 필요한 필수 표현과 어휘를 학습합니다. 여가활동과 관련된 문제 또한 콤보 문제로 출제되는 경우가 많습니다. 따라서 각 항목별로 해당 활동에 대한 단순한 묘사, 과거의 경험, 롤플레이 문제까지 연결되어 문제가 출제되는 점을 고려해서 답변을 준비합니다. 본인이 선택한 항목을 중심으로 출제되는 것이 기본이지만, '운동'이나 '취미생활'에서 선택한 항목을 연관시켜 질문이 이어지는 경우도 있으므로, 항목을 선택할 때 이점을 유의해야 합니다.

주제별 답변 순서 및 고득점 꿀팁 ★

Lección 1
영화 보기

★ 영화를 보러 자주 가는 장소 ▶ 그 장소를 좋아하는 이유 ▶ 에피소드
★ 좋아하는 영화 장르 ▶ 기억에 남는 영화 ▶ 영화 속 인상 깊었던 배우

Lección 2
공원 가기

★ 자주 가는 공원 ▶ 공원에 함께 가는 사람 ▶ 에피소드
★ 공원에서 사람들이 주로 하는 일 ▶ 내가 공원에서 자주 하는 일
☞ '운동'의 '자전거 타기, 걷기 & 조깅' 등과 연관 지어 답변을 준비하는 것도 좋습니다.

Lección 3
해변 가기

★ 자주 가는 해변 ▶ 그 장소를 좋아하는 이유 ▶ 에피소드
★ 해변에 갈 때 복장 ▶ 해변에 함께 가는 사람 ▶ 최근에 해변에 갔던 경험
☞ 공원 가기와 비슷한 패턴으로 대략적인 묘사를 나타낼 수 있습니다.

Lección 4
캠핑 하기

★ 자주 가는 캠핑장과 동행인 ▶ 캠핑에 필요한 물건 ▶ 캠핑 주의사항
★ 캠핑에서 주로 하는 일 ▶ 캠핑을 좋아하는 이유 ▶ 에피소드

Lección 5
스포츠 관람

★ 스포츠 관람을 함께 하는 사람 ▶ 주로 관람하는 장소 ▶ 에피소드
★ 좋아하는 스포츠 ▶ 좋아하는 스포츠 선수

✦ Background Survey에서 해당 항목을 선택했을 경우 자주 출제되는 콤보 형식의 질문 유형입니다. 빈출도 높은 질문 유형들을 익혀두고, 질문의 의도를 빠르게 파악할 수 있도록 학습해 보세요.

다양한 질문유형 파악하기

Lección 1
영화 보기

- Usted indicó que va al cine en su tiempo libre. Describa la sala de cine a la que a menudo va a ver películas. ¿Por qué va allí en lugar de ir a otros cines?
- ¿Qué tipo de películas le gustan y por qué?
- Cuénteme sobre un actor o una actriz que le guste y por qué le gusta él o ella.

– 당신은 여가시간에 영화관에 간다고 했습니다. 당신이 자주 가는 영화관을 묘사해 주세요. 다른 곳을 대신해 그곳을 가는 이유가 무엇인가요?
– 어떤 장르의 영화를 좋아하고 그 이유는 무엇인가요?
– 당신이 좋아하는 남자배우 또는 여자배우에 대해 이야기 하고, 왜 좋아하는지 이야기해 주세요.

Lección 2
공원 가기

- ¿Con qué frecuencia va al parque y con quién va? ¿Qué hace ahí?
- Cuénteme una historia sobre algo interesante o inesperado que le haya sucedido en un parque.
- Describa uno de sus parques favoritos. ¿Podría contarme sobre las personas que ve en el parque al que a menudo va?

– 얼마나 자주 공원에 가나요? 누구와 함께 가나요? 그곳에서 무엇을 하나요?
– 공원에서 재미있었던 일이나 예기치 못한 일에 대해 이야기해 주세요.
– 당신이 좋아하는 공원 중 하나를 묘사해 주세요. 당신이 자주 가는 공원에서 보는 사람들에 대해 말해줄 수 있나요?

Lección 3
해변 가기

- Usted indicó en la encuesta que le gusta ir a la playa. Describa la playa a la que a menudo va.
- ¿Alguna vez ha experimentado algo inesperado en la playa?
- ¿Cuándo fue la última vez que fue a la playa? ¿Con quién fue? ¿Qué hizo allí? ¿Qué se pone cuando va a la playa?

– 당신은 설문지에서 해변에 가는 것을 좋아한다고 했습니다. 당신이 자주 가는 해변을 묘사해 주세요.
– 해변에서 예기치 못한 경험을 한 적이 있나요?
– 최근에 해변을 간 적이 언제인가요? 누구와 함께 갔나요? 그곳에서 무엇을 했나요? 해변을 갈 때 무엇을 입나요?

Lección 4
캠핑 하기

- Cuénteme la experiencia más memorable que haya tenido al acampar.
- ¿Con quién suele acampar? ¿Qué hace con esta persona?
- ¿Qué artículos llevaría para acampar? ¿Con qué frecuencia va de campamento? ¿Cuándo y dónde va a acampar?

– 캠핑 중 가장 기억에 남는 경험을 말해주세요.
– 누구와 주로 캠핑을 가나요? 그 사람과 함께 캠핑에서 무엇을 하나요?
– 캠핑을 갈 때 무엇을 가져가나요? 캠핑은 얼마나 자주 가나요? 언제, 어디로 가나요?

Lección 5
스포츠 관람

- Cuénteme sobre el deporte que le gusta ver más. ¿Qué tipo de deporte es? ¿Normalmente dónde y con quién lo ve?
- Cuénteme sobre el último evento deportivo que vio.
- Cuénteme sobre su atleta favorito. ¿Qué deportes juega él o ella? ¿Por qué le gusta él o ella?

– 당신이 관람하기 좋아하는 스포츠를 이야기해 주세요. 어떤 스포츠인가요? 어디에서, 누구와 주로 관람하나요?
– 최근에 본 스포츠 경기를 이야기해 주세요.
– 당신이 좋아하는 스포츠 선수에 대해 이야기해 주세요. 그/그녀는 어떤 스포츠를 하나요? 그/그녀를 좋아하는 이유는 무엇인가요?

영화 보기

OPIc 시험에서는 콤보 형식으로 출제되는 경우가 많습니다. 주제별 답변에 대한 핵심 구조를 중심으로 응용어휘를 활용한 콤보 형식의 답변을 연습해 보세요. 모범 답변을 활용해 나만의 스토리텔링도 만들어 보세요.

Q Usted indicó que va al cine en su tiempo libre. Describa la sala de cine a la que va a ver películas. ¿Por qué a menudo va allí en lugar de a otros cines? ¿Qué tipo de películas le gustan y por qué? Cuénteme la película más memorable.

당신은 여가시간에 영화관에 간다고 했습니다. 당신이 자주 가는 영화관을 묘사해 주세요. 다른 곳을 대신해 그곳을 가는 이유가 무엇인가요? 어떤 장르의 영화를 좋아하고 그 이유는 무엇인가요? 기억에 남는 영화를 이야기해 주세요.

 3단 콤보 답변

주제별 답변에 대한 핵심 구조를 중심으로 응용 어휘를 활용해 콤보 형식의 답변을 익혀 보세요.

❶ 영화 보는 장소 및 영화 보기

핵심 구조 영화를 보러 가는 횟수, 동행인, 주로 가는 영화관 묘사, 영화를 보는 동안 하는 일

① Suelo ir a ver películas una vez al mes.
한 달에 1번 영화를 보러 갑니다.

② Siempre voy al cine con mi mejor amigo.
항상 저의 가장 친한 친구와 함께 영화관에 갑니다.

③ El lugar realmente no me importa.
장소는 크게 상관없습니다.

④ Mientras veo una película, como tentempiés.
영화를 보는 동안, 간식을 먹습니다.

⑤ Hay una cafetería en un lado y en el otro una taquilla.
한쪽에는 카페테리아가 있고, 다른 쪽에는 매표소가 있습니다.

> **응용어휘**
> ③ el precio 가격   el servicio 서비스   la escala 규모   la ubicación 위치
> ④ bebo refresco (나는) 음료수를 마신다   no como nada (나는) 아무것도 먹지 않는다
> solo me concentro en la película (나는) 영화에만 집중한다
> ⑤ una sala de espera 대기 공간   unas taquillas automáticas 자동 발권기
> unos aseos 화장실   un tablón de carteles 포스터 게시판

② 좋아하는 영화 장르

핵심 구조 즐겨 보는 영화 장르, 좋아하는 이유

① Me gustan las películas de comedia, romance, drama, etc.

저는 코미디, 로맨스, 드라마 등과 같은 영화들을 좋아합니다.

② Mi género favorito es la comedia.

제가 제일 좋아하는 장르는 코미디입니다.

③ Las películas de comedia son muy graciosas.

코미디 영화는 너무 재미있습니다.

④ Me ayuda a sentirme mejor cuando tengo mucho estrés.

스트레스가 많을 때, 기분이 나아지도록 합니다.

⑤ Puedo reírme mucho viendo películas.

영화를 보면서 많이 웃을 수 있습니다.

응용어휘

①, ②, ③ **acción** 액션   **animación** 애니메이션   **ciencia ficción** SF(공상과학)
documental 다큐멘터리   **fantasía** 판타지   **musical** 뮤지컬
terror 공포 영화
③ **conmovedoras** 감동적이다   **emocionantes** 흥미진진하다   **entretenidas** 재미있다
⑤ **Puedo imaginar mucho** (나는) 상상을 많이 할 수 있다
Puedo pensar mucho (나는) 생각을 많이 할 수 있다

③ 기억에 남는 영화

핵심 구조 기억에 남는 영화, 영화 속 배우에 대한 생각, 영화를 통해 얻은 교훈

① Anne Hathaway es protagonista de esta película.

앤 해서웨이는 이 영화의 주인공입니다.

② Ella ha sido adorada por muchas personas por su sonrisa y belleza.

그녀는 미소와 아름다움으로 사람들의 선망이 되었습니다.

③ Me gustó mucho la música de esta película.

이 영화의 음악을 너무 좋아했습니다.

④ La historia está tan bien hecha que nadie se aburre.

스토리가 탄탄해서 누구라도 지루할 수가 없습니다.

응용어휘

③ **el personaje** 등장인물   **el fondo** 배경
la historia 스토리

3단 콤보 답변들로 이루어진 모범 답변입니다. 마음에 드는 답변을 선택해 연습해 보세요. ☑

☐ **1단계** 영화 보는 장소 및 영화 보기 ① + ③ + ⑤　　　　　　　　🔘 MP3 **05-03**

Suelo ir a ver películas una vez al mes. A menudo voy a un cine, llamado Cinepoli. Es un tipo de cine multiplex. La ubicación realmente no me importa ya que hay muchas sucursales y si el horario me viene bien, puedo ver películas sin dificultad. Normalmente tiene una cafetería en un lado y en el otro una taquilla. Disfruto viendo películas allí porque está equipado con un sistema de sonido moderno. También tiene una gran pantalla ancha y una gran capacidad de butacas. Todo está muy cómodo para ver películas.

저는 한 달에 1번 영화를 보러 갑니다. 씨네폴리 영화관을 자주 갑니다. 이곳은 멀티플렉스 유형의 영화관이에요. 지점들이 많이 있어서 위치는 저에게 중요하지 않고, 시간이 맞으면 어려움 없이 영화를 볼 수 있습니다. 보통 한쪽에는 카페테리아가 있고 다른 쪽에는 매표소가 있어요. 제가 그곳에서 영화를 즐기는 이유는 사운드 시스템이 잘 갖추어져 있기 때문이죠. 그리고 화면도 넓고 좌석도 많답니다. 영화를 보기에는 모든 것이 너무 편해요.

☐ **2단계** 좋아하는 영화 장르 ① + ② + ③ + ⑤ + ④　　　　　　　🔘 MP3 **05-04**

Me gustan las películas de comedia, romance, drama, etc. Entre ellas, mi género favorito es la comedia. Las películas de comedia son muy graciosas y puedo reírme mucho viéndolas. Puedo relajarme por completo durante unas horas. Así que me ayuda a sentirme mejor cuando tengo mucho estrés. Además, las historias son simples y no hace falta pensar mucho.

저는 코미디, 로맨스, 드라마 등과 같은 영화들을 좋아합니다. 그중에서도, 제가 제일 좋아하는 장르는 코미디입니다. 코미디 영화는 너무 재미있고 저는 영화를 보면서 많이 웃을 수 있습니다. 몇 시간 동안은 마음을 느긋하게 가질 수 있어요. 그래서 스트레스가 많을 때 기분이 좋아지게 만들죠. 게다가, 스토리가 단순해서 생각을 많이 할 필요가 없어요.

Hace unos años, vi una película llamada「el becario」. El título en inglés es「The intern」. Anne Hathaway es protagonista de esta película. Ella es la fundadora de la empresa y un hombre jubilado viene a trabajar en su empresa como un becario. Ella resuelve dificultades gracias a la ayuda que recibe de él. Lloré y me reí viendo esta película. Sobre todo me gustó mucho el escenario. Era muy hermoso. Además, la historia está tan bien hecha que nadie se aburre.

몇 년 전, 「인턴」이라는 영화를 봤습니다. 영어 제목은 「Intern」이에요. 앤 해서웨이가 이 영화의 주인공입니다. 그녀는 회사의 창립자인데, 그 회사에 은퇴한 남자 한 분이 인턴으로 취업하게 됩니다. 그에게 받은 도움 덕분에 그녀는 어려움들을 해결합니다. 나는 이 영화를 보면서 울기도 하고 웃기도 했습니다. 무엇보다 저는 영화 배경이 너무 좋았습니다. 정말 아름다웠어요. 게다가, 스토리가 탄탄해서 누구라도 지루해하지 않을 것입니다.

나만의 스토리를 만들어 보세요! 🐝

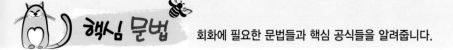

① 의견 표현하기 : importar동사

동사 importar 뒤에 오는 명사나 동사원형이 주어가 되어 주로 동사 importar는 3인칭 단수 또는 복수형으로 쓰입니다.

> No me importa + **단수명사/동사원형** : 저는 ~이/하는 것이 상관없습니다
> No me importan + **복수명사**
>
> Me importa + **단수명사/동사원형** : 저는 ~이/하는 것이 중요합니다
> Me importan + **복수명사**

No me importa el resultado. 저는 결과는 상관없습니다.

No me importa la fecha. 저는 날짜는 상관없습니다.

No me importa ir al cine. 저는 영화관에 가도 상관 없습니다.

② 필요성 표현하기

특정한 인칭을 주어로 하지 않는 문장 구조이기 때문에 주어와 관계없이 문장의 형태는 'Hace falta~'를 유지합니다.

> **hace falta + 동사원형/명사** : ~할 필요가 있다, ~이 필요하다

Hace falta prestar atención. 주목할 필요가 있습니다.

Hace falta volver a pensar. 다시 생각할 필요가 있습니다.

Hace falta comprar con antelación. 미리 구매할 필요가 있습니다.

③ 과거시제로 경험 말하기 : ver동사

과거에 보았던 경험을 나타낼 때는 ver동사의 과거시제 중 1인칭 단수 변화형 vi를 사용합니다.

부록 〈동사 변화표〉 참고

Vi una película. 저는 영화를 한 편 봤습니다.

Vi un accidente. 저는 사고를 목격했습니다.

Vi un programa de televisión. 저는 TV 프로그램을 봤습니다.

주제에 관한 다양하고 유용한 표현들입니다. 자신에게 맞는 문장을 체크하고 재미있는 스토리를 만들어보세요. 돌발 질문에도 당황하지 않고 나만의 표현력은 물론, 논리력에도 자신감이 생깁니다.

☐ 제가 싫어하는 영화 장르는 공포영화입니다.

El género de película que no me gusta ver es el de terror.

☐ 영웅을 다루는 이야기도 좋아합니다.

Me gustan las historias con héroes.

☐ 항상 해피엔딩으로 끝나기 때문에 저도 기분이 좋아지는 것을 느낄 수 있습니다.

Puedo sentirme feliz ya que siempre terminan con un final alegre.

☐ 너무 재미있어서 웃음을 멈출 수 없었습니다.

Fue tan gracioso que no pude dejar de reírme.

☐ 영화에서 그의 연기는 매우 인상적이었습니다.

Su actuación fue muy impresionante en la película.

☐ 그/그녀는 우리를 실망시키지 않았습니다.

Él/Ella no nos decepcionó.

☐ 표를 쉽게 구할 수 있습니다.

Puedo comprar entradas para el cine fácilmente.

☐ 이 영화관은 3D영화 상영이 가능합니다.

En este cine se pueden proyectar películas en 3D.

☐ 이 영화는 실화를 바탕으로 만들어졌습니다.

Esta película está basada en una historia real.

☐ 그/그녀를 영화에서 처음 보고 바로 좋아하게 됐습니다.

Lo/La vi por primera vez en esta película y me enamoré al instante.

 MP3 **05-06**

공원 가기

> OPIc 시험에서는 콤보 형식으로 출제되는 경우가 많습니다. 주제별 답변에 대한 핵심 구조를 중심으로 응용어휘를 활용한 콤보 형식의 답변을 연습해 보세요. 모범 답변을 활용해 나만의 스토리텔링도 만들어 보세요.

Q Describa uno de sus parques favoritos. ¿Con qué frecuencia va al parque? ¿Qué hace ahí? Cuénteme una historia sobre algo interesante o inesperado que le haya sucedido en un parque.

당신이 좋아하는 공원 중 하나를 묘사해 주세요. 얼마나 자주 공원에 가나요? 그곳에서 무엇을 하나요? 공원에서 재미있었던 일이나 예기치 못한 일에 대해 이야기해 주세요.

 3단 콤보 답변

주제별 답변에 대한 핵심 구조를 중심으로 응용 어휘를 활용해 콤보 형식의 답변을 익혀 보세요.

❶ 자주 가는 공원 묘사

핵심 구조 자주 가는 공원의 모습, 그 곳을 선호하는 이유

① **El parque está cerca de la estación de metro Yeouido.**
공원은 지하철 여의도역 가까이에 있습니다.

② **Hay un pequeño patio de juegos.**
작은 놀이터가 있습니다.

③ **Alrededor del campo de hierba, hay una pista de goma.**
풀밭 주변으로는 고무 트랙이 있습니다.

④ **Puedo ver a familias** haciendo picnic.
피크닉을 즐기고 있는 가족들을 볼 수 있습니다.

⑤ **Mucha gente viene a** pasear o divertirse.
많은 사람이 산책을 하거나 즐기러 옵니다.

⑥ **El parque está cerca de mi casa por eso suelo ir allí.**
공원이 집 근처에 있어서 그곳에 자주 갑니다.

응용어휘		
② una cancha de baloncesto 농구 코트		un banco 벤치
un bebedero 식수대		un lago artificial 인공 호수
un quiosco 가판대. 매점		
④ andando en bicicleta 자전거 타기		paseando al perro 강아지 산책
⑤ disfrutar del sol 햇빛을 즐기다		tomar aire fresco 바람을 쐬다

② 공원에서 주로 하는 일

핵심 구조 내가 공원에서 주로 하는 일, 공원을 가는 이유, 나의 감정

① Voy al parque cuando quiero escapar del ruido de la ciudad.
도시의 소음에서 탈출하고 싶을 때 저는 공원에 갑니다.

② Me siento tranquilo/a cada vez que voy al parque.
공원에 갈 때마다 편안함을 느낍니다.

③ Puedo tomar un buen descanso en el parque.
공원에서 충분한 휴식을 취할 수 있습니다.

④ A veces tiene lugar un pequeño concierto.
가끔 작은 콘서트도 열립니다.

⑤ Si regreso a casa temprano, voy al parque por la noche.
집에 일찍 오면, 저녁에 공원에 갑니다.

응용어휘
① cuando quiero descansar 쉬고 싶을 때　　　cuando quiero distraerme 기분전환을 하고 싶을 때
　cuando quiero estar solo/a 혼자 있고 싶을 때
④ un espectáculo de fuente 분수 쇼　　　un evento 이벤트

③ 공원에서의 기억에 남는 경험

핵심 구조 공원에서 있었던 에피소드, 경험을 통해 얻은 교훈

① Estaban filmando una película en el parque.
공원에서 영화가 촬영 중이었습니다.

② Perdí mi mochila en el parque.
공원에서 가방을 잃어버렸습니다.

③ Encontré mi bicicleta en la oficina de objetos perdidos.
분실물 센터에서 제 자전거를 찾았습니다.

④ Un hombre que estaba borracho empezó a gritar.
술에 취한 남자가 소리를 지르기 시작했습니다.

⑤ Desde entonces, nunce me olvido de amarrar mi bicicleta.
그때부터, 자전거를 잠그는 것을 절대 잊지 않는답니다.

응용어휘
② mi bicicleta 자전거　　　mi cartera 지갑　　　mi móvil 휴대폰
④ arrojar latas 캔을 던지다

3단 콤보 답변들로 이루어진 모범 답변입니다. 마음에 드는 답변을 선택해 연습해 보세요. ☑

☐ **1단계** 자주 가는 공원 묘사 ① + ⑥ + ④ + ③ + ②　　　🔊 MP3 **05-07**

Hay un parque cerca de la estación de metro Yeouido, llamado 'Parque Hangang'. También está cerca de mi casa por eso suelo ir allí. Por la mañana, puedo ver a muchas personas haciendo ejercicio allí. Los fines de semana puedo ver a familias haciendo picnic. En el parque hay árboles, flores, campos de hierba y una fuente. Alrededor del campo de hierba, hay una pista de goma. Mucha gente viene a pasear. También hay un pequeño patio de juegos y muchos padres llevan a sus hijos allí para pasar el tiempo.

지하철 여의도역 근처에 '한강공원'이라고 불리는 공원이 있습니다. 집에서도 가까이 있어서 그곳에 자주 갑니다. 오전에, 저는 그곳에서 많은 사람이 운동하는 모습을 볼 수 있죠. 주말마다 피크닉을 즐기고 있는 가족들을 볼 수도 있습니다. 공원에는 나무들과 꽃들이 많고, 풀밭도 많으며, 분수도 하나 있습니다. 풀밭 주변으로는 고무 트랙이 있습니다. 많은 사람이 산책을 하러 오죠. 또한, 작은 놀이터도 있어서 부모님들이 아이들을 그곳에 데리고 와서 시간을 보내죠.

☐ **2단계** 공원에서 주로 하는 일 ① + ② + ④ + ⑤　　　🔊 MP3 **05-08**

Voy al parque cuando quiero escapar del ruido de la ciudad. Me siento tranquilo/a cada vez que voy al parque. Puedo ver a muchas personas relajándose en el área cubierta de hierba aquí y allá. A veces tiene lugar un pequeño concierto. Extiendo una manta sobre la hierba y tomo un descanso. Por las noches de primavera o verano, puedo ver un espectáculo de fuentes. Es muy hermoso. Así que, si regreso a casa temprano, voy al parque para verlo.

저는 도시의 소음에서 탈출하고 싶을 때 공원에 갑니다. 공원에 갈 때마다 저는 편안함을 느껴요. 많은 사람이 풀밭 여기저기에서 휴식을 취하고 있는 것을 볼 수 있답니다. 가끔 작은 콘서트도 열려요. 저는 풀밭 위에 담요를 깔고 휴식을 취한답니다. 봄 또는 여름밤마다 분수 쇼도 볼 수 있어요. 너무 아름다워요. 그래서 저는 집에 일찍 오면, 그것을 보러 공원에 간답니다.

3단계 공원에서의 기억에 남는 경험 ③ + ⑤　　　　　　　🔘 MP3 **05-09**

Hace dos semanas fui al parque solo y llevé mi bicicleta. Tenía prisa de ir a los aseos y dejé mi bicicleta delante de la entrada de los aseos pero se me olvidó amarrarla. Cuando salí de los aseos, me di cuenta de que desapareció mi bicicleta. Busqué por todos los rincones del parque. Al final, fui a la oficina de objetos perdidos por si acaso. Afortunadamente, la encontré allí. Desde entonces, nunca me olvido de amarrar mi bicicleta cuando la dejo afuera.

2주 전 혼자 자전거를 가지고 공원에 갔습니다. 화장실이 급해서 화장실 입구에 자전거를 두고 갔는데 자전거를 잠그고 가는 것을 깜빡했죠. 화장실에서 나왔을 때, 제 자전거가 없어졌다는 것을 알았습니다. 공원을 샅샅이 뒤졌어요. 마지막으로 혹시나 해서 분실물 센터에 갔답니다. 다행히도 그곳에서 자전거를 찾았어요. 그때부터 저는 자전거를 바깥에 둘 때, 잠그는 것을 절대 잊지 않는답니다.

나만의 스토리를 만들어 보세요! 🐝

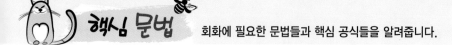

❶ 방문 목적 표현하기

venir동사는 '오다'라는 의미로, 전치사 'a'를 동반하면 방문 목적을 표현합니다. 1인칭 현재시제 변화형 vengo를 쓰면 'vengo a~'로 '내가 ~하러 왔다'를 표현합니다. 주어를 'la gente(사람들)'로 바꾸면 동사는 3인칭 현재시제 변화형 viene로 씁니다. 부록 〈동사 변화표〉 참고

> **venir동사 + a + 동사원형** : ~하러 오다

Vengo a **consultar.** 저는 상담을 하러 왔습니다.

Vengo a **disfrutar.** 저는 즐기러 왔습니다.

Vengo a **descansar.** 저는 쉬러 왔습니다.

Vengo a **comer.** 저는 식사를 하러 왔습니다.

❷ 행사 개최 표현하기

tener lugar는 '(행사나 일정)이 열리다, 개최하다'의 의미로 주어가 행사나 일정이 오는 경우가 많습니다. 그러므로 동사는 3인칭 현재시제 변화형 tiene를 써서 표현합니다.

El festival tiene lugar **en el parque.** 페스티벌은 공원에서 열립니다.

El concierto tiene lugar **en Seúl.** 콘서트는 서울에서 열립니다.

El domingo tiene lugar **la feria.** 일요일에는 장이 열립니다.

❸ 과거 시점의 경험 표현하기 : encontrar동사

encontrar동사의 단순 과거시제 1인칭 단수형 encontré를 활용하여 '(내가) ~을 찾았다'의 의미로 표현할 수 있습니다. 부록 〈동사 변화표〉 참고

Encontré **la llave.** (내가) 열쇠를 찾았습니다.

Encontré **por casualidad.** (내가) 우연히 찾았습니다.

Encontré **con dificultad.** (내가) 어렵게 찾았습니다.

자신에게 맞는 답변을 체크해 보세요. ☑

주제에 관한 다양하고 유용한 표현들입니다. 자신에게 맞는 문장을 체크하고 재미있는 스토리를 만들어보세요. 돌발 질문에도 당황하지 않고 나만의 표현력은 물론, 논리력에도 자신감이 생깁니다.

☐ 집에서 걸어서 10분밖에 걸리지 않습니다.

Está a solo diez minutos a pie de mi casa.

☐ 봄이 오면, 풍경이 아름답게 변합니다.

Cuando llega la primavera, se vuelve hermoso el paisaje.

☐ 경치가 아름다워서 유명합니다.

Es famoso por su hermosa vista.

☐ 공원에 갈 때마다, 가장 먼저 하는 것은 배드민턴을 치는 것입니다.

Cada vez que voy al parque, lo primero que hago es jugar al bádminton.

☐ 우리는 약 2시간 동안 더 수다를 떨었습니다.

Charlamos por unas dos horas más.

☐ 이 공원은 쉴 수 있는 다양한 공간을 제공합니다.

Este parque ofrece varios espacios para descansar.

☐ 공원에 가기 전에 저는 항상 물 1병을 준비합니다.

Antes de irme al parque, siempre alisto una botella de agua.

☐ 지갑이 없어졌다는 것을 알고 당황했습니다.

Entré en pánico cuando descubrí que faltaba mi cartera.

☐ 그들은 저를 분실물 센터로 안내했습니다.

Me dirigieron a la oficina de objetos perdidos.

☐ 저는 가끔 공원에서 점심을 먹습니다.

Almuerzo en el parque de vez en cuando.

해변 가기

> OPIc 시험에서는 콤보 형식으로 출제되는 경우가 많습니다. 주제별 답변에 대한 핵심 구조를 중심으로 응용어휘를 활용한 콤보 형식의 답변을 연습해 보세요. 모범 답변을 활용해 나만의 스토리텔링도 만들어 보세요.

Q Usted indicó en la encuesta que le gusta ir a la playa. ¿Qué se pone cuando va a la playa? ¿Qué hace allí normalmente? ¿Alguna vez ha experimentado algo inesperado en la playa?

당신은 설문지에서 해변에 가는 것을 좋아한다고 했습니다. 해변을 갈 때 무엇을 입나요?
그곳에서 주로 무엇을 하나요? 해변에서 예기치 못한 경험을 한 적이 있나요?

 3단 콤보 답변

주제별 답변에 대한 핵심 구조를 중심으로 응용 어휘를 활용해 콤보 형식의 답변을 익혀 보세요.

❶ 해변에 갈 때 입는 복장

핵심 구조 해변에 갈 때 필요한 것, 내가 주로 입고 가는 복장, 이유

① Usualmente me pongo ropa de verano.
주로 여름에 어울리는 옷을 입습니다.

② Me gusta ponerme ropa colorida.
화려한 옷 입는 것을 좋아합니다.

③ Antes de ir a la playa, voy de compras con mis amigos.
해변에 가기 전에 친구들과 함께 쇼핑을 합니다.

④ Llevo una chaqueta ligera para cubrirme del sol.
햇빛으로부터 보호하기 위해 얇은 재킷을 가지고 갑니다.

⑤ Me pongo mi traje de baño por debajo de la ropa.
옷 안에 수영복을 입습니다.

응용어휘			
①	bikini 비키니	camiseta de tirantes 끈나시 셔츠	camiseta sin mangas 민소매 셔츠
	minifalda 미니스커트	pareo 큰 타올	vestido playero 해변용 원피스
	zapatillas 슬리퍼		
②	corta 짧은	ligera 가벼운	llamativa 요란한

② 해변에서 할 수 있는 일

핵심 구조 해변에서 사람들이 주로 하는 일, 내가 주로 즐겨 하는 일

① Voy a la playa y me echo al sol para broncearme.
저는 해변에 가서 일광욕을 하기 위해 햇빛 아래에 누워있습니다.

② A veces juego con algunos petardos en la playa.
가끔 저는 해변에서 폭죽을 가지고 놉니다.

③ Se siente bien respirar el aire fresco.
신선한 공기를 마시는 것은 기분을 좋게 합니다.

④ Se llena de gente durante la temporada alta.
성수기에는 사람들이 붐빕니다.

⑤ Me gusta disfrutar de las olas de la playa.
나는 해변에서 파도타기를 즐겨 합니다.

<table>
<tr><td rowspan="3">응용어휘</td><td>② con flotador 튜브를 가지고</td><td>con las palas 라켓을 가지고</td></tr>
<tr><td>con pelota 공을 가지고</td><td>con tabla de surf 서핑보드를 가지고</td></tr>
<tr><td colspan="2">③ disfrutar de verano en la playa 해변에서 여름을 즐기는 것
jugar en el agua 물에서 노는 것</td></tr>
</table>

③ 해변에서 겪은 경험

핵심 구조 해변에서 겪은 에피소드, 얻은 교훈

① Pisé unos trozos de vidrio. 유리 조각을 밟았습니다.

② El móvil se mojó. 휴대폰이 젖었습니다.

③ Soplaba un viento fuerte. 바람이 강하게 불었습니다.

④ Se enfurecieron las olas. 파도가 강하게 쳤습니다.

⑤ Sangré mucho por la herida. 상처 때문에 피가 많이 났습니다.

⑥ Debo tener mucho cuidado en la playa.
해변에서는 많은 주의를 기울여야 합니다.

<table>
<tr><td rowspan="2">응용어휘</td><td>② el sombrero 모자</td><td>la ropa 옷</td><td>la mochila 배낭</td></tr>
<tr><td>la cámara 카메라</td><td>la cartera 지갑</td><td>el reloj 시계</td></tr>
</table>

□ **1단계** 해변에 갈 때 입는 복장 ① + ② + ⑤ + ④   MP3 **05-11**

Cuando voy a la playa en verano, usualmente me pongo ropa de verano. Me gusta ponerme una camiseta sin mangas con pantalones cortos. Normalmente me pongo mi traje de baño por debajo de la ropa. Es cómodo y se seca rápido. Además, llevo una chaqueta ligera para cubrirme del sol. No me olvido de llevar las gafas de sol. Cuando voy a la playa en invierno, me abrigo bien. Hay mucho viento en invierno y no puedo aguantar sin abrigo.

여름에 해변에 갈 때는, 주로 여름에 어울리는 옷을 입습니다. 저는 소매가 없는 셔츠에 짧은 바지를 즐겨 입습니다. 보통 옷 안에는 수영복을 입죠. 편하고 빨리 마릅니다. 게다가, 햇빛으로부터 보호하기 위해 얇은 재킷을 가지고 갑니다. 선글라스도 잊지 않아요. 겨울에 해변에 갈 때는, 저는 잘 껴입습니다. 겨울에는 바람이 많이 불어서 외투 없이는 견딜 수가 없어요.

□ **2단계** 해변에서 할 수 있는 일 ① + ② + ⑤   MP3 **05-12**

Me encanta nadar en el mar. Me siento genial cada vez que nado en el mar porque el agua es muy fresca y limpia. Por la tarde me echo al sol para broncearme. A veces juego con una pelota o algunos petardos en la playa. Eso es tan divertido que me olvido de la hora. También me gusta disfrutar de las olas. Por la noche la playa se convierte en un lugar de fiesta, así que salgo a comer y beber con mis amigos. En ese momento, puedo ver todas las estrellas del cielo.

저는 바다에서 수영하는 것을 정말 좋아합니다. 바다에서 수영할 때마다 기분이 좋아지는데, 그 이유는 물이 굉장히 시원하고 깨끗하기 때문이에요. 오후에 저는 일광욕을 하기 위해 햇빛 아래에 누워있습니다. 가끔 저는 해변에서 공을 가지고 놀거나 폭죽을 가지고 놉니다. 너무 재미있어서 시간 가는 줄 모르기도 해요. 또한, 해변에서 파도타기를 즐겨 합니다. 저녁이 되면, 해변은 파티장으로 변해서, 저는 친구들과 함께 먹고 마시러 나가죠. 그때는 하늘의 모든 별을 볼 수가 있답니다.

□ **3단계** 해변에서 겪은 경험 ① + ⑤   MP3 **05-13**

El verano pasado fui a la playa con unos amigos. Había mucha gente por la temporada alta. Todos estaban comiendo y bebiendo en la playa. Dejamos las cosas que llevamos y corrimos al mar para nadar. De repente, sentí un dolor en el pie. Pisé unos trozos de vidrio que alguien había tirado allí. Sangré mucho por la herida. Mis amigos me llevaron a la sala de emergencia. Desde entonces, siempre llevo zapatillas en la playa y tengo mucho cuidado.

지난여름에 몇몇 친구들과 해변에 갔습니다. 성수기라서 많은 사람이 있었죠. 모두 해변에서 먹고 마시고 있었습니다. 우리는 가져온 물건들은 놓아두고 수영하기 위해 바다로 뛰어갔습니다. 갑자기, 발이 아픈 것을 느꼈어요. 사람들이 버리고 간 유리 조각을 밟았던 거였어요. 상처 때문에 피가 많이 났죠. 친구들이 저를 응급실로 데려갔답니다. 그때부터, 저는 해변에서 항상 슬리퍼를 신고 많은 주의를 기울인답니다.

나만의 스토리를 만들어 보세요! 🐝

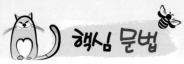

❶ 시간 및 시기 표현하기

시간 및 시기를 나타낼 때 접속사 cuando를 사용하여 '~할 때'라는 표현을 합니다.

Cuando tengo tiempo, voy a la playa. 시간이 있을 때, 저는 해변에 갑니다.

Cuando llega el verano, quiero ir a la playa. 여름이 오면, 저는 해변에 가고 싶습니다.

Cuando hace calor, echo de menos la playa. 날씨가 더우면, 해변이 그립습니다.

Cuando voy a la playa, me emociono mucho. 해변에 갈 때면, 매우 설렙니다.

❷ 감정 표현하기 : sentirse동사

sentirse동사는 '~라고 느끼다'라는 의미로 감정이나 기분을 표현할 때 사용합니다. 나를 주어로 하는 경우에는 '(Yo) Me siento ~'로 표현합니다.

Me siento bien. (나는) 기분이 좋습니다.

Me siento mal. (나는) 기분이 좋지 않습니다.

Me siento refrescado/a. (나는) 기분이 상쾌합니다.

Me siento mejor que antes. (나는) 기분이 전보다 나아졌습니다.

❸ 의무 표현하기 : deber동사

deber동사는 '~해야 한다'의 의미로 의무를 나타냅니다. 주어가 '나'인 경우에는 1인칭 단수 변화형 debo로 변형시켜 표현합니다.

> **deber + 동사원형** : ~해야 한다

Debo regresar ahora. 저는 지금 돌아가야 합니다.

Debo salir en seguida. 저는 지금 바로 출발해야 합니다.

Debo darme prisa. 저는 서둘러야 합니다.

주제에 관한 다양하고 유용한 표현들입니다. 자신에게 맞는 문장을 체크하고 재미있는 스토리를 만들어보세요. 돌발 질문에도 당황하지 않고 나만의 표현력은 물론, 논리력에도 자신감이 생깁니다.

☐ 실제로 한국에서 가장 잘 알려진 해변 중 하나입니다.

En realidad, es una de las playas más conocidas de Corea.

☐ 어렸을 때, 모래성을 쌓곤 했었습니다.

Cuando era pequeño/a, solía construir castillos de arena.

☐ 저는 일광욕을 하면서 책 읽는 것을 좋아합니다.

Me gusta leer un libro mientras tomo el sol.

☐ 친구들과 사진을 많이 찍습니다.

Tomo muchas fotos con mis amigos.

☐ 제가 할 수 있는 재미난 일들이 많습니다.

Hay muchas cosas divertidas que puedo hacer.

☐ 전보다 더 사람들이 붐비고 더러워졌습니다.

Se puso más lleno de gente y más sucio que antes.

☐ 해변에서의 좋은 기억이 많습니다.

Tengo muchos buenos recuerdos de la playa.

☐ 사람들이 쓰레기를 무질서하게 버렸습니다.

Mucha gente tiró desordenadamente la basura.

☐ 비록 두려웠지만, 침착하려고 애썼습니다.

Aunque estaba nervioso/a, intentaba estar tranquilo/a.

☐ 커다란 개가 해변에 나타났습니다.

Un enorme perro apareció en la playa.

🎵 MP3 **05-14**

캠핑 하기

OPIc 시험에서는 콤보 형식으로 출제되는 경우가 많습니다. 주제별 답변에 대한 핵심 구조를 중심으로 응용어휘를 활용한 콤보 형식의 답변을 연습해 보세요. 모범 답변을 활용해 나만의 스토리텔링도 만들어 보세요.

Q ¿Qué artículos llevaría para acampar? ¿Con qué frecuencia va de campamento? ¿Cuándo y dónde va a acampar? Cuénteme la experiencia más memorable que haya tenido al acampar.

캠핑을 갈 때 무엇을 가져가나요? 캠핑은 얼마나 자주 가나요? 언제, 어디로 가나요?

캠핑 중 가장 기억에 남는 경험을 말해주세요.

 3단 콤보 답변

주제별 답변에 대한 핵심 구조를 중심으로 응용 어휘를 활용해 콤보 형식의 답변을 익혀 보세요.

❶ 캠핑에 가져가는 물건

핵심 구조 캠핑 갈 때 필요한 것, 이유

① Hay algunas cosas que nunca olvido llevar.

잊지 않고 챙겨가는 물건들이 있습니다.

② Me aseguro de llevar un saco de dormir.

침낭은 반드시 챙겨갑니다.

③ Si la zona de acampar está equipada, no es necesario llevar la tienda de campaña.

캠핑장에 모든 것이 잘 갖추어져 있다면, 텐트를 가져갈 필요는 없습니다.

④ Antes de ir a acampar, hay que confirmar el estado del tiempo.

캠핑을 가기 전에 날씨를 확인해야 합니다.

⑤ Es esencial llevar el paraguas.

우산을 필수로 가져가야 합니다.

응용 어휘

②, ③, ⑤ almohada 베개　　bolsas de basura 쓰레기 봉투　　cama hinchable 에어매트
　　　　protector solar 선크림　　linterna 랜턴　　medicamentos básicos 비상 약품
　　　　productos de higiene 위생용품　　utensilios de cocina 주방 도구
④ el tipo de acampada 캠핑의 유형　　la zona de acampar 캠핑 장소

② 캠핑 가기

핵심 구조 캠핑을 하러 함께 가는 사람, 캠핑장에서 주로 하는 일, 내가 좋아하는 이유

① Nos quedamos una noche allí.
우리는 그곳에서 하룻밤을 보냅니다.

② Voy a acampar con mis amigos casi todos los veranos.
저는 거의 여름마다 친구들과 캠핑을 하러 갑니다.

③ Disfruto tomando un descanso juntos.
함께 휴식을 취하는 것을 즐깁니다.

④ Voy a acampar en invierno porque no hay mucha gente.
저는 겨울에 캠핑을 가는데 그 이유는 사람이 많지 않기 때문입니다.

⑤ En el cielo nocturno, hay un gran número de estrellas.
밤하늘에는 수많은 별이 있습니다.

> **응용어휘**
> ③ asando malvaviscos en la fogata 캠프파이어에서 마시멜로를 해서 먹는 것
> leyendo libros bajo de las estrellas 별 아래에서 책을 읽는 것
> los juegos de mesa 보드게임
> ④ primavera 봄   verano 여름   otoño 가을
> hace buen tiempo y puedo ver muchas flores 날씨가 좋고, 많은 꽃을 볼 수 있기 때문
> ⑤ luna brillante 빛나는 달

③ 캠핑에서 겪은 일

핵심 구조 캠핑과 관련된 에피소드, 나의 감정

① Cuando tenía diez años, fui a acampar con mi familia.
제가 10살 때, 가족과 함께 캠핑을 갔습니다.

② Oí un ruido raro. 이상한 소리를 들었습니다.

③ Estaba sorprendido/a. 저는 놀랐습니다.

④ Vi a un mapache. 너구리 한 마리를 보았습니다.

⑤ El tiempo empeoró más. 날씨가 더 나빠졌습니다.

> **응용어휘**
> ② un berrido 동물 울음소리   un grito raro 이상한 비명   un ruido desconocido 알 수 없는 소리
> ④ una ardilla 다람쥐 한 마리   una serpiente 뱀 한 마리
> ⑤ la herida 상처

3단 콤보 답변들로 이루어진 모범 답변입니다. 마음에 드는 답변을 선택해 연습해 보세요. ☑

☐ **1단계** 캠핑에 가져가는 물건 ① + ②　　　　🔘 MP3 **05-15**

Casi no llevo cosas que son innecesarias a una acampada. Sin embargo, hay algunas cosas que nunca olvido llevar. Siempre me aseguro de llevar una caña de pescar, un saco de dormir y una estufa de gas. Un saco de dormir es esencial ya que siempre necesito un lugar cálido para dormir. La estufa de gas es un requisito, ya que necesito hervir agua o cocinar. Una caña de pescar también puede ayudarme para pescar si alguna vez me quedo sin comida para consumir durante mi acampada.

저는 캠핑에 불필요한 물건들은 거의 가져가지 않습니다. 그럼에도 불구하고, 잊지 않고 챙겨가는 물건들이 있어요. 저는 항상 낚싯대, 침낭, 버너는 가져갑니다. 따뜻하게 잘 곳이 필요하기 때문에 침낭은 필수입니다. 가스버너는 물을 끓이거나 요리를 하기 위해 꼭 필요한 물건이죠. 낚싯대 역시 혹시 캠핑 도중 먹을거리가 없을 때 낚시를 할 수 있게 도와줍니다.

☐ **2단계** 캠핑 가기 ② + ① + ③ + ⑤　　　　🔘 MP3 **05-16**

Voy a acampar con mis amigos casi todos los veranos. A veces voy con mi familia también. Por lo general, nos quedamos una noche allí, pero a veces pasamos dos o tres noches durante las vacaciones. Disfruto alejándome de la vida de la ciudad por un rato y simplemente tomando un descanso juntos. Especialmente por la noche, nos sentamos alrededor del fuego y comemos todo tipo de bocadillos. Es muy agradable hablar con amigos viendo un gran número de estrellas en el cielo.

저는 거의 여름마다 친구들과 캠핑을 하러 갑니다. 가끔은 가족과 가기도 해요. 보통 하루 정도 머무는데, 가끔 방학 때는 이틀 또는 사흘 밤을 보내기도 합니다. 도시의 삶에서 잠시 벗어나 함께 휴식을 취하는 것을 즐깁니다. 특히 밤에는, 모닥불 주위에 둘러앉아 간식을 먹습니다. 하늘에 떠 있는 수많은 별을 보면서 친구들과 이야기를 나누면 정말 좋습니다.

☐ **3단계** 캠핑에서 겪은 일 ① + ② + ④ 🔘 MP3 **05-17**

Cuando tenía veinte años, fui a acampar con mi familia. Cuando estaba dormido/a en la tienda de campaña, oí un ruido raro y pequeños pasos junto a nuestra tienda. También algo me rascaba la cabeza. Rápidamente me levanté. Salí a ver qué era, y vi a un mapache. Me asusté mucho pero afortunadamente el mapache se fue corriendo al verme. Nunca olvidaré esa acampada.

제가 20살 때, 가족과 함께 캠핑을 갔습니다. 텐트에서 잠을 자고 있을 때, 이상한 소리와 함께 우리 텐트 옆으로 작은 발걸음 소리를 들었습니다. 또, 제 머리를 무언가가 긁는 것을 느꼈습니다. 저는 재빨리 일어났죠. 무엇인지 보려고 나갔고, 저는 너구리 한 마리를 보았습니다. 매우 놀랐지만, 다행히도 너구리가 저를 보고는 도망가버렸습니다. 저는 그 캠핑을 절대 잊을 수가 없습니다.

나만의 스토리를 만들어 보세요! 🐝

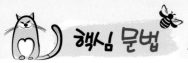 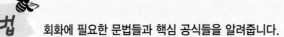
① 확신 표현하기

동사 asegurarse는 '확실히 하다, 확보하다'의 의미로 1인칭 단수 변화형 me aseguro로 변형하여 표현합니다.

> **Me aseguro de + 동사원형/명사** : ~하는 것을/~에 대해 확실시 합니다

Me aseguro de **tener la cámara preparada.** 저는 카메라를 반드시 준비합니다.

Me aseguro de **preparar todo.** 저는 모든 것을 반드시 준비합니다.

Me aseguro de **mis palabras.** 제 말에 대해 확신합니다.

Me aseguro de **la victoria.** 승리를 확신합니다.

② 좋은 감정 표현하기

특정한 누군가를 지칭하지 않은 무인칭을 대상으로 '기분 좋음을 느끼는 것'에 대해 표현합니다.

> **Es agradable + 동사원형/명사** : ~하는 것이 기분 좋다, ~하는 것은 즐겁다

Es agradable **pasear por el parque.** 공원을 산책하는 것은 즐겁습니다.

Es agradable **estar en la playa.** 해변에 있는 것은 즐겁습니다.

Es agradable **volver a casa.** 집에 돌아와서 기분이 좋습니다.

Es agradable **viajar al extranjero.** 해외여행은 즐겁습니다.

③ 과거시제로 경험 말하기 : oír동사

과거에 어떤 소리나 소음을 들은 경험을 나타낼 때는 oír동사의 과거시제 중 1인칭 단수 변화형 oí를 사용합니다.

Oí **una voz de mujer.** 여자 목소리가 들렸습니다.

Oí **un ruido de llave.** 열쇠 소리가 들렸습니다.

Oí **mucho ruido en la calle.** 거리에서 시끄러운 소리가 들렸습니다.

주제에 관한 다양하고 유용한 표현들입니다. 자신에게 맞는 문장을 체크하고 재미있는 스토리를 만들어보세요. 돌발 질문에도 당황하지 않고 나만의 표현력은 물론, 논리력에도 자신감이 생깁니다.

☐ 제 생일을 축하하기 위한 짧은 가족 여행이었습니다.

Fue un corto viaje familiar para celebrar mi cumpleaños.

☐ 우리는 텐트를 치기 시작했습니다.

Empezamos a armar nuestra tienda de campaña.

☐ 매년 가을에 단풍을 즐기러 친구들과 캠핑을 하러 갑니다.

Voy a acampar con mis amigos cada otoño para disfrutar de los paisajes otoñales.

☐ 캠핑장은 숲속에 위치하고 있습니다.

La zona de acampar está ubicada en el bosque.

☐ 밤에는 캠프파이어를 하고 지난날에 대해 이야기를 나눴습니다.

Por la noche, hicimos una fogata y hablamos sobre los viejos tiempos.

☐ 몇몇 캠핑장들은 기본적인 서비스들이 갖추어져 있습니다.

Algunas zonas de acampar están preparadas con todos los servicios básicos.

☐ 베개나 에어매트를 가져가는 것이 좋습니다.

Lo mejor es que lleve almohadas y cama hinchable.

☐ 우리는 캠핑을 가서 파티하기로 결정했습니다.

Decidimos ir a acampar y hacer una fiesta.

☐ 캠핑장은 내가 사는 도시에서 그렇게 멀리 있지 않았습니다.

La zona de acampar no estaba tan lejos de mi ciudad.

☐ 캠핑을 취소해야만 했습니다.

Tuve que cancelar la acampada.

스포츠 관람

OPIc 시험에서는 콤보 형식으로 출제되는 경우가 많습니다. 주제별 답변에 대한 핵심 구조를 중심으로 응용어휘를 활용한 콤보 형식의 답변을 연습해 보세요. 모범 답변을 활용해 나만의 스토리텔링도 만들어 보세요.

Q Cuénteme sobre el deporte que le gusta ver más. ¿Normalmente dónde y con quién lo ve? Cuénteme sobre su atleta favorito. ¿Qué deportes juega él o ella? ¿Por qué le gusta él o ella? Cuénteme sobre el último evento deportivo que vio.

당신이 관람하기 좋아하는 스포츠를 이야기해 주세요. 어디에서, 누구와 주로 관람하나요? 당신이 좋아하는 스포츠 선수에 대해 이야기해 주세요. 그/그녀는 어떤 스포츠를 하나요? 그/그녀를 좋아하는 이유는 무엇인가요? 최근에 본 스포츠 경기를 이야기해 주세요.

 3단 콤보 답변

주제별 답변에 대한 핵심 구조를 중심으로 응용 어휘를 활용해 콤보 형식의 답변을 익혀 보세요.

❶ 즐겨 보는 스포츠 경기

핵심 구조 좋아하는 스포츠, 주로 관람하는 장소

① Me gusta el béisbol.

저는 야구를 좋아합니다.

② Es un lugar perfecto para ver los partidos debido a su ambiente.

분위기로 인해 경기를 관람하기 완벽한 장소입니다.

③ Suelo ver los partidos en casa.

저는 주로 집에서 스포츠 경기를 관람합니다.

④ Puedo eliminar mi estrés.

스트레스를 해소할 수 있습니다.

⑤ Me gusta animar a mi equipo favorito entre la multitud.

저는 군중 사이에서 제가 좋아하는 팀을 응원하는 것이 좋습니다.

응용어휘			
① el fútbol 축구	el baloncesto 농구	el golf 골프	el voleibol 배구
② buen servicio 좋은 서비스		gran capacidad 엄청난 수용력	
③ un bar 바	la plaza 광장		
④ lleno/a de vida 생동감을 느끼다			

② 좋아하는 스포츠 팀 또는 선수 묘사

핵심 구조 좋아하는 스포츠 팀 또는 선수 소개, 특징, 좋아하는 이유

① Él es el mejor lanzador.
그는 최고의 투수입니다.

② Todos los jugadores tienen excelentes habilidades.
모든 선수들이 훌륭한 스킬을 가지고 있습니다.

③ Él ganó muchas medallas.
그는 많은 메달을 받았습니다.

④ Él está haciendo historia en la liga coreana.
그는 한국 리그에서 역사를 써 내려가고 있습니다.

⑤ La habilidad de ese jugador fue muy impresionante.
그 선수의 스킬은 매우 인상적이었습니다.

응용어휘
① receptor 포수   bateador 타자   portero 골키퍼   jugador 선수
③ muchos trofeos 많은 트로피
⑤ aplastante 압도적

③ 가장 기억에 남는 스포츠 관람

핵심 구조 스포츠 관람에 관련된 에피소드, 나의 감정

① Alguien gritaba en voz alta.
누군가 큰소리로 비명을 질렀습니다.

② El sonido fue muy fuerte y todos estaban conmocionados.
소리가 너무 컸고 모두들 충격에 빠졌습니다.

③ Todos trataron de calmarlo.
모두 그를 진정시키려고 했습니다.

④ Todos salimos corriendo.
우리 모두 뛰어 나갔습니다.

⑤ Nos sentimos aliviados después de que él se fue.
그가 가고 나서 우리는 안심했습니다.

응용어휘
① insultaba 욕설을 퍼붓다
③ dominarlo 그를 제압하다   ignorarlo 그를 무시하다
④ llorando 울면서   gritando 소리치면서

3단 콤보 답변들로 이루어진 모범 답변입니다. 마음에 드는 답변을 선택해 연습해 보세요. ☑

☐ **1단계** 즐겨보는 스포츠 경기 ① + ② + ④　　　　　　　🔘 MP3 **05-19**

Me gusta mucho el béisbol. Antes solo veía los partidos por televisión, pero estos días trato de ir al campo de béisbol para ver los juegos. El campo de béisbol es un lugar perfecto debido a su ambiente, buenas comidas y bebidas. Me gusta ver los partidos de béisbol porque son muy interesantes. Puedo eliminar mi estrés mientras aplaudo a mi equipo. Suelo ir con mi amigo que también es un gran fanático del béisbol. Es tan divertido que no nos damos cuenta de la hora.

저는 야구를 무척이나 좋아합니다. 전에는 TV를 통해서만 경기를 보았는데, 요즘은 되도록 야구장에 가서 보려고 합니다. 야구장은 분위기와 맛있는 음식, 음료들로 인해 경기를 관람하기 완벽한 장소입니다. 제가 야구 경기를 보는 것을 좋아하는 이유는 매우 흥미롭기 때문입니다. 저희 팀을 응원하는 동안에 스트레스를 해소할 수 있습니다. 저는 주로 친구랑 함께 가는데, 그 친구도 야구를 엄청 좋아하는 광팬이랍니다. 우리는 시간가는 줄 모르게 즐긴답니다.

☐ **2단계** 좋아하는 스포츠 팀 또는 선수 묘사 ② + ① + ③ + ④　　　　🔘 MP3 **05-20**

Mi equipo favorito es 'KIA Tigers' porque todos los jugadores tienen excelentes habilidades y hacen un buen trabajo de equipo. Es por eso que 'KIA Tigers' ha triunfado muchas veces. Mi jugador favorito es 'Yang Hyun-Jong'. Él es el mejor lanzador y nunca pierde una oportunidad. El año pasado él ganó todos los premios de béisbol. Él está haciendo historia en la liga coreana. Además, me gusta porque es guapo. Soy un/a gran fanático/a de él.

제가 좋아하는 팀은 '기아 타이거즈'인데, 모든 선수들이 훌륭한 스킬과 팀워크를 가지고 있기 때문입니다. 그래서 '기아 타이거즈'는 우승도 여러 번 했답니다. 제가 제일 좋아하는 선수는 '양현종' 선수입니다. 그는 최고의 투수이고 절대 기회를 놓치지 않는 선수이죠. 작년에 그는 야구와 관련된 모든 상을 휩쓸었답니다. 그는 한국 리그에서 역사를 써 내려가고 있습니다. 게다가, 잘생긴 것도 제가 좋아하는 이유 중 하나죠. 저는 그의 굉장한 팬입니다.

El domingo pasado fui al campo de béisbol con mis amigos. Era la segunda entrada. De repente, alguien gritaba en voz alta. Las personas miraban alrededor con ojos nerviosos. Me di cuenta de que había un hombre borracho. Todos trataron de calmarlo pero comenzó a arrojar latas. No sabíamos qué hacer, pero afortunadamente alguien llamó a los guardias de seguridad. Los guardias de seguridad lo dominaron y lo sacaron del estadio. Nos sentimos aliviados después de que él se fue.

지난 일요일 저는 친구들과 야구장에 갔습니다. 2회였어요. 갑자기 누군가 큰소리로 비명을 질렀답니다. 사람들은 두려운 눈빛으로 주변을 바라봤죠. 저는 술 취한 한 남자가 있다는 것을 깨달았어요. 모두 그를 진정시키려고 했지만, 그는 깡통을 던지기 시작했습니다. 우리 모두 어떻게 해야 할지 모르고 있을 때, 누군가가 경비원을 불렀어요. 경비원이 그를 제압해서 경기장 밖으로 데리고 나갔죠. 그가 나가고 나서 우리는 안심했답니다.

나만의 스토리를 만들어 보세요! 🐝

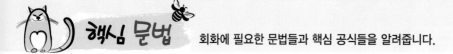
❶ 시도 표현하기

동사 tratar는 '취급하다, 다루다'라는 의미를 가지고 있으나, 전치사 de를 동반하여 동사원형을 쓰는 경우에는 주어의 노력이나 시도에 대해 표현합니다.

> **Trato de + 동사원형** : (나는) ~하려고 노력하다, ~하는 것을 시도하다

Trato de **hacerlo otra vez.** 저는 다시 하려고 노력합니다.

Trato de **buscarlo.** 저는 그것을 찾으려고 노력합니다.

Trato de **comprar la entrada.** 저는 입장권을 구매하려고 노력합니다.

Trato de **verlo en directo.** 저는 생중계로 보려고 노력합니다.

❷ 비교급 표현하기 : 너무 ~해서 …하다

인과관계가 성립되는 경우에 주로 쓰는 구문으로, que 이후에 결과에 해당하는 내용을 씁니다.

> **tan + (A)형용사/부사 + que + (B)** : 너무 A해서 B하다

Es tan **grande** que **no lo puedo levantar.** 너무 커서 제가 들 수가 없습니다.

Es tan **famoso** que **todos lo conocen.** 너무 유명해서 모두들 그를 압니다.

Es tan **rápido** que **no lo puedo ver.** 너무 빨라서 제가 볼 수가 없습니다.

Es tan **difícil** que **nadie lo puede resolver.** 너무 어려워서 아무도 해결할 수가 없습니다.

❸ 과거의 존재 표현하기 : hay(haber)동사

'~이 있다'라는 의미의 hay동사를 과거의 존재 유무를 나타낼 때는 hay동사의 불완료 과거시제 había를 씁니다. `82p. hay동사 참고`

Había un estudiante inteligente. (과거에) 똑똑한 학생이 한 명 있었습니다.

No **había** nadie en casa. (과거에) 집에는 아무도 없었습니다.

Había mucha gente en la plaza. (과거에) 광장에는 많은 사람이 있었습니다.

주제에 관한 다양하고 유용한 표현들입니다. 자신에게 맞는 문장을 체크하고 재미있는 스토리를 만들어보세요. 돌발 질문에도 당황하지 않고 나만의 표현력은 물론, 논리력에도 자신감이 생깁니다.

☐ 우리는 숨을 죽이고 경기를 봤습니다.

Vimos el partido con ansiedad.

☐ 그는 항상 홈런을 칩니다.

Él siempre batea puro jonrón.

☐ 그 팀은 철벽 수비를 했습니다.

Ese equipo jugó una defensa impenetrable.

☐ 경기를 본 후 우리는 술을 한잔하러 갑니다.

Vamos a tomar una cerveza después de ver el juego.

☐ 큰 화면으로 경기를 보는 것은 굉장히 흥미롭습니다.

Es muy divertido ver los partidos en una pantalla grande.

☐ 경기가 끝났을 때, 저는 한동안 흥분을 가라앉히지 못했습니다.

Cuando el juego terminó, no pude calmarme por un rato.

☐ 야구는 9이닝 동안 경기를 합니다.

Los partidos de béisbol tienen nueve entradas.

☐ 경기장에 갈 때까지도 이 스포츠에 대해 몰랐습니다.

No sabía de este deporte hasta que fui al estadio.

☐ 그/그녀는 젊은이들이 추구하는 롤모델입니다.

Él/Ella es un modelo a seguir para los jóvenes.

☐ 표가 모두 매진되었습니다.

Todas las entradas estaban agotadas.

취미와 관심사

학습목표 및 출제경향

'취미와 관심사'는 앞에서 학습한 '여가활동' 내용을 토대로 연관시켜 답변을 준비할 수 있습니다. 빈출도 높은 질문들에 대한 핵심 파악과 주제별 답변에 필요한 필수 어휘 및 표현을 학습합니다. 여가활동 중 '요리 하기'는 비교적 수월한 문제 형식으로 출제되지만, 요리와 관련된 용어가 다른 취미생활에 비해 특수하기 때문에 관련된 어휘나 표현을 반드시 학습해야 합니다. 여가활동을 하게 된 계기나 좋아하는 이유 등이 기본적으로 출제되고, 그와 관련된 경험담을 묻는 질문도 자주 출제됩니다.

주제별 답변 순서 및 고득점 꿀팁

Lección 1
음악 감상하기

✶ 음악을 듣는 방법 ▶ 음악을 들을 때의 감정 ▶ 에피소드
✶ 좋아하는 음악 장르 ▶ 좋아하는 가수
✶ 좋아하는 가수를 묘사하는 경우 : 인물 묘사에서 배운 패턴과 어휘 활용하기
☞ 음악을 좋아하는 이유 : 스트레스 해소, 기분전환 등의 답변으로 다른 답변과도 호환할 수 있도록 합니다.

Lección 2
요리 하기

✶ 좋아하는 음식 ▶ 음식의 조리법 ▶ 에피소드
✶ 요리를 좋아하게 된 계기 ▶ 기억에 남는 요리 관련 경험
☞ 요리법에 대해 설명하는 경우 : 순서에 맞게 나열하고, 명령형을 활용한다는 점을 반드시 기억합니다.

Lección 3
악기 연주하기

✶ 악기 연주를 하는 장소 ▶ 그 장소를 좋아하는 이유 ▶ 에피소드
✶ 주로 연주하는 악기 ▶ 악기 연주를 시작하게 된 계기

Lección 4
**혼자 노래하기,
합창하기**

✶ 자주 부르는 노래 ▶ 노래를 부르는 주기 ▶ 혼자 노래하는 것과 함께 노래하는 것의 비교
✶ 노래를 부르기 시작한 계기 ▶ 에피소드
☞ '음악 감상하기'에서 답변한 내용을 활용할 수 있습니다.

Lección 5
애완동물 기르기

✶ 기르는 애완동물 소개 ▶ 애완동물과 함께 하는 활동 ▶ 에피소드
✶ 애완동물을 기르게 된 계기 ▶ 애완동물 기르기의 장점

✹ Background Survey에서 해당 항목을 선택했을 경우 자주 출제되는 콤보 형식의 질문 유형입니다.
빈출도 높은 질문 유형들을 익혀두고, 질문의 의도를 빠르게 파악할 수 있도록 학습해 보세요.

다양한 질문유형 파악하기

 MP3 **06-01**

Lección 1
음악 감상하기

- Usted indicó en la encuesta que le gusta escuchar música. ¿Cuándo y dónde escucha música? ¿Qué tipo de dispositivo usa cuando escucha música?
- ¿Qué tipo de música suele escuchar? ¿Hay alguna razón en particular? ¿Ha experimentado algo interesante o memorable mientras escucha música?

– 당신은 설문조사에서 음악 듣는 것을 좋아한다고 했습니다. 언제, 어디서 음악을 듣나요?
음악을 들을 때 사용하는 기기는 어떤 종류인가요?
– 어떤 음악을 주로 듣나요? 특별한 이유가 있나요? 음악을 듣는 동안 경험한 재미난 일이나 또는 기억에 남는 일이 있나요?

Lección 2
요리 하기

- Usted indicó en la encuesta que le gusta cocinar. ¿Cuándo cocina normalmente? Cuénteme sobre la comida que le gusta más.
- ¿Ha tenido alguna dificultad o ha experimentado algo inesperado cuando cocina? ¿Cómo lo resolvió?

– 당신은 설문조사에서 요리하는 것을 좋아한다고 했습니다. 보통 언제 요리를 하나요?
어떤 음식을 가장 좋아하는지 말해주세요.
– 요리를 하면서 예상치 못한 일이나 어려움을 겪은 경험이 있나요? 어떻게 해결했나요?

Lección 3
악기 연주하기

- ¿Con qué frecuencia toca algún instrumento musical? ¿En dónde lo toca?
- ¿Qué tipo de instrumento toca? ¿Cuándo le interesó por primera vez tocar el instrumento?

– 당신은 얼마나 자주 악기를 연주하나요? 어디서 연주하나요?
– 어떤 종류의 악기를 연주하나요? 언제 처음 악기 연주에 관심을 가졌나요?

Lección 4
**혼자 노래하기,
합창하기**

- Cuénteme sobre los tipos de música o canciones que le gusta cantar.
- ¿Cuándo y dónde canta habitualmente?
- Cuénteme cómo se interesó por el canto. ¿Tiene alguna experiencia memorable relacionada con el canto?

– 당신이 부르기 좋아하는 노래나 음악의 종류에 대해 말해 주세요.
– 언제, 어디서 보통 노래를 하나요?
– 어떻게 노래하기에 관심을 갖게 되었는지 말해 주세요. 노래하는 것과 관련된 기억에 남는 경험을 가지고 있나요?

Lección 5
애완동물 기르기

- Cuénteme sobre su mascota. ¿Qué tipo de mascota es? ¿Cómo es?
- Cuénteme sobre lo que hace por sus mascotas.
- ¿Puede describir alguna experiencia memorable con su mascota?

– 당신의 애완동물에 대해 말해 주세요. 어떤 종류의 애완동물인가요? 어떻게 생겼나요?
– 당신의 애완동물을 위해 하는 일에 대해 말해 주세요.
– 애완동물과 연관된 기억에 남는 경험을 말해줄 수 있나요?

음악 감상하기

OPIc 시험에서는 콤보 형식으로 출제되는 경우가 많습니다. 주제별 답변에 대한 핵심 구조를 중심으로 응용어휘를 활용한 콤보 형식의 답변을 연습해 보세요. 모범 답변을 활용해 나만의 스토리텔링도 만들어 보세요.

Q Usted indicó en la encuesta que le gusta escuchar música. ¿Cuándo y dónde escucha música? ¿Qué tipo de dispositivo usa cuando escucha música? Cuénteme sobre su cantante favorito. ¿Ha experimentado algo interesante o memorable mientras escucha música?

당신은 설문조사에서 음악 듣는 것을 좋아한다고 했습니다. 언제, 어디서 음악을 듣나요? 음악을 들을 때 사용하는 기기는 어떤 종류인가요? 당신이 좋아하는 가수에 대해 이야기해 주세요. 음악을 듣는 동안 경험한 재미난 일이나 또는 기억에 남는 일이 있나요?

3단 콤보 답변

주제별 답변에 대한 핵심 구조를 중심으로 응용 어휘를 활용해 콤보 형식의 답변을 익혀 보세요.

❶ 음악 듣기

핵심 구조 음악을 듣는 시기, 듣는 방법, 들을 때의 감정

① Escuchar música hace que el tiempo parezca ir más rápido.
음악을 듣는 일은 시간이 빨리 흘러가는 듯한 느낌을 줍니다.

② Me gusta escuchar música en el metro.
저는 지하철에서 음악 듣는 것을 좋아합니다.

③ Puedo disfrutar de varios tipos de música cuando quiera.
언제든지 다양한 종류의 음악을 즐길 수 있습니다.

④ Escucho música por la mañana en camino al trabajo.
저는 아침 출근길에 음악을 듣습니다.

⑤ El reproductor de MP3 tiene una memoria grande.
MP3는 메모리 용량이 큽니다.

응용어휘
② en el autobús 버스에서　　en mi oficina 사무실에서　　en mi habitación 방에서
⑤ es ligero 가볍다　　no es caro 비싸지 않다

② 좋아하는 가수 소개

핵심 구조 좋아하는 가수 소개, 좋아하는 이유

① Mi cantante favorita es Jennifer Lopez.
제가 좋아하는 가수는 제니퍼 로페즈입니다.

② Me siento mejor cuando escucho sus canciones.
그녀의 노래를 들으면 기분이 좋아집니다.

③ Es uno de los cantautores estadounidenses más famosos.
그는 미국의 유명한 싱어송라이터 중 한 명입니다.

④ Él ha compuesto varios tipos de música pop.
그는 다양한 종류의 팝 음악을 작곡했습니다.

⑤ Ella es una mujer con mucho talento.
그녀는 많은 재능을 가진 사람입니다.

응용어휘
② alegre 즐거운   tranquilo 차분한, 평온한
③ los/las bailarines/as 댄서   los/las compositores/ras 작곡가
   coreanos 한국의   españoles 스페인의   japoneses 일본의   chinos 중국의
④ balada 발라드   música para bailar 댄스 음악   música clásica 클래식 음악

③ 좋아하는 음악 장르 변화

핵심 구조 과거에 좋아했던 음악 장르, 현재 좋아하는 음악 장르, 나의 감정

① Escucho baladas tranquilas cuando estoy cansado/a.
저는 피곤할 때 조용한 발라드를 듣습니다.

② Me gustaban las canciones de pop americano.
미국 팝 음악을 좋아했었습니다.

③ Solía escuchar baladas.
발라드 음악을 듣곤 했습니다.

④ Mi género favorito ha cambiado a lo largo de los años.
시간이 흐르면서 좋아하는 장르가 변했습니다.

⑤ Todavía me gusta la música de ritmo rápido.
여전히 저는 빠른 템포의 음악을 좋아합니다.

응용어휘
②, ③ heavy metal 헤비메탈   hip hop 힙합   jazz 재즈   merengue 메렝게   salsa 살사
* 음악 장르와 관련된 스페인어 어휘는 대부분 영어 어휘를 그대로 사용하는 경우가 많습니다.

모범 답변

3단 콤보 답변들로 이루어진 모범 답변입니다. 마음에 드는 답변을 선택해 연습해 보세요. ☑

☐ **1단계** 음악 듣기 ② + ① + ③ MP3 **06-03**

Me gusta escuchar música en el metro porque es demasiado aburrido sin música. Escuchar música hace que el tiempo parezca ir más rápido. Escucho música con mi teléfono inteligente que es muy portátil y útil. Así que puedo disfrutar de varios tipos de música cuando quiera. Cuando escucho música, puedo olvidarme de mis preocupaciones. Además, con mi teléfono inteligente puedo conseguir mucha información útil, como el clima actual y las últimas noticias mientras escucho música.

저는 지하철에서 음악 듣는 것을 좋아하는데, 그 이유는 음악 없이는 너무 지루하기 때문이죠. 음악을 듣는 일은 시간이 빨리 흘러가는 듯한 느낌을 줍니다. 저는 제 스마트폰으로 음악을 듣는데, 그것은 휴대하기가 편하고 유용합니다. 그래서 어디서든 다양한 종류의 음악을 즐길 수 있답니다. 음악을 들으면, 걱정거리를 잊을 수 있죠. 게다가, 제 휴대폰으로 음악을 들으면서 동시에 날씨와 최신 뉴스와 같은 유용한 정보를 볼 수 있답니다.

☐ **2단계** 좋아하는 가수 소개 ① + ② + ⑤ MP3 **06-04**

Mi cantante favorita es Jennifer Lopez. Creo que tiene una voz increíble y atractiva. También me gustan las letras de sus canciones. Las letras tocan mi corazón. Me siento mejor cuando escucho sus canciones. Ella incluso escribe sus propias canciones. Además, ella es una mujer con mucho talento. Es buena no solo para cantar sino también para bailar y actuar. Poseo la mayoría de sus CDs. Me gustaría ir a uno de sus conciertos algún día.

제가 좋아하는 가수는 제니퍼 로페즈입니다. 저는 그녀가 매력적이고 훌륭한 목소리를 가졌다고 생각합니다. 또한, 저는 그녀의 노래 가사를 좋아합니다. 제 마음을 울리죠. 그녀의 노래를 들으면 기분이 좋아진답니다. 그녀는 노래를 직접 쓰기도 해요. 게다가, 재능이 많은 가수랍니다. 노래만 잘할 뿐만 아니라 춤과 연기도 잘합니다. 저는 그녀의 음반 대부분을 가지고 있어요. 언젠가 그녀의 콘서트에 한 번쯤 가보고 싶어요.

□ **3단계** 좋아하는 음악 장르 변화 ② + ④ + ① 🔘 MP3 **06-05**

Cuando era adolescente, me gustaban las canciones de pop americano aunque no entendía la mayoría de las palabras. Pero mi género favorito ha cambiado a lo largo de los años. Ahora me gustan dos tipos diferentes de música: la música para bailar y baladas. Cuando me siento deprimido/a, escucho música para bailar, ya que me refresca y me da energía. Además, cuando salgo a trotar, la música para bailar me ayuda a disfrutar más del ejercicio. Al contrario, escucho baladas tranquilas cuando estoy cansado/a o sufro de insomnio. El suave sonido de la música de baladas me ayuda a relajarme y dormir bien.

제가 청소년일 때, 비록 대부분의 가사 내용을 이해하지 못하긴 했지만, 저는 미국 팝 음악을 좋아했었습니다. 하지만, 시간이 흐르면서 좋아하는 장르가 변했습니다. 지금은 댄스 음악과 발라드, 이 두 종류의 음악을 좋아합니다. 우울할 때, 댄스 음악을 들으면서 기분전환을 하고 에너지도 얻죠. 또한, 조깅을 하러 갈 때도, 댄스 음악은 더 힘차게 뛰도록 해줍니다. 반대로, 피곤하거나 불면증을 겪을 때는 조용한 발라드를 듣습니다. 발라드의 부드러운 음은 저를 차분하게 하고 잠을 잘 자게 한답니다.

나만의 스토리를 만들어 보세요! 🐝

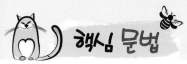 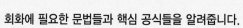

① 과장 표현하기

demasiado는 '너무 ~한'의 의미로 부정적인 의미를 담고 있습니다. 문법적으로는 부사 또는 형용사로 쓰입니다. 형용사로 쓰이는 경우는 명사의 성과 수에 맞추어 demasiado/a/os/as로 변형되고, 부사로 쓰이는 경우에는 변형되지 않습니다.

Es demasiado duro. 너무 고된 일입니다.

Es demasiado tarde. 너무 늦었습니다.

Es demasiado ruidoso. 너무 시끄럽습니다.

Es demasiado pesado. 너무 무겁습니다.

② 구문 표현하기

> no solo A sino también B : A뿐만 아니라 B 역시(또한)

Hablo no solo el español sino también el francés.

저는 스페인어뿐만 아니라 프랑스어도 합니다.

Quiero tomar no solo vino sino también cerveza.

저는 와인뿐만 아니라 맥주도 마시고 싶습니다.

Me gusta no solo el fútbol sino también el tenis.

저는 축구뿐만 아니라 테니스도 좋아합니다.

③ 과거시제로 경험 말하기 : entender동사

과거의 무언가를 이해하거나 이해하지 못한 경험을 말할 때는 entender동사의 과거시제 중 1인칭 단수 변화형 entendí를 사용합니다. 부록 〈동사 변화표〉 참고

No entendí nada. 저는 아무것도 이해하지 못했습니다.

Le entendí. 저는 당신을 이해했습니다.

No entendí el significado. 저는 의미를 이해하지 못했습니다.

주제에 관한 다양하고 유용한 표현들입니다. 자신에게 맞는 문장을 체크하고 재미있는 스토리를 만들어보세요. 돌발 질문에도 당황하지 않고 나만의 표현력은 물론, 논리력에도 자신감이 생깁니다.

☐ 음악 애플리케이션을 사용할 수 있습니다.

Puedo usar aplicaciones de música.

☐ 보통 저는 하루를 좋아하는 음악으로 시작합니다.

Normalmente comienzo mi día con mi música favorita.

☐ 음악에 대한 취향은 여러 번 바뀌었습니다.

Mi gusto de música ha cambiado muchas veces.

☐ MP3 플레이어로 저는 라디오 프로그램들을 들을 수 있습니다.

Con mi reproductor de MP3, puedo escuchar programas de radio.

☐ 오래전부터 저는 클래식 음악의 팬입니다.

Hace mucho tiempo que soy fanático/a de la música clásica.

☐ 저는 제 상황에 따라 음악을 듣습니다.

Escucho música dependiendo de mi situación.

☐ 보통 저는 공부할 때 클래식 음악을 듣습니다.

Normalmente escucho música clásica cuando estudio.

☐ 그녀의 글래머러스한 몸매 덕분에 더 유명합니다.

Es más famosa gracias a su cuerpo glamoroso.

☐ 그/그녀는 최근 한국에서 공연했습니다.

Últimamente él/ella ha tenido una función en Corea.

☐ 저는 그/그녀의 뛰어난 재능과 끊임없는 열정을 존경합니다.

Admiro su gran talento y entusiasmo constante.

요리 하기

OPlc 시험에서는 콤보 형식으로 출제되는 경우가 많습니다. 주제별 답변에 대한 핵심 구조를 중심으로 응용어휘를 활용한 콤보 형식의 답변을 연습해 보세요. 모범 답변을 활용해 나만의 스토리텔링도 만들어 보세요.

Q Usted indicó en la encuesta que le gusta cocinar. ¿Cuándo cocina normalmente? Cuénteme sobre la comida que le gusta más. ¿Cuándo le interesó por primera vez cocinar? ¿Ha tenido alguna dificultad o ha experimentado algo inesperado cuando cocina? ¿Cómo lo resolvió?

당신은 설문조사에서 요리하는 것을 좋아한다고 했습니다. 보통 언제 요리를 하나요? 어떤 음식을 가장 좋아하는지 말해주세요. 언제 요리에 처음 관심을 갖게 되었나요? 요리를 하면서 예상치 못한 일이나 어려움을 겪은 경험이 있나요? 어떻게 해결했나요?

 3단 콤보 답변

주제별 답변에 대한 핵심 구조를 중심으로 응용 어휘를 활용해 콤보 형식의 답변을 익혀 보세요.

① 좋아하는 음식 소개

핵심 구조 좋아하는 음식 소개, 재료, 조리법 소개

① Mi plato favorito es la pasta.
제가 좋아하는 음식은 파스타입니다.

② Este plato es muy fácil de hacer.
그 음식은 만들기가 매우 쉽습니다.

③ Suelo buscar recetas en línea.
저는 온라인으로 레시피들을 찾곤 합니다.

④ Esa comida se hace con queso.
그 음식은 치즈로 만듭니다.

⑤ Ya está listo para comer.
이제 먹을 준비가 되었습니다.

응용어휘

① el bistec 스테이크	Kim-Bop 김밥	la ensalada de pollo 치킨 샐러드
la hamburguesa 햄버거	la pizza 피자	la sopa de verdura 야채수프
② complicado 복잡하다	difícil 어렵다	interesante 재미있다
sencillo 간단하다		
③ en aplicación de cocina 요리 애플리케이션		en libro de cocina 요리책
④ patata 감자	huevo 달걀	maíz 옥수수

② 요리를 좋아하게 된 계기

핵심 구조 처음 요리에 관심을 가진 계기, 요리할 때 어려운 점, 요리하는 주기

① Me interesé en cocinar por mi amiga.
제 친구 때문에 저는 요리에 관심을 가지게 되었습니다.

② Es difícil controlar el fuego para cocinar.
요리에서는 불 조절이 어렵습니다.

③ Estoy harto/a de comer fuera.
저는 외식하는 것에 싫증이 났습니다.

④ Me siento orgulloso/a de mí mismo después de cocinar.
요리를 하고 나면 저 자신이 자랑스럽습니다.

⑤ Cocino todos los días.
저는 매일 요리합니다.

응용어휘
① por un cocinero famoso 유명한 요리사 때문에　　por un programa de cocina 요리 프로그램 때문에
leyendo un libro de cocina 요리책을 읽으면서
③ comer la misma comida 같은 음식을 먹는다
comer las comidas precocinadas 인스턴트 음식을 먹는다
④ Hago apuntes sobre mi comida 나의 음식에 대해 기록한다
Tomo una foto a mi comida 나의 음식 사진을 찍는다

③ 기억에 남는 요리 경험

핵심 구조 기억에 남는 요리 경험, 얻은 교훈, 나의 생각

① Decidí cocinar arroz frito. 볶음밥을 만들기로 했습니다.

② Quería hacer una pizza para ella. 그녀를 위해 피자를 만들고 싶었습니다.

③ Todo parecía perfecto. 모든 것이 완벽해 보였습니다.

④ No podía comer porque estaba muy salado/a. 너무 짜서 먹을 수가 없었습니다.

⑤ Olí algo quemado. 무언가 타는 냄새가 났습니다.

⑥ Me di cuenta de que tengo que concentrarme cuando cocino.
요리를 할 때 집중해야 한다는 것을 깨달았습니다.

응용어휘
③ delicioso 맛있게
④ estaba muy quemado/a 너무 타서　　estaba poco hecho/a 익지 않아서

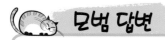

모범 답변

3단 콤보 답변들로 이루어진 모범 답변입니다. 마음에 드는 답변을 선택해 연습해 보세요. ☑

☐ **1단계** 좋아하는 음식 소개 ① + ② + ⑤ MP3 **06-07**

Mi plato favorito para cocinar es la pasta porque es muy fácil de hacer, pero sabe muy bien. Especialmente me gusta el espagueti. Si tiene salsa embotellada, es mucho más fácil. Primero, hierva dos litros de agua con dos cucharadas de sal. Luego, cueza la pasta en el agua hasta que esté blanda. Después, cuele la pasta y deseche el agua. En otra sartén, hierva a fuego lento la salsa y vierta el espagueti. Mezcle bien y espolvoree queso parmesano sobre la pasta. Ya está listo para comer.

제가 요리하기 좋아하는 음식은 파스타인데, 만들기가 매우 쉬우면서 맛은 아주 좋기 때문입니다. 특히 저는 스파게티를 좋아합니다. 이미 구입한 소스가 있다면, 훨씬 더 쉽죠. 먼저, 물 2ℓ에 소금 두 스푼을 넣고 끓입니다. 그리고 파스타 면이 부드러워질 때까지 물에 삶아요. 그 후, 파스타를 건져서 물을 버립니다. 다른 프라이팬에 약한 불로 소스를 끓인 다음, 스파게티를 붓습니다. 잘 섞고 나서 파스타 위에 파르메산 치즈를 뿌립니다. 이제 먹을 준비가 되었습니다.

☐ **2단계** 요리를 좋아하게 된 계기 ① + ④ MP3 **06-08**

Llegué a tener interés en cocinar por mi amiga. Ella es una excelente cocinera. Hace platos extranjeros exóticos y después de cocinar, siempre publica sus fotos de comida en su blog. Viendo sus fotos me entró el interés por cocinar. Como no paso mucho tiempo en casa, no cocino a menudo. Pero cuando ceno con mi familia o invito a personas a mi casa, disfruto cocinando. Me siento orgulloso/a de mí mismo/a después de cocinar.

제 친구 때문에 저는 요리에 관심을 가지게 됐습니다. 그녀는 굉장한 요리사예요. 이국적인 음식을 요리한 후, 항상 음식 사진들을 그녀의 블로그에 올립니다. 저는 그 사진들을 보면서 요리에 관심을 가지게 되었죠. 제가 집에서 보내는 시간이 많지 않아서 요리를 자주 하지는 않습니다. 하지만 가족과 함께 저녁을 먹거나 집에 누군가를 초대한 경우, 요리하는 것을 즐깁니다. 요리를 하고 나면 저 자신이 자랑스럽습니다.

3단계 기억에 남는 요리 경험 ② + ③ + ⑤　　　　　　　🔘 MP3 **06-09**

En el último cumpleaños de mi amiga, quería hacer una pizza para ella. Hice masa y puse todos los ingredientes sobre la masa. Todo parecía perfecto y lo metí en el horno. Mientras esperaba la pizza estaba escribiendo una carta para mi amiga. Me concentraba tanto en eso que me olvidé por completo de la pizza. De repente, olí algo quemado. Corrí a revisar la cocina, que estaba llena de humo y mi pizza estaba quemada. Por lo tanto, tuve que comprar una pizza y pedir perdón a mi amiga.

제 친구의 지난번 생일 때, 저는 그녀를 위해 피자를 만들고 싶었어요. 반죽하고 그 위에 모든 재료를 놓았죠. 모든 것이 완벽해 보였고 그것을 굽기 위해 오븐에 넣었답니다. 피자를 기다리는 동안 친구를 위해 편지를 쓰고 있었어요. 그것에 집중한 나머지 피자를 깜빡 잊었습니다. 갑자기 타는 냄새를 맡았어요. 확인하기 위해 뛰어갔지만, 주방은 연기로 이미 가득 차 있었고 피자는 타버렸습니다. 그래서 저는 피자를 사야 했고 친구에게 용서를 구했답니다.

나만의 스토리를 만들어 보세요! 🐝

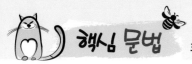 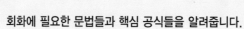
❶ 맛 표현하기

saber동사는 기본적으로 '(경험을 통해 지식 등을) 알다'라는 의미를 가지고 있지만, '맛이 나다'의 의미도 가능합니다.

> **sabe a + 재료/향신료 : ~ 맛이 나다**

Sabe a ajo. 마늘 맛이 납니다.

Sabe a pescado. 생선 맛이 납니다.

Sabe a especias. 향신료 맛이 납니다.

Sabe a vinagre. 식초 맛이 납니다.

❷ 레시피 설명하기 : 명령형 활용

레시피를 표현할 때는 명령형을 사용합니다. 스페인어 동사는 명령형의 경우 긍정형과 부정형 모두 다른 형태를 가지고 있기 때문에, 상황에 따라 알맞은 변화형을 사용하는 것이 중요합니다. 레시피의 경우 주로 긍정 명령형을 쓰고, 상대방을 usted으로 생각하여 통일해서 활용하는 것을 추천합니다. 위의 예문들은 요리에 필요한 주요 동사들의 명령형을 포함하고 있기 때문에 꼭 암기해서 활용하기 바랍니다.

Caliéntelo/la bien. 잘 데웁니다.

Hierva cinco minutos. 5분을 끓입니다.

Hornee a cien grados. 100°에서 굽습니다.

Fríalo/la bien. 잘 튀깁니다.

Añada más azúcar. 설탕을 더 첨가합니다.

Ase a fuego lento. 약한 불에서 굽습니다.

Mezcle a fuego fuerte(medio). 강한(중간) 불에서 섞습니다.

Muela en trozos pequeños. 잘게 으깹니다.

주제에 관한 다양하고 유용한 표현들입니다. 자신에게 맞는 문장을 체크하고 재미있는 스토리를 만들어보세요. 돌발 질문에도 당황하지 않고 나만의 표현력은 물론, 논리력에도 자신감이 생깁니다.

☐ TV에서 요리 프로그램을 보았고 요리를 좋아하게 되었습니다.

Vi un programa de cocina en la televisión y me fascinó la cocina.

☐ 요리할 때, 제일 어려운 점은 양념하는 것입니다.

Cuando cocino, lo más difícil es condimentar.

☐ 다른 사람들이 제 요리를 좋아해 줄 때 저는 행복합니다.

Estoy feliz cuando otros disfrutan de mi comida.

☐ 제가 대학교에 있을 때 요리에 관심을 가지게 되었습니다.

Llegué a tener interés en la cocina cuando estaba en la universidad.

☐ 그것을 가스레인지에 올렸습니다.

Lo puse sobre la estufa de gas.

☐ 기호에 따라 해산물을 넣습니다.

Agregue mariscos al gusto.

☐ 저는 달걀로 요리하는 것을 좋아합니다.

Me gusta cocinar con huevos.

☐ 복잡한 레시피는 음식을 망칠 수 있습니다.

Recetas complicadas podrían arruinar los platos.

☐ 저는 주로 외출하기 전 오전에 요리합니다.

Normalmente cocino por la mañana antes de salir de casa.

☐ 요리하면서 많은 시간을 보낼 수가 없습니다.

No puedo permitirme pasar mucho tiempo cocinando.

 **Lección 3**

 MP3 **06-10**

악기 연주하기

OPIc 시험에서는 콤보 형식으로 출제되는 경우가 많습니다. 주제별 답변에 대한 핵심 구조를 중심으로 응용어휘를 활용한 콤보 형식의 답변을 연습해 보세요. 모범 답변을 활용해 나만의 스토리텔링도 만들어 보세요.

Q ¿Con qué frecuencia toca algún instrumento musical? ¿En dónde lo toca? ¿Qué tipo de instrumento toca? ¿Cuándo le interesó por primera vez tocar el instrumento?

당신은 얼마나 자주 악기를 연주하나요? 어디서 연주하나요? 어떤 종류의 악기를 연주하나요? 언제 처음 악기 연주에 관심을 가졌나요?

 3단 콤보 답변

주제별 답변에 대한 핵심 구조를 중심으로 응용 어휘를 활용해 콤보 형식의 답변을 익혀 보세요.

① 악기 연주하는 장소 묘사

핵심 구조 악기를 연주하는 장소 소개, 그 장소를 좋아하는 이유

① No tengo piano en mi casa.
나는 집에 피아노가 없습니다.

② No suelo tocar el piano por la noche.
저녁에는 주로 피아노를 치지 않습니다.

③ Antes tocaba el piano en el instituto.
전에는 학원에서 피아노를 쳤습니다.

④ No tengo ningún lugar especial para practicar el piano.
피아노를 연습하기 위한 특별한 장소를 가지고 있지는 않습니다.

⑤ Puedo concentrarme en tocar el piano.
피아노 치는 것에 집중할 수 있습니다.

응용어휘
② si estoy cansado/a 피곤할 때 si estoy deprimido/a 우울할 때
si no tengo tiempo 여유가 없을 때
③ en la casa de mi amiga 친구 집에서 en la escuela 학교에서 en la universidad 대학교에서

* ①~⑤ : 악기 이름
el violín 바이올린 la batería 드럼 la flauta 플루트 la guitarra 기타

② 악기 연주 소개

핵심 구조 주로 연주하는 악기, 악기를 연주할 때 느끼는 감정

① **Fue muy difícil leer partituras.**
악보를 읽는 것이 매우 어려웠습니다.

② **No sabía cómo marcar la cadencia.**
박자를 어떻게 맞추어야 할지 몰랐습니다.

③ **Fue tan interesante que pasé la mayor parte de mi tiempo libre tocando el piano.** 피아노를 치면서 여가시간 대부분을 보내는 것은 매우 재미있었습니다.

④ **Tocar el piano me ayudó mucho a entender la música.**
피아노 연주는 제가 음악을 이해할 수 있도록 많은 도움을 주었습니다.

⑤ **Todavía disfruto tocando el piano los fines de semana.**
여전히 주말마다 피아노 연주를 즐깁니다.

> **응용어휘**
> ① armonizar 화음을 넣는 것 　　　　　 marcar la cadencia 박자를 맞추는 것
> 　 tocar las teclas 건반을 치는 것
> ② cómo tocar el piano sin ver las teclas 건반을 보지 않고 어떻게 피아노를 연주하는지
> ④ aliviar el estrés 스트레스를 해소할 수 있도록 　　 ser tranquilo/a 차분해 질 수 있도록
> 　 tener interés en la música 음악에 관심을 가질 수 있도록

③ 악기를 연주하게 된 계기

핵심 구조 과거에 악기 연주에 관심을 가진 경험, 악기 연주를 배웠던 기억, 나의 감정

① **Cuando tenía ocho años, quería aprender a tocar el piano.**
제가 8살 때, 피아노를 배우고 싶었습니다.

② **Tenía talento para tocar el piano.**
피아노를 연주하는 것에 재능이 있었습니다.

③ **Mi madre encontró un tutor privado dedicado para mí.**
엄마가 저를 위해 개인 지도 선생님을 구하셨습니다.

④ **Me sentí cada vez más atraído/a a tocar el piano.**
점점 피아노 치는 것에 매력을 느꼈습니다.

⑤ **Tomar clases privadas me ayudó a desarrollar más mi talento.**
개인 지도를 받는 것이 제 재능을 더 발전시키는 데 도움을 주었습니다.

> **응용어휘**
> ⑤ ahorrar tiempo 시간을 아끼다 　　　 desarrollar la profesionalidad 전문성을 발전시키다
> 　 tener más interés en la música 음악에 더 관심을 갖다

3단 콤보 답변들로 이루어진 모범 답변입니다. 마음에 드는 답변을 선택해 연습해 보세요. ☑

□ **1단계** 악기 연주하는 장소 묘사 ③ + ① + ② MP3 **06-11**

Antes solo tocaba el piano en el instituto porque en mi casa no había. Pero ahora puedo tocarlo en la sala de mi casa. La sala es mi lugar favorito. Disfruto tocando el piano allí y puedo sentir la suave alfombra debajo de mis pies y apreciar el paisaje a través de la ventana. Desafortunadamente, no puedo tocarlo por la noche, ya que si lo hago molestaría a mis vecinos. Sin embargo, si tengo tiempo durante el día, intento practicar el piano todos los días.

전에는 학원에서 피아노를 쳤습니다. 왜냐하면 우리 집에 피아노가 없었거든요. 하지만 지금은 우리 집 거실에서 피아노 연주를 할 수 있답니다. 거실이 제가 제일 좋아하는 곳이죠. 거실에 앉아서 발밑의 부드러운 카펫을 느끼며 창문을 통해 바깥 풍경을 즐길 수 있어요. 아쉽게도 밤에는 이웃들에게 불편을 줄 수도 있기 때문에 피아노를 칠 수 없어요. 하지만 낮에는 시간이 된다면 매일 피아노 연습을 하려고 노력한답니다.

□ **2단계** 악기 연주 소개 ① + ② + ④ MP3 **06-12**

Empecé a aprender a tocar el piano cuando era estudiante de primaria. Al principio, fue muy difícil leer partituras. Además, no sabía cómo marcar la cadencia. Pero a medida que pasó el tiempo, mejoré, y ahora soy un/una buen/a pianista. Tocar el piano me ayudó mucho a entender la música. Me encanta tocar el piano porque me hace sentir feliz. Puedo tocarlo sin parar durante más de dos horas. También cada vez que hay una ocasión, toco el piano frente a mi familia y mis amigos.

제가 초등학생일 때 피아노 연주하는 것을 배웠습니다. 처음에는, 악보를 읽는 것이 매우 어려웠어요. 게다가, 박자를 어떻게 맞추는지도 몰랐죠. 하지만 시간이 지날수록 점점 나아졌고, 지금은 훌륭한 피아니스트랍니다. 피아노를 연주하는 것은 제가 음악을 이해하도록 많은 도움을 주었죠. 피아노를 치면서 기분이 행복해지는 것을 느낄 수 있어서 저는 좋아합니다. 저는 쉬지 않고 2시간 이상도 피아노를 칠 수 있어요. 또 기회가 될 때마다, 친구들이나 가족들 앞에서 연주한답니다.

3단계 악기를 연주하게 된 계기 ① + ③ + ⑤ MP3 **06-13**

Cuando era niño/a, veía que mi amiga tocaba el piano y ganaba varios premios. La envidiaba mucho. Cuando tenía ocho años, quería aprender a tocar el piano, así que le supliqué a mi madre que me inscribiera a un instituto. Disfrutaba mucho aprendiendo a tocarlo. Desafortunadamente, después de unos meses me mudé a un lugar lejos del instituto, por lo tanto ya no podía asistir a la clase. Por eso, mi madre encontró un tutor privado dedicado para mí y, así pude seguir aprendiendo. Tomar clases privadas me ayudó a desarrollar más mi talento. Después de graduarme del bachillerato, dejé de tomar clases pero ahora toco el piano como pasatiempo.

어렸을 때, 친구가 피아노 연주를 하면서 상을 여러 번 타는 것을 보았습니다. 굉장히 부러웠어요. 제가 8살이 되었을 때, 저도 피아노를 배우고 싶었고, 엄마한테 피아노 학원에 등록시켜 달라고 졸랐어요. 피아노를 배우면서 정말 즐거웠답니다. 불행히도, 몇 달 뒤 제가 학원에서 먼 곳으로 이사를 하게 되어서, 더 이상 수업을 들을 수가 없었어요. 그래서 엄마는 저를 위해 개인 지도 선생님을 구해줬고, 저는 계속 배울 수가 있었습니다. 개인 수업을 들으니 제 재능을 더 많이 발전시킬 수 있었어요. 고등학교를 졸업한 후, 수업을 그만두었지만 지금도 취미로 피아노를 치고 있습니다.

나만의 스토리를 만들어 보세요! 🐝

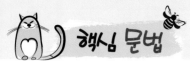
① 능력 표현하기

동사 poder는 항상 뒤에 동사원형을 동반하며 주어의 의지와 능력, 가능성을 나타낼 때 활용합니다. 부록 〈동사 변화표〉 참고

> **poder + 동사원형** : ~을 할 수 있다

Puedo tocar el piano. 저는 피아노 연주를 할 수 있습니다.

Puedo hablar tres idiomas. 저는 3개 언어를 구사할 수 있습니다.

Puedo nadar. 저는 수영을 할 수 있습니다.

② 반복 표현

cada vez는 '매번'을 의미하고, siempre는 '항상'을 의미합니다. cada vez que와 siempre que는 '매번' 또는 '매일 반복해서 하는 행동'에 대해 나타낼 때 활용합니다.

> **cada vez que~ = siempre que~** : ~할 때마다

Cada vez que hay una ocasión, voy al concierto. 기회가 있을 때마다, 저는 콘서트에 갑니다.

Siempre que tengo tiempo, practico más. 여유가 있을 때마다, 연습을 더 합니다.

③ 과거의 중단 표현하기 : dejar동사

과거의 무언가를 중단한 경험을 말할 때는 dejar동사의 과거시제 중 1인칭 단수 변화형 dejé를 사용합니다.

> **dejé de + 동사원형** : ~하는 것을 관두었다

Dejé de fumar. 저는 흡연을 관두었습니다.

Dejé de estudiar. 저는 학업을 관두었습니다.

Dejé de beber. 저는 음주를 관두었습니다.

주제에 관한 다양하고 유용한 표현들입니다. 자신에게 맞는 문장을 체크하고 재미있는 스토리를 만들어보세요. 돌발 질문에도 당황하지 않고 나만의 표현력은 물론, 논리력에도 자신감이 생깁니다.

☐ 몇 년간 피아노 교습을 받았습니다.
Tomé lecciones de piano durante un par de años.

☐ 저는 피아노보다 기타를 더 좋아합니다.
Me gusta más la guitarra que el piano.

☐ 스트레스를 해소하기 위한 가장 쉬운 방법이어서 피아노를 연주하기 시작했습니다.
Comencé a tocar el piano porque era una forma muy fácil de eliminar el estrés.

☐ 플루트 연주는 어지럼증을 가져옵니다.
Tocar la flauta marea.

☐ 음악을 통해 창의성을 향상시키는 좋은 방법이라고 생각합니다.
Creo que es una buena forma para desarrollar la creatividad a través de la música.

☐ 그때부터, 10년 이상 피아노를 쳤습니다.
Desde entonces, llevo tocando el piano por más de diez años.

☐ 피아노를 가지고 있는 친구네 집을 방문했을 때 피아노 연주에 관심을 갖게 되었습니다.
Llegué a tener interés por tocar el piano cuando visité a un amigo que tenía un piano.

☐ 저는 감정을 넣어 피아노를 연주하는 것을 좋아합니다.
Me gusta tocar el piano con sentimiento.

☐ 그것이 피아노를 치기 시작한 계기였습니다.
Es por eso que comencé a tocar el piano.

☐ 한국 노래들은 연주하기가 쉽습니다.
Las canciones coreanas son fáciles de tocar.

혼자 노래하기, 합창하기

> OPIc 시험에서는 콤보 형식으로 출제되는 경우가 많습니다. 주제별 답변에 대한 핵심 구조를 중심으로 응용어휘를 활용한 콤보 형식의 답변을 연습해 보세요. 모범 답변을 활용해 나만의 스토리텔링도 만들어 보세요.

Q Cuénteme sobre los tipos de música o canciones que le gusta cantar. Cuénteme cómo se interesó por el canto. ¿Tiene alguna experiencia memorable relacionada con el canto?

당신이 부르기 좋아하는 노래나 음악의 종류에 대해 말해 주세요. 어떻게 노래하기에 관심을 갖게 되었는지 말해 주세요. 노래하는 것과 관련된 기억에 남는 경험을 가지고 있나요?

3단 콤보 답변

주제별 답변에 대한 핵심 구조를 중심으로 응용 어휘를 활용해 콤보 형식의 답변을 익혀 보세요.

① 자주 부르는 노래 소개

핵심 구조 자주 부르는 노래 소개, 자주 부르는 이유

① Suelo cantar canciones de K-Pop.
저는 케이팝을 주로 부릅니다.

② Las letras son fáciles de cantar.
가사들이 따라 부르기 쉽습니다.

③ Me gustan las canciones coreanas.
저는 한국 노래를 좋아합니다.

④ Cada vez que tengo tiempo libre, voy solo/a al karaoke.
시간이 있을 때마다, 저는 혼자 노래방에 갑니다.

⑤ Canto al menos una hora casi todos los días.
적어도 매일 1시간 정도 노래를 부릅니다.

응용어휘
① pop americano 미국 팝
② los ritmos 리듬들　　　　　　　　　　　　los tonos 음들
③ las canciones españolas 스페인 노래　　　las canciones estadounidenses 미국 노래
　 las canciones japonesas 일본 노래
④ con mi familia 가족과 함께　　　　　　　con mis amigos 친구들과 함께

② 노래를 하기 시작한 계기

핵심 구조 처음 노래하기 시작하고 배운 계기, 노래 한 시기

① Creo que nadie me ha enseñado a cantar.
아무도 내게 노래 하는 것을 가르쳐 준 적이 없습니다.

② Cuando estoy solo/a en casa, disfruto cantando mis canciones favoritas.
집에 혼자 있을 때, 저는 좋아하는 노래를 부르는 것을 즐깁니다.

③ Desde entonces canto las canciones que escucho.
그 이후로 들리는 노래를 따라 불렀습니다.

④ No me importa si canto bien o no.
노래를 잘 부르는지, 못 부르는지는 상관없습니다.

⑤ Mi profesor de música me enseñó a cantar.
음악 선생님께서 저에게 노래를 가르쳐 주셨습니다.

응용어휘
② cuando estoy alegre 기분이 좋을 때   cuando estoy deprimido/a 우울할 때
   cuando estoy en la ducha 샤워할 때
④ si estoy solo/a o no 혼자 있든지, 아니든지   si alguien me escucha o no 누가 듣든지, 안 듣든지

③ 노래하기와 관련된 경험

핵심 구조 노래 부르기와 관련된 경험 소개, 원인 및 결과

① Mi tío alquiló un aparato de karaoke.
삼촌이 노래방 기계를 빌렸습니다(대여했습니다).

② Mi padre cantó desafinadamente.
아버지께서는 음정에 맞지 않게 노래를 하셨습니다.

③ Después de cenar, mi familia empezó a cantar.
저녁식사 후, 우리 가족은 노래를 부르기 시작했습니다.

④ El vecino vino a quejarse del ruido.
옆집 이웃이 소음 때문에 항의하러 왔습니다.

⑤ Fue muy divertido. 매우 즐거웠습니다.

응용어휘
② agradablemente 즐겁게   como cantante 가수처럼
   haciendo playback 립싱크로   muy bien 아주 잘

□ **1단계** 자주 부르는 노래 소개 ① + ③ + ② + ④　　　　　🎵 MP3 **06-15**

Suelo cantar canciones de K-Pop. Por supuesto escucho varios tipos de música, pero para cantar me gustan las canciones coreanas. Porque las letras son fáciles de cantar y de entender. Especialmente me gusta el grupo de chicos llamado 'SG wannabe'. Me fascina cantar sus canciones. Cada vez que tengo tiempo libre, voy solo/a al karaoke. Cuando no puedo ir, canto en mi casa con la aplicación de karaoke que he descargado en mi móvil.

저는 케이팝을 주로 부릅니다. 물론 저는 다양한 음악을 듣지만, 부를 때는 한국 노래를 좋아합니다. 왜냐하면, 가사들이 따라 부르기 쉽고 이해하기 쉽기 때문이죠. 특히, 저는 'SG워너비'라는 그룹을 좋아해요. 그들의 노래를 무척 좋아한답니다. 시간이 있을 때마다, 저는 혼자 노래방에 가요. 가지 못할 때는, 집에서 제 휴대폰에 있는 노래방 애플리케이션으로 노래를 부른답니다.

□ **2단계** 노래를 하기 시작한 계기 ③ + ① + ② + ④　　　　　🎵 MP3 **06-16**

No recuerdo exactamente cuándo fue, pero empecé a cantar solo/a desde que era niño/a. Una vez fui a un karaoke con mis amigos y me divertí mucho. Desde entonces canto las canciones que escucho. Creo que nadie me ha enseñado a cantar. Cuando estudio o trabajo algo duro, tarareo a menudo. Además, cuando estoy solo/a en casa o en la ducha, disfruto cantando mis canciones favoritas. No me importa si canto bien o no. Solo me gusta porque puedo expresar mi sentimiento cantando.

언제인지 정확히 기억하지 못하지만 어렸을 때 혼자 노래를 부르기 시작했습니다. 한 번은 친구들과 노래방을 갔는데 정말 즐거웠어요. 그 이후로 들리는 노래를 따라 불렀습니다. 아무도 내게 노래 하는 것을 가르쳐 준 적이 없습니다. 저는 공부가 힘들거나 일이 힘들 때, 자주 흥얼거려요. 게다가, 집에 혼자 있거나 샤워할 때, 제가 좋아하는 노래를 부르는 것을 즐깁니다. 노래를 잘 부르는지, 못 부르는지는 상관없습니다. 노래 하면서 제 감정을 표현할 수 있어서 좋아합니다.

☐ **3단계** 노래하기와 관련된 경험 ① + ③ + ④　　　　　🔘 MP3 **06-17**

Cuando era pequeño/a, hubo una fiesta de Navidad en la casa de mis parientes. Mi tío alquiló un aparato de karaoke. Después de cenar, toda mi familia se sentó en círculo y empezó a cantar. Todos se entusiasmaron cantando y no se dieron cuenta de la hora. De repente, alguien tocó la puerta muy fuerte. Él/Ella era el/la vecino/a de mi tío y vino a quejarse del ruido. No sabíamos que eran las once de la noche. Nos disculpamos y dejamos de cantar. Desde entonces, vamos al karaoke en vez de alquilar el aparato.

어렸을 때, 친척 집에서 크리스마스 파티가 있었어요. 삼촌이 노래방 기계를 대여했답니다. 저녁식사 후, 가족 모두가 둥글게 앉아서 노래를 부르기 시작했어요. 모두 노래를 부르는데 심취해서 시간 가는 줄 몰랐습니다. 갑자기, 누군가 현관문을 세게 두드렸어요. 그/그녀는 옆집 이웃이었고 소음 때문에 항의하러 왔던 거죠. 우리는 그때가 밤 11시인 줄 몰랐어요. 우리는 사과하고 노래 하는 것을 멈췄습니다. 그때부터 우리는 노래방 기계를 빌리는 대신 노래방을 간답니다.

나만의 스토리를 만들어 보세요! 🐝

―――――――――――――――――――――――――――――――――――――

―――――――――――――――――――――――――――――――――――――

―――――――――――――――――――――――――――――――――――――

―――――――――――――――――――――――――――――――――――――

―――――――――――――――――――――――――――――――――――――

―――――――――――――――――――――――――――――――――――――

―――――――――――――――――――――――――――――――――――――

―――――――――――――――――――――――――――――――――――――

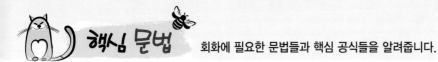

핵심 문법 회화에 필요한 문법들과 핵심 공식들을 알려줍니다.

❶ 과거의 방문 목적 표현하기 : venir 동사

방문 목적을 나타내는 표현으로, '나의 과거 방문 목적'을 나타낼 때는 venir 동사의 과거시제 중 1인칭 단수 변화형 vine를 사용합니다. 부록 〈동사 변화표〉 참고

> **venir a + 동사원형** : ~을 하러 오다

Vine a preguntar. 저는 질문을 하러 왔습니다.   Vine a quejarme. 저는 항의를 하러 왔습니다.

Vine a confirmar. 저는 확인을 하러 왔습니다.   Vine a consultar. 저는 상담을 하러 왔습니다.

❷ 대체 표현하기

'B 대신 A'라는 의미를 표현하고자 할 때, 'en vez de' 또는 'en lugar de' 구문을 활용합니다.

> **A en vez de B = A en lugar de B** : B 대신 A

Me gusta cantar en vez de bailar. 저는 춤추는 것 대신 노래 하기를 좋아합니다.

Me gusta jugar en vez de estudiar. 저는 공부하는 것 대신 노는 것을 좋아합니다.

Quiero tomar un café en lugar de un té. 저는 차 대신 커피를 마시고 싶습니다.

Quiero viajar a España en lugar de a Chile. 저는 칠레 대신 스페인을 여행하고 싶습니다.

❸ 기억 표현하기

동사 recordar는 '기억하다'의 의미로 주어가 '나'인 경우 1인칭 단수형인 recuerdo를 활용하여 '나는 ~을 기억하다'라고 표현합니다.

> **No recuerdo + 의문문** : (나는) ~는지 기억나지 않다

No recuerdo exactamente cuándo fue. 언제였는지 정확히 기억나지 않습니다.

No recuerdo dónde estuve. 어디에 있었는지 기억나지 않습니다.

No recuerdo quién fue. 누구였는지 기억나지 않습니다.

No recuerdo cuánto costó. 얼마였는지 기억나지 않습니다.

주제에 관한 다양하고 유용한 표현들입니다. 자신에게 맞는 문장을 체크하고 재미있는 스토리를 만들어보세요. 돌발 질문에도 당황하지 않고 나만의 표현력은 물론, 논리력에도 자신감이 생깁니다.

☐ 가사들이 마음을 울립니다.

Las letras tocan el corazón.

☐ 차에서 노래 하는 것은 스트레스 해소를 위한 좋은 방법입니다.

Cantar en el coche es una excelente manera de aliviar el estrés.

☐ 제 스스로 노래 부르는 것을 배웠습니다.

Aprendí a cantar por mi cuenta.

☐ 가능한 장소에서는 어디든지 노래를 하기 시작했습니다.

Empecé a cantar en cualquier lugar que podía.

☐ 깊은 감정을 실어서 노래하는 것은 어렵습니다.

Es difícil cantar con profunda emoción.

☐ 저는 빈 강의실에서 노래를 부릅니다.

Canto en un aula vacía.

☐ 우리는 노래 연습을 위해 모임을 가집니다.

Nos juntamos para practicar canto.

☐ 저는 합창단의 보컬리스트입니다.

Soy un/una vocalista en un grupo de canto.

☐ 기억하기 쉬운 멜로디입니다.

La melodía es muy fácil de recordar.

☐ 방해를 받지 않고 많은 노래를 부를 수 있습니다.

Puedo cantar muchas canciones sin ninguna interrupción.

애완동물 기르기

OPIc 시험에서는 콤보 형식으로 출제되는 경우가 많습니다. 주제별 답변에 대한 핵심 구조를 중심으로 응용어휘를 활용한 콤보 형식의 답변을 연습해 보세요. 모범 답변을 활용해 나만의 스토리텔링도 만들어 보세요.

Q **Cuénteme sobre su mascota. ¿Qué tipo de mascota es? ¿Cómo es? Cuénteme sobre lo que hace por sus mascotas. ¿Puede describir alguna experiencia memorable con su mascota?**

당신의 애완동물에 대해 말해 주세요. 어떤 종류의 애완동물인가요? 어떻게 생겼나요? 당신의 애완동물을 위해 하는 일에 대해 말해 주세요. 애완동물과 연관된 기억에 남는 경험을 말해줄 수 있나요?

 3단 콤보 답변

주제별 답변에 대한 핵심 구조를 중심으로 응용 어휘를 활용해 콤보 형식의 답변을 익혀 보세요.

① 내가 기르는 애완동물 소개

핵심 구조 내가 기르는 애완동물의 외모, 특징 묘사

① Tengo un perro blanco maltés llamado 'White'.
저는 '화이트'라는 이름은 가진 흰색 말티즈 한 마리를 키우고 있습니다.

② Él/Ella es una parte de mi vida.
그/그녀는 제 삶의 일부입니다.

③ A veces desordena toda la casa.
가끔은 집을 엉망으로 만들 때도 있습니다.

④ Él/Ella se ve muy bien porque tiene pelaje largo.
그/그녀는 긴 털을 가지고 있어서 보기가 좋습니다.

⑤ Es pequeño y cariñoso.
작고 사랑스럽습니다.

응용어휘		
① gris 회색	marrón 밤색	negro 검은색
beagle 비글	golden retriever 골든 리트리버	husky siberiano 시베리안 허스키
poodle 푸들	yorkshire terrier 요크셔테리어	
④ cola peluda 털이 많은 꼬리	pelaje corto 짧은 털	pelaje suave 부드러운 털
⑤ agresivo/a 공격적인	inteligente 영리한	travieso/a 장난기 많은

② 애완동물을 기르게 된 계기와 함께 하는 일

핵심 구조 애완동물을 기르게 된 계기와 첫 느낌, 애완동물과 함께 하는 일

① Fui a la tienda de mascotas.

저는 애완동물 숍에 갔습니다.

② Mi padre me regaló un perro para mi cumpleaños.

제 생일에 아버지께서 강아지를 선물로 주셨어요.

③ Cuando me quedaba en casa, siempre estaba con él/ella.

제가 집에 있을 때는, 항상 강아지와 함께 있었습니다.

④ Al principio, me parecía fácil cuidar a las mascotas.

처음에는 애완동물을 기르는 일이 쉬워 보였습니다.

⑤ Lo llevo a pasear todas las noches.

매일 저녁 데리고 산책을 갑니다.

<table>
<tr><td rowspan="3">응용어휘</td><td>② boda 결혼</td><td>graduación 졸업</td></tr>
<tr><td>③ cuidaba al perro 강아지를 돌보다</td><td>jugaba con el perro 강아지와 함께 놀다</td></tr>
<tr><td>⑤ los fines de semana 주말마다</td><td>todas las mañanas 아침마다</td></tr>
</table>

③ 애완동물 기르는 일의 장·단점

핵심 구조 애완동물을 기르는 일의 장·단점

① Se necesita mucho dinero para cuidar a las mascotas.

애완동물을 기르려면 많은 돈이 필요합니다.

② Tener mascotas nos enseña a ser responsables.

애완동물을 기르는 일은 우리에게 책임감을 심어줍니다.

③ Incluso una mascota pequeña puede ser mucho trabajo.

작은 애완동물일지라도 많은 일거리가 될 수 있습니다.

<table>
<tr><td rowspan="3">응용어휘</td><td>① mucho interés 많은 관심</td><td>mucho tiempo 많은 시간</td></tr>
<tr><td>② mejora la calidad de vida 삶의 질을 향상시켜준다</td><td></td></tr>
<tr><td>nos hace reír más 우리를 더 웃게 해준다</td><td></td></tr>
</table>

3단 콤보 답변들로 이루어진 모범 답변입니다. 마음에 드는 답변을 선택해 연습해 보세요. ☑

□ **1단계** 내가 기르는 애완동물 소개 ① + ⑤ + ③ + ② MP3 **06-19**

Tengo un perro blanco maltés llamado 'White'. Él tiene tres años. Es pequeño y cariñoso. Él es muy activo por lo que a veces desordena toda la casa. A él le gusta correr y saltar. Especialmente es muy bueno atrapando la pelota. Además, es tan inteligente que reconoce a todas las personas que ya ha visto. Cuando vuelvo a casa, él es el primero que me da la bienvenida. Ahora él es una parte de mi vida y me siento solo/a sin él. Es como mi hermano.

저는 '화이트'라는 이름은 가진 흰색 말티즈 한 마리를 키우고 있습니다. 화이트는 3살이에요. 작고 사랑스럽죠. 굉장히 활발해서 가끔은 집을 엉망으로 만들 때도 있답니다. 화이트는 뛰거나 점프하는 것을 좋아해요. 특히 공을 잡고 노는 것을 잘하죠. 게다가 매우 영리해서 만나본 사람은 모두 기억하고 있답니다. 제가 집에 돌아왔을 때, 저를 제일 처음 맞이해 주는 이가 바로 화이트예요. 이제는 화이트가 없으면 외롭고 제 삶의 일부가 되어버렸어요. 제 동생과도 같답니다.

□ **2단계** 애완동물을 기르게 된 계기와 함께 하는 일 ② + ③ + ⑤ MP3 **06-20**

Cuando era pequeño/a, mi padre me regaló un perro para mi cumpleaños. Desde que llegó a mi casa, mientras yo estaba allí siempre lo cuidaba. Al principio, lloraba mucho pero poco a poco dejó de llorar. Él era tímido y tranquilo cuando era bebé pero ahora es muy juguetón. Lo llevo a pasear todas las noches. A él le encanta ir al parque. También lo baño los fines de semana. Una vez al mes, lo llevo al veterinario para cortarle el pelo, pero cuando estoy ocupado/a, mi madre se ocupa de eso.

제가 어렸을 때, 제 생일에 아버지께서 강아지를 선물로 주셨어요. 우리 집에 강아지가 온 후로, 제가 집에 있을 때는 항상 강아지와 함께 있어주었답니다. 처음에는 자주 울었지만, 조금씩 조금씩 멈췄어요. 어릴 때는 소심하고 조용했으나 지금은 굉장히 장난기가 많아요. 저는 매일 저녁 산책하러 강아지를 데리고 갑니다. 강아지는 공원에 가는 것을 좋아해요. 또한, 주말마다 목욕을 시킨답니다. 한 달에 1번, 미용하기 위해 수의사에게 데려가는데, 제가 바쁠 때는, 저희 엄마가 대신해주신답니다.

3단계 애완동물 기르는 일의 장·단점 ② + ③ + ①　　🎧 MP3 06-21

Creo que tener mascotas nos enseña a ser responsables. También nos ayuda a ejercitarnos más intensamente, porque jugando y corriendo con las mascotas nos mantenemos más activos sin darnos cuenta. Además, si tenemos mascotas, nunca nos sentiremos solos. Pero incluso una mascota pequeña puede ser mucho trabajo. Se necesita mucho dinero para cuidar a las mascotas. El gran problema es que hay que conseguir a alguien para cuidar de ellos cuando no estamos en casa.

저는 애완동물을 기르는 일은 우리에게 책임감을 준다고 생각합니다. 또한, 애완동물과 놀고 뛰면서 알게 모르게 움직이는 것으로 우리가 운동할 수 있게 도와주기도 합니다. 게다가, 애완동물이 있으면 어떤 경우에도 외롭지 않아요. 하지만 작은 애완동물일지라도 많은 일거리가 될 수 있습니다. 애완동물을 기르려면 많은 돈이 필요해요. 가장 큰 문제는 우리가 집에 없을 때 돌봐줄 사람을 생각해야 한다는 점이에요.

나만의 스토리를 만들어 보세요! 🐝

회화에 필요한 문법들과 핵심 공식들을 알려줍니다.

❶ 동시 동작 표현하기

동시에 이루어지는 행위를 나타내는 '~하면서'라는 의미를 표현할 때 현재분사를 활용합니다.

`42p. 현재진행형, 56p. 근무기간 표현 참고`

Hago ejercicio viendo la televisión. 저는 TV를 보면서 운동을 합니다.

Río mucho jugando con el perro. 저는 강아지와 놀면서 많이 웃습니다.

Estudio comiendo algo. 저는 무언가를 먹으면서 공부를 합니다.

Escucho música caminando. 저는 걸어가면서 음악을 듣습니다.

> **Tip!**
> • 현재분사 형태 규칙형
>
> (1) -ar형 동사 : -ar → -ando　　(2) -er, -ir형 동사 : -er, -ir → -iendo

❷ 의무 표현하기 : 무인칭

무인칭의 문장으로 보통의 사람들이 다 같이 지켜야 하는 공공질서를 나타낼 때 주로 씁니다.

> **Hay que + 동사원형** : ~해야 한다

Hay que comer para vivir. 살기 위해 먹어야 합니다.

Hay que pagar. 돈을 내야 합니다.

Hay que guardar silencio. 조용히 해야 합니다.

Hay que cuidar a las mascotas. 애완동물들을 돌봐야 합니다.

주제에 관한 다양하고 유용한 표현들입니다. 자신에게 맞는 문장을 체크하고 재미있는 스토리를 만들어보세요. 돌발 질문에도 당황하지 않고 나만의 표현력은 물론, 논리력에도 자신감이 생깁니다.

☐ 애완동물을 키우는 것의 가장 큰 장점은 동료를 가지는 기분입니다.

Lo mejor de tener una mascota es la sensación de tener compañía.

☐ 강아지들을 돌봐줄 믿을 만한 사람을 찾기가 쉽지 않습니다.

Es difícil encontrar un cuidador de perros confiable.

☐ 강아지를 돌보기 위해 누군가 집에 있어야 했습니다.

Alguien tuvo que quedarse en casa para cuidar al perro.

☐ 처음에는 제 방을 어지럽혀서 귀찮았습니다.

Al principio, fue una molestia porque desordenaba mi habitación.

☐ 돈을 조금 절약하기 위해 강아지 미용하는 방법을 배우고 싶습니다.

Quiero aprender a peinar a mi perro para ahorrar un poco de dinero.

☐ 그/그녀를 통제하기는 거의 불가능합니다.

Es casi imposible mantenerlo/la bajo control.

☐ 그/그녀는 많이 짖지 않습니다.

Él/Ella no ladra mucho.

☐ 큰 눈을 가지고 있어서 매우 귀엽습니다.

Tiene los ojos grandes así que es muy bonito/a.

☐ 엄마한테 강아지를 사달라고 졸랐습니다.

Le supliqué a mi madre que me comprara un perro.

☐ 그/그녀를 제가 가는 곳마다 데리고 다녔습니다.

Lo/La llevaba a donde fuera que yo iba.

Capítulo 7

여행(국내/해외)

학습목표 및 출제경향

대부분의 수험자가 선택하는 항목이고, 돌발 질문으로도 자주 등장하는 주제이므로 관련된 기본적인 어휘와 표현을 학습합니다. 또한, 국내와 해외로 나뉘지만 주제의 특성상 비슷한 내용의 질문이 가능한 부분이므로 장소를 불문하고 기본적으로 할 수 있는 표현을 위주로 학습하여 다양한 상황과 질문에 활용합니다. 롤플레이 형식으로 공항에서 발생한 일 또는 숙소나 교통편을 예약하는 상황에 대한 질문도 자주 출제되고 있습니다.

주제별 답변 순서 및 고득점 꿀팁

Lección 1 국내여행	✦ 국내여행 시 준비물 ▶ 국내여행을 준비하는 과정 ✦ 좋아하는 국내여행지 ▶ 가보고 싶은 국내여행지 ▶ 기억에 남는 국내여행 ☞ 함께 여행하는 사람을 가족으로 표현하는 것이 답변하기에 좋습니다. ☞ 여행 동안 즐겨 하는 활동은 자신의 취미나 여가, 관심사에서 선택한 항목과 연관시켜 답변을 준비합니다.
Lección 2 해외여행	✦ 해외여행 시 준비물 ▶ 해외여행을 준비하는 과정 ▶ 에피소드 ✦ 최근 해외여행지 ▶ 에피소드 ☞ 국내여행과 크게 다르지 않고, 단지 해외로 장소만 바뀌는 점을 생각해 적절한 어휘나 표현을 활용하여 답변합니다.
Lección 3 국내 출장	✦ 국내 출장 시 준비물 ▶ 국내 출장의 목적 ▶ 에피소드 ✦ 국내 출장 시 주로 하는 일 ▶ 최근 국내 출장의 에피소드 ☞ 최근 갔던 출장의 경험은 에피소드가 아닌 출장 과정과 출장을 통해 얻은 결과만을 토대로 답변을 해도 무방합니다.
Lección 4 해외 출장	✦ 해외 출장 시 준비물 ▶ 해외 출장을 가는 빈도수 ▶ 에피소드 ✦ 해외 출장의 목적 ▶ 최근 해외 출장의 에피소드
Lección 5 집에서 보내는 휴가	✦ 집에서 보내는 휴가와 여행으로 보내는 휴가 비교 ▶ 집에서 휴가를 보낼 때 하는 일 ✦ 집에서 휴가를 보내는 장점 ▶ 에피소드 ☞ 집에서 보내는 휴가는 특별하게 다르지 않으므로, 앞에서 학습한 '집안일 하기' 답변 내용을 활용할 수 있습니다.

✽ Background Survey에서 해당 항목을 선택했을 경우 자주 출제되는 콤보 형식의 질문 유형입니다.
빈출도 높은 질문 유형들을 익혀두고, 질문의 의도를 빠르게 파악할 수 있도록 학습해 보세요.

다양한 질문유형 파악하기

Lección 1
국내여행

- ¿A qué lugar le gusta viajar en su país? ¿Por qué menciona ese lugar?
- ¿Puede decirme sobre el viaje más memorable que haya realizado?
- Cuénteme sobre algunos buenos lugares para viajar en su país.
- Por favor, cuénteme sobre el último viaje doméstico que realizó.

– 당신의 나라에서 어디로 여행하는 것을 좋아하나요? 그곳을 언급한 이유는 무엇인가요?
– 당신이 했던 여행 중 가장 기억에 남는 여행에 대해 말해줄래요?
– 당신의 나라에서 여행하기 좋은 장소를 몇 군데 이야기해 주세요.
– 당신의 최근 국내여행에 대해 이야기해 주세요.

Lección 2
해외여행

- Usted indicó en la encuesta que viaja al extranjero. ¿Qué cosas lleva consigo cuando viaja al extranjero?
- Cuénteme acerca de su reciente viaje al extranjero.
- Cuénteme sobre su primer viaje al extranjero.
- ¿A dónde le gustaría ir para sus próximas vacaciones? ¿Qué le gustaría hacer allí?

– 당신은 설문지에서 해외여행을 간다고 했습니다. 해외여행을 갈 때 당신은 무엇을 가져가나요?
– 당신의 최근 해외여행에 대해 말해주세요.
– 당신의 첫 해외여행에 대해 말해 주세요.
– 다음 휴가에는 어디로 가고 싶나요? 그곳에서 무엇을 하고 싶나요?

Lección 3
국내 출장

- Usted indicó en la encuesta que ha tenido un viaje de negocios. ¿Cuándo fue? ¿Qué hizo durante el viaje?
- ¿A dónde fue en su viaje de negocios más reciente?

– 당신은 설문지에서 출장을 간 적이 있다고 했습니다. 언제였나요? 출장 기간에 무엇을 했나요?
– 최근에 출장을 어디로 갔나요?

Lección 4
해외 출장

- ¿Cuál es el objetivo principal de sus viajes de negocios? ¿Con qué frecuencia y con quién va a un viaje de negocios?
- ¿Cuál fue la experiencia más memorable que haya tenido durante un viaje de negocios?
- Dígame cómo se prepara para su viaje de negocios.

– 당신의 출장 주요 목적은 무엇인가요? 얼마나 자주, 누구와 출장을 가나요?
– 출장 기간에 당신이 했던 가장 기억에 남는 경험은 무엇이었나요?
– 출장을 위해 어떻게 준비하는지 말해 주세요.

Lección 5
**집에서 보내는
휴가**

- Cuando se queda en casa durante las vacaciones, ¿qué hace normalmente?
- Describa sus vacaciones más memorables en casa.
- ¿Cuáles son las ventajas de quedarse en casa durante las vacaciones? ¿Por qué prefiere quedarse en casa?

– 휴가 기간에 집에서 머무를 때, 보통 무엇을 하나요?
– 당신의 기억에 남는 집에서 보낸 휴가를 묘사해 주세요.
– 집에서 휴가를 보내는 것의 장점은 무엇인가요? 당신이 선호하는 이유는 무엇인가요?

국내여행

OPlc 시험에서는 콤보 형식으로 출제되는 경우가 많습니다. 주제별 답변에 대한 핵심 구조를 중심으로 응용어휘를 활용한 콤보 형식의 답변을 연습해 보세요. 모범 답변을 활용해 나만의 스토리텔링도 만들어 보세요.

Q ¿Qué cosas trae generalmente cuando viaja a su país? ¿A qué lugar le gusta viajar en su país? ¿Por qué menciona ese lugar? ¿Puede decirme sobre el viaje más memorable que haya realizado?

국내로 여행갈 때 보통 무엇을 가져가나요? 당신의 나라에서 어디로 여행하는 것을 좋아하나요?
그곳을 언급한 이유는 무엇인가요? 당신이 했던 여행 중 가장 기억에 남는 여행에 대해 말해줄래요?

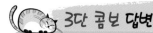 3단 콤보 답변

주제별 답변에 대한 핵심 구조를 중심으로 응용 어휘를 활용해 콤보 형식의 답변을 익혀 보세요.

① 국내여행 시 준비물

핵심 구조 국내여행에 필요한 준비물, 해외여행과의 비교

① Necesito menos cosas que cuando viajo al extranjero.
해외여행을 할 때 보다 필요한 물건이 적습니다.

② Lo más importante es el wifi portátil.
제일 중요한 것은 휴대용 와이파이입니다.

③ Dependiendo del tiempo que haga, preparo ropa adecuada.
날씨에 따라, 적합한 옷을 준비합니다.

④ Compro la guía de la ciudad para planear mejor el viaje.
최고의 여행을 계획하기 위해 도시의 여행 가이드북을 삽니다.

⑤ Verifico si todo está bien más de dos veces antes de viajar.
여행을 떠나기 전에 2번 이상 확인합니다.

응용어휘
② el efectivo 현금 la cámara digital 디지털 카메라
el cargador de móvil 휴대폰 충전기
③ dependiendo de la estación 계절에 따라 dependiendo del destino 목적지에 따라
④ recopilo mucha información (나는) 많은 정보를 수집한다

② 가보고 싶은 국내여행지

핵심 구조 가보고 싶은 국내여행지, 가보고 싶은 이유

① **Me gustaría viajar a** la isla de Jeju.
저는 제주도로 여행을 가고 싶습니다.

② **La verdad es que ya he ido** allí **dos veces.**
사실 저는 그곳에 2번 가봤습니다.

③ **Me gusta visitar** los parques nacionales.
저는 국립공원에 가는 것을 좋아합니다.

④ **Es muy popular por** su paisaje hermoso.
그곳의 아름다운 풍경 때문에 인기가 있습니다.

⑤ **Me gusta viajar** al mar **cada vez que tengo la oportunidad.**
저는 기회가 있을 때마다 바다로 여행 가는 것을 좋아합니다.

응용어휘
① Busan 부산　　　Gyeongju 경주　　　Sokcho 속초
③ la playa 해변　　　　　　　　　　los lugares atractivos 명소들
④ el monumento 기념비　　　　　　el pueblo tradicional 전통 마을
　 la playa hermosa 아름다운 해변　 los mariscos frescos 신선한 해산물
⑤ a la montaña 산으로

③ 기억에 남는 국내여행

핵심 구조 국내여행 중 겪은 에피소드, 경험을 통해 얻은 교훈

① **Nos quedamos en** Gyeongju **dos días.**
우리는 경주에서 이틀간 머물렀습니다.

② **Viajé a** Gyeongju **con mis amigos hace un año.**
1년 전 친구들과 함께 경주로 여행을 갔습니다.

③ **Nos alojamos en** una casa tradicional.
우리는 전통 가옥에서 숙박했습니다.

④ **Fuimos a muchas atracciones turísticas.**
우리는 많은 관광지에 갔습니다.

⑤ **Creo que** probar la comida local **es uno de los encantos de viajar.**
여행지의 음식을 맛보는 것은 여행의 또 다른 매력이라고 생각합니다.

응용어휘
③ un hostel barato 저렴한 호스텔　　　　　　un hotel lujoso 호화로운 호텔
⑤ tomar muchas fotos en varios lugares 다양한 장소에서 사진을 찍는 것

☐ **1단계** 국내여행 시 준비물 ① + ③ + ②　　　　　　🎧 MP3 **07-03**

Cuando viajo en mi país necesito menos cosas que cuando viajo al extranjero. Traigo varios artículos cuando viajo en coche, pero si viajo en transporte público traigo solo lo que necesito. Primero, verifico el estado del tiempo de mi destino de viaje. Dependiendo del tiempo que haga, preparo ropa adecuada. También traigo el ordenador portátil por comodidad y entretenimiento. Lo más importante es el wifi portátil. Con mi móvil puedo recopilar mucha información así que necesito wifi sin falta. Por último, traigo suficiente efectivo por si acaso no se acepta tarjeta de crédito.

국내여행에는 해외여행보다 필요한 물건이 적습니다. 차로 여행을 가는 경우에는 여러 물건을 가지고 가지만, 대중교통을 이용할 경우에는 필요한 것만 가지고 갑니다. 먼저, 목적지 날씨를 확인합니다. 날씨에 따라, 적합한 옷을 준비합니다. 또한, 편리함과 즐거움을 위해 노트북을 가지고 갑니다. 제일 중요한 것은 휴대용 와이파이입니다. 휴대폰을 가지고 많은 정보를 찾을 수 있기 때문에 와이파이는 반드시 필요합니다. 마지막으로, 혹시 신용카드를 받지 않는 경우를 대비해서 현금을 충분히 가지고 갑니다.

☐ **2단계** 가보고 싶은 국내여행지 ① + ④ + ②　　　　　　🎧 MP3 **07-04**

Me gustaría viajar a la isla de Jeju. Es muy popular por su paisaje hermoso. Además, en la primavera hace buen tiempo para viajar. No hace frío ni calor. La verdad es que ya he ido allí dos veces. Pero cada vez que he ido, he encontrado nuevos paisajes. La isla tiene una gran variedad de deliciosos mariscos locales y atracciones turísticas para disfrutar. Será un viaje realmente fantástico que siempre recordaré.

저는 제주도로 여행을 가고 싶습니다. 제주도는 아름다운 풍경 때문에 인기가 있습니다. 게다가, 봄은 여행하기 좋은 날씨입니다. 춥지도 덥지도 않죠. 사실 저는 그곳에 2번 가본 적이 있습니다. 하지만 갈 때마다, 새로운 풍경을 발견했어요. 제주도는 맛있는 해산물이 풍부하고 즐길만한 관광명소가 많답니다. 아마 영원히 기억되는 멋진 여행이 될 거예요.

Viajé a Gyeongju con mis amigos hace un año y nos quedamos allí dos días. La razón por la que elegimos Gyeongju fue porque es una ciudad con muchos sitios históricos. Durante el viaje, fuimos a muchas atracciones turísticas como las tumbas de los reyes de la dinastía Silla. También nos alojamos en una casa tradicional. Eso fue una experiencia inolvidable que no podríamos experimentar en la ciudad. Pasamos un tiempo maravilloso en Gyeongju. Si tengo la oportunidad, me gustaría visitar Gyeongju nuevamente con mi familia durante las vacaciones de verano.

1년 전 친구들과 함께 경주로 여행을 가서 이틀간 머물렀습니다. 우리가 경주를 선택한 이유는 역사적인 명소가 많은 도시이기 때문이었어요. 여행 동안, 신라 시대의 왕릉과 같은 많은 관광지에 갔답니다. 우리는 전통 가옥에서 숙박했습니다. 그것 또한 도시에서는 할 수 없는 경험이었습니다. 우리는 경주에서 멋진 시간을 보냈습니다. 기회가 된다면 여름 휴가 때, 가족과 함께 다시 한번 경주를 방문해 보고 싶습니다.

나만의 스토리를 만들어 보세요! 🐝

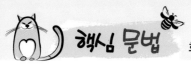 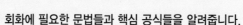

❶ 희망 표현하기

'Me gusta ~'는 '나는 ~하는 것을 좋아하다'라는 의미이고, 'Me gustaría ~'는 '나는 ~하기를 원하다, 희망하다'의 의미로 기대나 희망을 표현할 때 활용합니다. 78p. gustar동사 용법 참고

Me gustaría volver a España. 스페인에 돌아가고 싶습니다.

Me gustaría probar alguna comida típica. 특색 있는 음식을 맛보고 싶습니다.

Me gustaría visitar allí. 그곳을 방문해 보고 싶습니다.

Me gustaría comprar un móvil nuevo. 새 휴대폰을 사고 싶습니다.

❷ 사실 표현하기

대화를 나눌 때 자주 쓰는 구문으로, 본인의 의견이나 주장을 우회적으로 드러내고자 하는 경우에 씁니다.

> **La verdad es que ~** : 사실 ~하다

La verdad es que no me gusta. 사실 저는 마음에 들지 않습니다.

La verdad es que estoy nervioso/a. 사실 저는 두렵습니다.

La verdad es que quiero viajar al extranjero. 사실 저는 해외여행을 하고 싶습니다.

La verdad es que me gusta estar en casa. 사실 저는 집에 있는 것을 좋아합니다.

❸ 반드시, 꼭

falta는 '부족함, 결핍'의 의미지만, 전치사 sin과 함께 쓰여 '반드시, 꼭'의 의미로 표현됩니다.

> **sin falta** : 반드시, 꼭

Voy a viajar a Sokcho sin falta. 속초를 꼭 여행할 예정입니다.

Tengo que preparar todo sin falta. 반드시 모든 것을 준비해야 합니다.

Llevo mis lentillas sin falta. 렌즈를 꼭 가져갑니다.

자신에게 맞는 답변을 체크해 보세요. ☑

주제에 관한 다양하고 유용한 표현들입니다. 자신에게 맞는 문장을 체크하고 재미있는 스토리를 만들어보세요. 돌발 질문에도 당황하지 않고 나만의 표현력은 물론, 논리력에도 자신감이 생깁니다.

☐ 자전거를 대여해서 도시를 돌아다녔습니다.

Alquilamos bicicletas y anduvimos por la ciudad.

☐ 더운 여름에는 민소매 셔츠를 입습니다.

En el verano caliente, me pongo camisas sin mangas.

☐ 예산을 계획하고 일정을 짭니다.

Planeo mi presupuesto y hago un itinerario.

☐ 아름다운 광경을 즐길 수 있었습니다.

Pude disfrutar del hermoso paisaje.

☐ 강릉 주변에는 아름다운 해변이 많습니다.

Hay muchas playas maravillosas cerca de Gangneung.

☐ 포근한 날씨와 사람들의 친절함 덕분에 그곳에서 충분히 휴식을 취했습니다.

Descansé mucho allí gracias al tiempo tan agradable y la amabilidad de la gente.

☐ 다른 지방에 있을 때는 대중교통을 이용합니다.

Uso transporte público cuando estoy en otra provincia.

☐ 우리는 제주도의 전통 마을을 방문했습니다.

Visitamos un pueblo tradicional de la isla de Jeju.

☐ 가이드가 추천한 식당을 갑니다.

Voy a un restaurante al que mi guía de turismo me recomienda ir.

☐ 그 도시는 아름다운 해변 때문에 잘 알려져 있습니다.

Esa ciudad es conocida por su hermosa playa.

해외여행

OPIc 시험에서는 콤보 형식으로 출제되는 경우가 많습니다. 주제별 답변에 대한 핵심 구조를 중심으로 응용어휘를 활용한 콤보 형식의 답변을 연습해 보세요. 모범 답변을 활용해 나만의 스토리텔링도 만들어 보세요.

Q ¿Qué cosas trae generalmente cuando viaja al extranjero? Cuénteme acerca de su reciente viaje al extranjero y su primer viaje al extranjero.

해외로 여행갈 때 보통 무엇을 가져가나요? 당신의 최근 해외여행과 첫 해외여행에 대해 말해주세요.

 3단 콤보 답변

주제별 답변에 대한 핵심 구조를 중심으로 응용 어휘를 활용해 콤보 형식의 답변을 익혀 보세요.

① 해외여행 시 준비물

핵심 구조 해외여행에 필요한 준비물, 체크리스트

① **Es incómodo viajar** con equipaje pesado.
무거운 짐을 가지고 여행하는 것은 불편합니다.

② **Llevo** mi cámara digital.
디지털카메라를 가지고 갑니다.

③ **Empaco** ropa y un botiquín pequeño.
옷과 작은 구급상자를 챙깁니다.

④ **Es imprescindible** comprar la tarjeta SIM.
유심칩을 사는 것은 필수입니다.

⑤ **Me aseguro de** llevar tarjeta de crédito.
반드시 신용카드를 가지고 갑니다.

응용어휘

① con una maleta pequeña 작은 트렁크를 가지고   sin reserva 예약없이

②, ③ chaqueta extra 여벌 재킷   cosméticos 화장품   gafas de sol 선글라스

      ordenador portátil 노트북   ropa interior 속옷   zapatos 신발

④, ⑤ llevar mi pasaporte 여권을 가지고 가는 것

② 최근에 한 해외여행

핵심 구조 최근에 해외여행을 간 경험, 여행을 통해 느낀 감정

① El mes pasado fui a París solo/a .
지난달 혼자 파리를 갔습니다.

② Estaba llena de muchos turistas.
많은 관광객으로 가득 차 있었습니다.

③ Había edificios antiguos en la ciudad.
도시에는 오래된 건물들이 많이 있었습니다.

④ Mi viaje a París fue más excelente de lo que esperaba.
파리로의 여행은 기대했던 것보다 더 훌륭했습니다.

⑤ Fue una experiencia inolvidable.
잊을 수 없는 경험이었습니다.

응용 어휘

①, ④ Barcelona 바르셀로나   Madrid 마드리드   Nueva York 뉴욕
       Pekín 베이징   Roma 로마   Tokio 도쿄
② muchos lugares turísticos 많은 관광지   mucha gente 많은 사람
③ edificios altos 높은 건물들   restaurantes buenos 좋은 레스토랑들

③ 기억에 남는 해외여행

핵심 구조 해외여행 중 겪은 에피소드, 경험을 통해 얻은 교훈

① Por poco perdí mi móvil.
하마터면 휴대폰을 잃어버릴 뻔했습니다.

② Sucedió un incidente inolvidable.
잊을 수 없는 사건이 일어났습니다.

③ Puse mi móvil sobre la mesa.
탁자 위에 휴대폰을 올려두었습니다.

④ Me di cuenta de que tengo que guardar bien mis objetos personales.
제 물건을 잘 간수해야 한다는 것을 깨달았습니다.

⑤ Me sentí deprimido/a durante todo el viaje.
여행 내내 우울했습니다.

응용 어휘

①, ③ mi cartera 지갑   mi mochila 배낭   mi pasaporte 여권
② increíble 믿을 수 없는
⑤ preocupado/a 불편하다   nervioso/a 초조하다   incómodo/a 걱정하다   sofocante 답답하다

3단 콤보 답변들로 이루어진 모범 답변입니다. 마음에 드는 답변을 선택해 연습해 보세요. ☑

☐ **1단계** 해외여행 시 준비물 ① + ③ + ② + ④   💿 MP3 **07-07**

Cuando viajo al extranjero, empaco solo lo que necesito para que mi viaje sea liviano. Es incómodo viajar con equipaje pesado. Primero, verifico la fecha de vencimiento de mi pasaporte, ya que sin él no puedo viajar. Después, empaco ropa y un botiquín pequeño. También llevo mi cámara digital y el cargador del móvil y de la cámara. Además, voy al banco para cambiar won coreano por la moneda de mi destino. Por último, es imprescindible comprar la tarjeta SIM.

저는 해외여행을 할 때, 여행을 위해 필요한 가벼운 짐들만 가져갑니다. 무거운 짐을 가지고 여행하는 것은 불편합니다. 먼저, 여권 없이는 여행할 수가 없기 때문에, 여권의 유효기간을 확인합니다. 그 다음, 옷과 작은 구급함을 챙깁니다. 또한, 디지털카메라와 휴대폰 및 카메라 충전기도 가져갑니다. 한국 화폐를 현지 화폐로 환전하기 위해 은행에도 가야 합니다. 마지막으로, 유심칩을 사는 것은 필수입니다.

☐ **2단계** 최근에 한 해외여행 ① + ③ + ② + ④   💿 MP3 **07-08**

El mes pasado fui a París solo/a. Como quería ver la Torre Eiffel, me alojé en un hotel cerca de la torre. Legué por la noche y mientras iba al hotel, aprecié la fantástica vista nocturna. Había edificios antiguos en la ciudad y eran muy exóticos. Sobre todo 'La catedral de Nuestra Señora' fue muy impresionante. Estaba llena de muchos turistas. También me gustó la comida francesa, sobre todo los postres. Todavía no puedo olvidar el macarrón. Mi viaje a París fue más excelente de lo que esperaba. Realmente quiero volver allí para mis próximas vacaciones y quedarme más tiempo.

지난달 혼자 파리를 갔습니다. 에펠탑을 보고 싶어 했기 때문에, 탑 부근의 호텔에서 숙박했습니다. 밤에 도착했고 호텔로 가는 동안, 멋진 야경을 보았습니다. 도시에는 오래된 건물들이 많이 있었고 굉장히 이국적이었어요. 무엇보다도 노트르담 대성당은 매우 인상적이었습니다. 그곳은 관광객들로 가득 차 있었습니다. 또한, 저는 프랑스 음식이 마음에 들었는데, 무엇보다도 후식이 마음에 들었습니다. 아직도 저는 마카롱을 잊을 수가 없어요. 파리로의 여행은 기대했던 것보다 더 훌륭했습니다. 다음 휴가를 위해 다시 방문하고 싶고 조금 더 오래 머무르고 싶습니다.

Cuando viajaba por España con mis amigos, nos sucedió un incidente inolvidable. Estábamos descansando en una cafetería al aire libre en Madrid y puse mi móvil sobre la mesa. De repente, algunos jóvenes se nos acercaron y nos mostraron un papel. Nos explicaron algo pero no entendimos. Pensamos que nos querían vender algo pero en realidad eran ladrones. Uno de ellos intentó tomar mi móvil pero yo lo tomé primero y comencé a gritar. Entonces se fueron corriendo. Menos mal que no me pasó nada, pero nuestro viaje podría haber sido mucho mejor si no hubiera sucedido.

친구들과 함께 스페인을 여행했을 때, 잊을 수 없는 사건이 일어났습니다. 마드리드 야외 카페테리아에서 쉬고 있었고 탁자 위에 휴대폰을 올려두었죠. 갑자기, 몇 명의 젊은이들이 우리에게 와서 종이 한 장을 보여주었습니다. 무언가를 설명했지만 우리는 이해하지 못했어요. 우리한테 무언가를 판매하려고 생각했으나 실제로는 도둑들이었습니다. 그들 중 한 명이 제 휴대폰을 가져가려 했지만 제가 먼저 알아차리고 소리를 질렀습니다. 그리고 그들은 뛰면서 도망가 버렸습니다. 우리 여행은 그 일이 일어나지 않았더라면 더 나은 여행이 될 수 있었을 거예요.

나만의 스토리를 만들어 보세요! 🐝

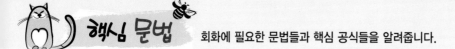

핵심 문법 회화에 필요한 문법들과 핵심 공식들을 알려줍니다.

❶ 특정 요소 표현하기

sobre todo는 '무엇보다도'의 의미로 gustar동사를 통해 좋아하는 것을 나타낼 때, 그 중 특히 좋아하는 것을 표현하는 경우 sobre todo를 활용합니다.

Me gustan los deportes, sobre todo el fútbol. 저는 스포츠, 특히 축구를 좋아합니다.

Me gustan los postres, sobre todo el helado. 저는 디저트, 특히 아이스크림을 좋아합니다.

Me gustan los animales, sobre todo los perros. 저는 동물, 특히 강아지를 좋아합니다.

Me gustan las películas, sobre todo las de terror. 저는 영화, 특히 공포영화를 좋아합니다.

❷ 필수 요소 표현하기

특정한 누군가를 지칭하지 않은 무인칭을 대상으로 필수성에 대해 표현하는 것으로, 앞에서 학습한 'Es necesario ~'의 구문보다 조금 더 강한 어조를 갖습니다. 116p. 참고

> **Es imprescindible + 동사원형** : ~하는 것은 필수이다

Es imprescindible cambiar la moneda. 환전하는 것은 필수입니다.

Es imprescindible llevar gafas de sol. 선글라스를 가져가는 것은 필수입니다.

Es imprescindible empacar todo lo necesario. 필요한 모든 짐을 꾸리는 것은 필수입니다.

Es imprescindible verificar el pasaporte. 여권을 확인하는 것은 필수입니다.

❸ 하마터면 ~할 뻔하다

안타까움이나 곤란했던 상황 또는 곤경에 처할뻔 했던 경험을 표현할 때 씁니다.

> **por poco** : 하마터면 ~할 뻔하다

Por poco me morí. 하마터면 죽을 뻔했습니다.

Por poco me caí. 하마터면 넘어질 뻔했습니다.

Por poco llegué tarde. 하마터면 지각할 뻔했습니다.

주제에 관한 다양하고 유용한 표현들입니다. 자신에게 맞는 문장을 체크하고 재미있는 스토리를 만들어보세요. 돌발 질문에도 당황하지 않고 나만의 표현력은 물론, 논리력에도 자신감이 생깁니다.

☐ 관광 비자가 필요한지 보기 위해 대사관 홈페이지를 들어갑니다.

Visito la página web de la embajada para ver si se necesita visado de turista.

☐ 비행은 대략 1시간 정도 걸렸습니다.

El vuelo duró aproximadamente una hora.

☐ 준비해야 할 것의 목록을 만듭니다.

Hago una lista de cosas para empacar.

☐ 한국 음식이 그리웠습니다.

Eché de menos la comida coreana.

☐ 도둑을 맞아서 너무 무서웠습니다.

Después de que me robaron me quedé con mucho miedo.

☐ 세탁을 못 할 경우를 대비해서 최소 일주일 분량의 옷을 챙깁니다.

Empaco ropa al menos para una semana de ropa por si acaso no puedo lavarla.

☐ 공항버스의 시간표를 확인합니다.

Verifico el horario del autobús para el aeropuerto.

☐ 저는 비행기 타는 것을 선호하는데 이유는 가장 빠르기 때문입니다.

Prefiero tomar avión porque es más rápido.

☐ 해외로 떠나는 첫 가족 여행이었습니다.

Fue nuestro primer viaje familiar al extranjero.

☐ 사람들이 좌측통행으로 운전을 했습니다.

La gente conducía por el lado izquierdo.

국내 출장

> OPIc 시험에서는 콤보 형식으로 출제되는 경우가 많습니다. 주제별 답변에 대한 핵심 구조를 중심으로 응용어휘를 활용한 콤보 형식의 답변을 연습해 보세요. 모범 답변을 활용해 나만의 스토리텔링도 만들어 보세요.

Q Usted indicó en la encuesta que ha tenido un viaje de negocios. ¿Qué cosas trae generalmente cuando hace un viaje de negocios? ¿Qué hizo durante el viaje? ¿A dónde fue en su viaje de negocios más reciente?

당신은 설문지에서 출장을 간 적이 있다고 했습니다. 출장을 갈 때 보통 무엇을 가져가나요? 출장 기간에 무엇을 하나요? 최근에 출장을 어디로 갔었나요?

 ## 3단 콤보 답변

주제별 답변에 대한 핵심 구조를 중심으로 응용 어휘를 활용해 콤보 형식의 답변을 익혀 보세요.

① 국내 출장 시 준비물

핵심 구조 국내 출장 시 필요한 준비물, 꼭 가지고 가는 이유

① Llevo solo lo que necesito.
필요한 것만 가지고 갑니다.

② Busco información por Internet sobre la ciudad a la que voy.
제가 갈 도시에 대해 인터넷에서 정보를 찾습니다.

③ Sobre todo necesito una batería extra sin falta.
무엇보다도 보조배터리는 반드시 필요합니다.

④ Es difícil encontrar un lugar para cargar mi móvil.
휴대폰을 충전할 장소를 찾기가 어렵습니다.

⑤ Si necesito algo más, lo suelo comprar en una tienda local del destino.
필요한 게 있다면, 출장지의 상점에서 삽니다.

 ① el contrato 계약서
  el traje para asistir a la reunión importante 중요한 회의에 참석하기 위한 정장
  los documentos relevantes para las reuniones 회의와 관련된 서류들
② sobre la compañía que voy a visitar 제가 방문할 회사에 대해
  sobre la feria a la que asisto 제가 참석할 박람회에 대해
③ el ordenador 컴퓨터　　　el grabador 녹음기　　　la tarjeta de presentación 명함
  la cámara 카메라　　　los documentos 서류들

❷ 국내 출장의 빈도와 목적

핵심 구조 국내 출장을 가는 빈도수, 출장의 주요 목적, 출장에서 주로 하는 일

① Mi compañía tiene muchas sucursales en Corea.
우리 회사는 한국에 많은 지점을 가지고 있습니다.

② El objetivo principal es inspeccionar nuestras sucursales.
주요 목적은 지점들을 시찰하는 것입니다.

③ Me encargo de asistir a las reuniones.
회의에 참석하는 일도 맡아서 합니다.

④ Los propósitos de los viajes de negocios son diversos.
출장의 목적은 다양합니다.

⑤ Cada tres meses voy de viaje de negocios.
3개월마다 출장을 갑니다.

❸ 최근 국내 출장 경험

핵심 구조 최근 경험한 국내 출장, 기억에 남는 에피소드

① Hubo una feria comercial.
무역 박람회가 있었습니다.

② Mi viaje de negocios más reciente fue a Daejeon.
최근에 대전에서 출장이 있었습니다.

③ Conocimos a mucha gente allí.
그곳에서 우리는 많은 사람을 만났습니다.

④ La reunión tuvo éxito.
회의는 성공적이었습니다.

⑤ Aunque estaba muy cansado/a por el trabajo, sentí un gran logro.
업무 때문에 피곤하긴 했지만, 뿌듯함을 느꼈습니다.

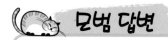
3단 콤보 답변들로 이루어진 모범 답변입니다. 마음에 드는 답변을 선택해 연습해 보세요. ☑

☐ **1단계** 국내 출장 시 준비물 ① + ③ + ④ + ⑤　　　　🔊 MP3 **07-11**

Me preparo para mi viaje de negocios casi igual que como para cualquier otro viaje. Normalmente no llevo mi coche así que llevo solo lo que necesito. Llevo ropa, mi ordenador portátil y los documentos relevantes para el viaje de negocios. Sobre todo necesito una batería extra sin falta. Durante el viaje de negocios es difícil encontrar un lugar para cargar mi móvil. Además de eso, si necesito algo más, lo suelo comprar en una tienda local del destino. Después de empacar, confirmo la lista de tareas para el viaje de negocios.

출장을 갈 때는 여행 가는 것과 거의 같은 준비를 합니다. 보통 차를 가져가지 않기 때문에 필요한 것들만 가져갑니다. 옷들과 노트북, 그리고 출장과 관련된 서류를 가져가죠. 무엇보다도 보조배터리는 반드시 필요합니다. 출장에서 휴대폰을 충전할 장소를 찾기가 어렵거든요. 이외에도, 필요한 게 있다면, 출장지의 상점에서 사기도 합니다. 짐을 다 꾸린 후에는 출장에서 해야 할 일들을 정리한 목록을 확인한답니다.

☐ **2단계** 국내 출장의 빈도와 목적 ① + ② + ⑤ + ③　　　　🔊 MP3 **07-12**

Mi compañía tiene muchas sucursales en Corea y el objetivo principal de mi viaje de negocios es generalmente inspeccionar nuestras sucursales. Aproximadamente cada tres meses voy de viaje de negocios. Si se lanzan nuevos productos, voy de viaje de negocios dos o tres veces al mes. También me encargo de asistir a las reuniones y revisar asuntos importantes de las sucursales. Los viajes de negocios son muy importantes para mí porque puedo aprender muchas cosas sobre mi trabajo.

우리 회사는 한국에 많은 지점을 가지고 있어서, 제 출장의 주요 목적은 보통 지점을 시찰하는 것입니다. 보통 3개월마다 출장을 가죠. 만약, 신제품이 출시되면, 한 달에 2~3번 정도 출장을 갑니다. 회의에 참석하거나 지점들의 중요한 문제점들을 체크하는 일도 맡아서 합니다. 제 업무에 대해 많은 것을 배울 수 있어서 출장은 저에게 매우 중요한 일이랍니다.

□ **3단계** 최근 국내 출장 경험 ② + ① + ③ + ⑤   🎧 MP3 **07-13**

Mi viaje de negocios más reciente fue a Daejeon porque hubo una feria comercial. Fui con mi gerente. Conocimos a mucha gente allí. Compartimos mucha información con los expertos. También investigamos nuevos mercados. El último día de la feria hicimos una presentación de nuestros productos a los clientes. Debido a la preparación, todo fue sencillo. Aunque estaba muy cansado/a por el trabajo, sentí un gran logro.

최근에 저는 무역박람회가 있어서 대전에 출장을 갔었습니다. 매니저님과 함께 갔어요. 그곳에서 많은 사람을 알게 되었답니다. 전문가들과 많은 정보도 교환할 수 있었어요. 그리고 새로운 시장 조사도 진행했답니다. 박람회 마지막 날에는 우리 회사의 제품에 대해 고객들에게 프레젠테이션했습니다. 준비한 덕분에, 모든 것이 간단했어요. 업무 때문에 피곤하긴 했지만, 뿌듯함을 느꼈답니다.

나만의 스토리를 만들어 보세요! 🐝

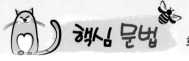 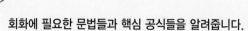

핵심 문법 회화에 필요한 문법들과 핵심 공식들을 알려줍니다.

❶ 동등함 표현하기

어떤 행위에 대해 동등한 결과를 보여주는 예시를 표현할 때 활용합니다.

> igual que ~ : ~처럼

Trabajo mucho, igual que el año pasado. 저는 작년처럼 일을 많이 합니다.

Ella piensa igual que tú. 그녀는 너처럼 생각해.

Él tiene habilidad igual que yo. 그는 저처럼 능력을 갖추고 있습니다.

❷ 맡은 역할 표현하기

encargarse는 '~을 책임지다, 맡다'의 의미로 주어가 '나'인 경우는 me encargo로 변형됩니다.

> Me encargo de + 동사원형/명사 : (나는) ~하는/의 업무를 맡다

Me encargo de organizar una reunión. 저는 회의를 개최하는 업무를 맡았습니다.

Me encargo de revisar el informe. 저는 보고서를 검토하는 업무를 맡았습니다.

Me encargo de investigar los mercados. 저는 시장 조사 업무를 맡았습니다.

Me encargo de organizar un proyecto. 저는 프로젝트를 편성하는 업무를 맡았습니다.

❸ 원인 표현하기

원인을 나타낼 때 주로 접속사 porque를 많이 사용하지만, 문장 앞에서 명사를 동반하여 원인을 나타내고자 할 때는 'debido a ~' 표현을 활용합니다.

> debido a ~ : ~ 때문에

Debido a la lluvia, tengo que cancelar el viaje de negocios.
비 때문에, 저는 출장을 취소해야 합니다.

Debido a la recesión, no hay mucha inversión. 불경기 때문에, 투자가 많지 않습니다.

Debido a la limitación de tiempo, no puedo terminarlo a tiempo.
시간제한 때문에, 저는 그것을 제시간에 끝낼 수 없습니다.

주제에 관한 다양하고 유용한 표현들입니다. 자신에게 맞는 문장을 체크하고 재미있는 스토리를 만들어보세요. 돌발 질문에도 당황하지 않고 나만의 표현력은 물론, 논리력에도 자신감이 생깁니다.

□ 우리는 회의를 하고 이후에는 가끔 저녁식사를 함께 합니다.

Tenemos reuniones y después cenamos juntos a veces.

□ 저는 주기적으로 경쟁사의 판매점을 방문합니다.

Visito las tiendas de la competencia regularmente.

□ 저는 출장 전 미리 시장 조사를 해야 합니다.

Tengo que investigar el mercado con anticipación antes del viaje de negocios.

□ 저는 출장을 위해 많은 나라들을 방문해 왔습니다.

He visitado muchos países debido a mis viajes de negocios.

□ 모두 세미나에서 굉장히 열정적이었습니다.

Todos estaban muy entusiasmados con el seminario.

□ 제 업무를 마친 것에 대해 기분이 좋습니다.

Me siento realmente bien de haber completado mi trabajo.

□ 많은 회사가 그곳에서 그들의 제품을 판매합니다.

Muchas compañías venden sus productos allí.

□ 출장에서 돌아오면, 며칠은 쉴 수 있습니다.

Cuando regreso del viaje de negocios, puedo descansar unos días.

□ 회의에 참석하기 전, 저는 항상 긴장합니다.

Antes de asistir a la reunión, siempre estoy nervioso/a.

□ 제가 가장 자주 가는 도시는 '부산'입니다.

La ciudad a la que voy más a menudo es 'Busan'.

해외 출장

> OPIc 시험에서는 콤보 형식으로 출제되는 경우가 많습니다. 주제별 답변에 대한 핵심 구조를 중심으로 응용어휘를 활용한 콤보 형식의 답변을 연습해 보세요. 모범 답변을 활용해 나만의 스토리텔링도 만들어 보세요.

Q Dígame cómo se prepara para su viaje de negocios. ¿Cuál es el objetivo principal de sus viajes de negocios? ¿Con qué frecuencia y con quién va a un viaje de negocios? ¿Cuál fue la experiencia más memorable que haya tenido durante un viaje de negocios?

출장을 위해 어떻게 준비하는지 말해 주세요. 당신의 출장 주요 목적은 무엇인가요? 얼마나 자주, 누구와 출장을 가나요? 출장 기간에 당신이 했던 가장 기억에 남는 경험은 무엇이었나요?

3단 콤보 답변

주제별 답변에 대한 핵심 구조를 중심으로 응용 어휘를 활용해 콤보 형식의 답변을 익혀 보세요.

❶ 해외 출장 시 준비물

핵심 구조 해외 출장 시 필요한 준비물, 떠나기 전 하는 일

① Hago una lista de cosas para preparar.
준비해야 할 것의 목록을 만듭니다.

② Como no hago viajes domésticos, siempre viajo en avión.
국내 출장이 아니기 때문에, 항상 저는 비행기를 탑니다.

③ No me olvido de comprobar el horario de vuelo.
비행시간을 확인하는 것을 잊지 않습니다.

④ Si hay lugares interesantes que visitar, intento hacerlo.
흥미로운 장소가 있다면, 가보려고 합니다.

⑤ Cargo mi móvil lo suficiente.
휴대폰을 충분히 충전합니다.

응용 어휘

②, ③ compruebo muchas veces (나는) 여러 번 확인한다
   confirmo la diferencia de hora (나는) 시차를 확인한다
   confirmo la fecha de vencimiento de mi pasaporte (나는) 내 여권의 만료 기한을 확인한다
   confirmo otra vez la reserva del hotel (나는) 호텔 예약을 다시 확인한다
④ intento apuntarlos (나는) (그것들을) 메모하려고 한다
   intento memorizarlos (나는) (그것들을) 기억하려고 한다
⑤ mi ordenador portátil 노트북

② 해외 출장의 빈도와 목적

핵심 구조 해외 출장을 가는 빈도수, 출장의 주요 목적과 하는 일

① **Principalmente** los seminarios tienen lugar en **Europa**.
주로 세미나는 유럽에서 이루어집니다.

② **Voy de viaje de negocios una vez al mes.**
저는 한 달에 1번 출장을 갑니다.

③ **La otra razón es** conocer a clientes nuevos en el extranjero.
다른 이유는 해외에서 새로운 고객을 만나는 것입니다.

④ **Agradezco la oportunidad de** viajar al extranjero.
해외로 여행을 갈 수 있는 기회가 있어서 감사하게 생각합니다.

⑤ **Me parece que tengo que hacer** más cosas que en la oficina.
제가 보기에는 사무실에서보다 더 많은 것을 해야 합니다.

응용어휘

① América 미주　　Asia 아시아　　las conferencias 컨퍼런스　　los reuniones 회의
③ investigar nuevos mercados 새로운 시장을 조사하는 것
　presentar un producto nuevo 신제품을 소개하는 것
　visitar nuestra sucursal 지사를 방문하는 것
④ ampliar el horizonte (지식의) 시야를 넓힐 수 있는　　aprender muchas cosas 많은 것을 배울 수 있는

③ 최근 해외 출장 경험

핵심 구조 최근 경험한 해외 출장, 기억에 남는 에피소드

① **No puedo olvidarme del** viaje de negocios que hice a **Italia**.
저는 이탈리아의 출장을 잊을 수가 없습니다.

② **Mi vuelo a Madrid se retrasó.**
마드리드행 비행기가 지연되었습니다.

③ **No tenía suficiente tiempo para** llegar al aeropuerto.
공항에 가기에는 시간이 충분하지 않았습니다.

④ **Perdí mi vuelo.**
비행기를 놓쳤습니다.

응용어휘

① China 중국으로　　　　　España 스페인으로　　　Nueva York 뉴욕으로
② Ciudad de México 멕시코시티　　Londres 런던　　　Manila 마닐라
③ preparar la presentación 프레젠테이션을 준비하기에는　　volver de nuevo 다시 되돌아가기에는

□ **1단계** 해외 출장 시 준비물 ① + ② + ③ MP3 **07-15**

Si tengo que hacer un viaje de negocios, hago una lista de cosas para preparar, como la ropa y los zapatos que se necesitan. Lo importante es que tengo que empacar ropa que sea apropiada para el clima del país al que voy. Es imprescindible llevar mi ordenador portátil, las notas sobre la reunión, y el wifi portátil por si acaso necesito navegar por Internet en cualquier lugar. Como no hago viajes domésticos, siempre viajo en avión. Entonces, guardo el pasaporte y la tarjeta de embarque en mi bolsa pequeña para sacarlos fácilmente. Por último, no me olvido de comprobar el horario de vuelo para no perderlo.

출장을 가기로 결정이 되면, 필요한 옷이나 신발 등 준비해야 할 것의 목록을 만듭니다. 중요한 것은 제가 갈 나라의 날씨에 적합한 옷을 준비하는 것이죠. 어디서든지 인터넷 검색이 필요할 경우를 대비해서, 노트북과 회의 관련 메모와 포켓 와이파이는 필수로 가져갑니다. 국내 출장이 아니기 때문에, 항상 저는 비행기를 탑니다. 그래서, 여권과 탑승권은 꺼내기 쉽게 작은 가방에 보관해요. 마지막으로, 비행기를 놓치지 않기 위해 비행 시간 확인하는 것을 잊지 않습니다.

□ **2단계** 해외 출장의 빈도와 목적 ② + ① + ③ + ⑤ MP3 **07-16**

Después de haber sido promovido/a a gerente, voy de viaje de negocios una vez al mes. En general voy a Europa porque principalmente los seminarios pertinentes a nuestra área tienen lugar allí. La otra razón por la que salgo de viaje de negocios es para conocer clientes nuevos en el extranjero. De esa forma me entero de cosas nuevas que después informo a mi empresa. Dicen que hacer un viaje de negocios es como hacer un viaje de placer, pero me parece que tengo que hacer más cosas que en la oficina.

매니저로 승진하고 난 후, 한 달에 1번 출장을 갑니다. 보통 유럽으로 가는데 우리 분야와 관련된 세미나가 유럽에서 주로 열리기 때문이죠. 출장을 가는 다른 이유는 해외에서 새로운 고객을 만나기 위함이에요. 그렇게 해서 새로운 사실을 알게 될 때마다 저는 회사에 보고합니다. 다들 출장은 해외여행과 같다고 말하지만, 제가 보기에는 사무실에서보다 더 많은 일을 해야 하는 것 같습니다.

3단계 최근 해외 출장 경험 ① + ③ + ④

No puedo olvidarme del viaje de negocios que hice a Italia. Un día antes de regresar a Corea, se completó un contrato importante y cené con los clientes. Me metí en el ambiente y bebí demasiado. No me acuerdo de cómo llegué al hotel. Cuando me desperté, eran las once de la mañana y no tenía suficiente tiempo para llegar al aeropuerto. Al final, perdí mi vuelo. Le pregunté al personal de la aerolínea si podían reprogramar mi vuelo. Afortunadamente, pude tomar el siguiente vuelo, pero tuve que pagar otra vez. Desde entonces, intento no beber mucho en los viajes de negocios.

저는 이탈리아의 출장을 잊을 수가 없습니다. 한국으로 출발하기 하루 전날, 중요한 계약이 성사되고 고객과 함께 저녁을 먹었습니다. 분위기에 휩싸여 저는 술을 너무 많이 마셨죠. 호텔에 어떻게 갔는지도 기억을 못 했어요. 잠에서 깼을 때, 아침 11시였고 공항에 가기에는 시간이 충분하지 않았죠. 결국 비행기를 놓쳤어요. 항공사 직원에게 혹시 비행기를 다시 예매할 수 있는지 물었습니다. 다행히도, 다음 비행기를 탈 수 있었으나, 돈을 다시 내야 했죠. 그 때부터, 저는 출장에 가서 술을 많이 마시지 않으려고 노력한답니다.

나만의 스토리를 만들어 보세요! 🐝

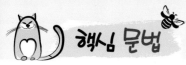
❶ 만약의 상황 표현하기

por si acaso는 '혹시 모르니까'의 의미로 '만일의 경우를 대비하여 ~을 하다'와 같은 문장을 표현하고자 할 때, 문장의 맨 앞이나 맨 뒤에 주로 위치합니다.

> **por si acaso** : 혹시 모르니

Por si acaso tengo que irme ahora. 혹시 모르니 저는 지금 가봐야 합니다.

Por si acaso confirmo otra vez. 혹시 모르니 저는 한 번 더 확인합니다.

Llevo el paraguas por si acaso. 혹시 모르니 저는 우산을 가져갑니다.

Intento llegar temprano por si acaso. 혹시 모르니 저는 되도록 일찍 도착하려고 합니다.

❷ 의견 표현하기

동사 parecer를 활용하여 '나에게 ~처럼 보이다'의 구문으로, 자신의 의견이나 추측을 표현할 때 활용합니다. (유사 표현 : 104p. creo que ~표현 참고)

> **Me parece que ~** : 제가 보기에는 ~

Me parece que es difícil. 제가 보기에는 어렵습니다.

Me parece que va a llover. 제가 보기에는 비가 올 것 같습니다.

Me parece que es un asunto importante. 제가 보기에는 중요한 문제입니다.

❸ 목적 표현하기

전치사 para는 '~하기 위해'라는 의미로 어떤 행위를 하는 목적을 표현할 때 활용합니다.
para 뒤에는 명사 또는 동사원형이 올 수 있습니다.

Me preparo para hacer una presentación. 프레젠테이션하기 위해 준비를 합니다.

Alquilo un coche para transportarme rápido. 빨리 이동하기 위해 렌트를 합니다.

주제에 관한 다양하고 유용한 표현들입니다. 자신에게 맞는 문장을 체크하고 재미있는 스토리를 만들어보세요. 돌발 질문에도 당황하지 않고 나만의 표현력은 물론, 논리력에도 자신감이 생깁니다.

☐ 제 잘못은 아니었지만, 그들에게 미안했습니다.

Aunque no fue mi culpa, sentí pena por ellos.

☐ 여유 시간이 있어서, 도시를 돌아다녔습니다.

Tuve algo de tiempo libre, así que hice un recorrido por la ciudad.

☐ 출장을 갈 때, 저는 매니저를 따라갑니다.

Cuando voy de viaje de negocios, estoy acompañado/a de mi gerente.

☐ 저는 출장 전에 날씨를 생각하지 않았습니다.

No pensé en el clima antes del viaje de negocios.

☐ 고객이 저를 공항에서 기다리고 있었습니다.

Mi cliente me estaba esperando en el aeropuerto.

☐ 한국에서 가깝기 때문에 일본까지 가기는 굉장히 편합니다.

Es muy cómodo ir a Japón porque está cerca de Corea.

☐ 시간이 있다면, 그 나라의 사진을 많이 찍으려고 합니다.

Si tengo tiempo, intento tomar muchas fotos de ese país.

☐ 일정이 주로 빡빡해서 저는 충분히 쉴 수가 없습니다.

Suelo tener la agenda apretada así que no puedo descansar lo suficiente.

☐ 회사가 저를 위해 비행기와 호텔을 예약합니다.

La empresa reserva el vuelo y el hotel para mí.

☐ 업무가 끝난 후, 우리는 현지 음식을 먹었습니다.

Después de terminar el trabajo, comimos algo de la comida local.

집에서 보내는 휴가

> OPIc 시험에서는 콤보 형식으로 출제되는 경우가 많습니다. 주제별 답변에 대한 핵심 구조를 중심으로 응용어휘를 활용한 콤보 형식의 답변을 연습해 보세요. 모범 답변을 활용해 나만의 스토리텔링도 만들어 보세요.

Q ¿Cuáles son las ventajas de quedarse en casa durante las vacaciones? Cuando se queda en casa durante las vacaciones, ¿qué hace normalmente? Describa sus vacaciones más memorables en casa.

집에서 휴가를 보내는 것의 장점은 무엇인가요? 휴가 기간에 집에서 머무를 때, 보통 무엇을 하나요? 당신의 기억에 남는 집에서 보낸 휴가를 묘사해 주세요.

 **3단 콤보 답변**

> 주제별 답변에 대한 핵심 구조를 중심으로 응용 어휘를 활용해 콤보 형식의 답변을 익혀 보세요.

① 집에서 보내는 휴가의 장점

핵심 구조 집에서 휴가를 보낼 때 장점, 집에서 보내는 휴가와 여행으로 보내는 휴가 비교

① **Puedo** ahorrar mucho dinero.
돈을 절약할 수 있습니다.

② No tengo vacaciones largas.
저는 휴가를 길게 갖지 않습니다.

③ **Hay** mucha gente **durante la temporada alta.**
성수기에는 사람이 많습니다.

④ **Todo lo que quiero en mis vacaciones es** relajarme y no estresarme.
휴가 때 제가 진정 원하는 것은 쉬면서 스트레스를 받지 않는 것입니다.

⑤ **Descansar bien es mejor que** gastar mucho dinero y tiempo.
돈과 시간을 소비하는 것보다 충분히 쉬는 것이 낫습니다.

응용어휘
① **descansar bien** 충분히 쉬다
pasar el tiempo con mi familia 가족과 함께 시간을 보내다
③ **mucho tráfico** 차가 많다
⑤ **esperar mucho tiempo** 오랜 시간 기다리는 것　　**hacer la maleta** 짐을 챙기는 것

❷ 집에서 휴가를 보낼 때 주로 하는 일

집에서 휴가를 보내면서 주로 하는 일과 이유

① **Suelo** ver mucho la televisión.
주로 TV를 봅니다.

② **Me gustan** las telenovelas.
저는 드라마를 좋아합니다.

③ **Intento** dormir suficiente **durante las vacaciones.**
휴가 동안 충분히 자려고 합니다.

④ **Paso mi tiempo** navegando por Internet.
인터넷 서핑을 하면서 시간을 보냅니다.

⑤ **No hago nada especial.**
저는 특별한 것을 하지는 않습니다.

응용 어휘

① estudiar 공부한다
navegar por Internet 인터넷 서핑을 한다
② las comedias 코미디 프로그램
reality show 리얼리티 프로그램
③ descansar bien 충분히 쉬려고
④ jugando a los videojuegos 비디오게임을 하면서

jugar con mis amigos 친구들과 논다

los documentales 다큐멘터리

tener muchas actividades 많은 활동을 하려고
leyendo libros 책을 읽으면서

❸ 최근 집에서 휴가를 보낸 경험

최근 집에서 휴가를 보낸 경험, 주로 했던 일

① **Pasé** un día de las vacaciones.
하루를 휴가로 보냈습니다.

② **Hice** muchas tareas domésticas.
집안일을 많이 했습니다.

③ **Hice** cosas sencillas **durante mis últimas vacaciones.**
휴가 동안 소소한 일을 했습니다.

④ **Pedí** comida de servicio a domicilio.
배달 음식을 먹었습니다.

응용 어휘

② cosa especial 특별한 일을
③ descansé bien 충분히 쉬었다
④ comida rápida 패스트푸드를

no hice nada especial 특별한 일은 하지 않았다

모범 답변

3단 콤보 답변들로 이루어진 모범 답변입니다. 마음에 드는 답변을 선택해 연습해 보세요. ☑

□ **1단계** 집에서 보내는 휴가의 장점 ① + ⑤ + ② 🔘 MP3 **07-19**

Hay varias ventajas al quedarme en casa de vacaciones. Primero, puedo ahorrar mucho dinero. En la temporada alta, todo cuesta muy caro y hay largas filas donde se pierde mucho tiempo. Descansar bien es mejor que gastar mucho dinero y tiempo. También puedo hacer muchas cosas que no hago por el trabajo. Por ejemplo, leer libros, ver películas, salir con los amigos, etc. Normalmente no tengo vacaciones largas, así que solo estar en casa puede llegar a ser unas auténticas vacaciones.

집에서 보내는 휴가는 다양한 장점이 있습니다. 먼저, 돈을 절약할 수 있습니다. 성수기에는, 모든 것이 다 비싸고, 기다리는 데에도 많은 시간을 낭비한답니다. 많은 돈과 시간을 소비하는 것보다 충분히 휴식을 취하는 것이 더 나아요. 또한, 일 때문에 할 수 없었던 많은 일을 할 수 있어요. 예를 들면, 독서, 영화관람, 친구들과 외출하기 등. 평소에 저는 휴가를 길게 갖지 않기 때문에, 그저 집에서 머무는 것도 진정한 휴가가 될 수 있죠.

□ **2단계** 집에서 휴가를 보낼 때 주로 하는 일 ① + ② + ④ + ③ 🔘 MP3 **07-20**

Cuando me quedo en casa, suelo ver mucho la televisión. Me gustan las telenovelas. También paso mi tiempo navegando por Internet y actualizando mi blog. Escribo un diario en mi blog y subo fotos de comida. Otra cosa que me gusta hacer es leer cómodamente en mi cama. Pero casi siempre leo poco y me duermo. Como realmente no tengo tiempo para dormir, intento dormir suficiente durante las vacaciones. Creo que pasar tiempo en casa es una buena manera de disfrutar de mis vacaciones.

저는 집에 있을 때, 주로 TV를 많이 봅니다. 저는 드라마를 좋아해요. 또한, 제 블로그 업데이트와 인터넷 검색을 하면서 시간을 보내기도 하죠. 블로그에 일기를 쓰고 음식과 관련된 사진을 업로드해요. 제가 좋아하는 또다른 일은 저의 편안한 침대에 누워 책을 읽는 일입니다. 하지만, 거의 항상 책은 조금만 읽고 잠들어 버리죠. 평소에 잠잘 시간이 많지 않아서, 휴가 기간에 충분히 자려고 한답니다. 집에서 시간을 보내는 일은 휴가를 즐기는 좋은 방법이라고 생각해요.

3단계 최근 집에서 휴가를 보낸 경험 ① + ② + ④ 🔘 MP3 **07-21**

Hace unos días, tuve un día de vacaciones. Por la mañana, hice muchas tareas domésticas con mi familia. Por la tarde, vimos una película en mi casa porque estos días podemos ver los estrenos en televisión si pagamos. Nos molestaba mucho cocinar por eso pedimos comida de servicio a domicilio. Por la noche, vimos el partido de béisbol en mi casa con mis amigos bebiendo cervezas. Descansé lo suficiente durante las vacaciones.

며칠 전, 하루를 휴가로 보냈습니다. 오전에는, 가족들과 집안일을 했죠. 오후에, 우리는 집에서 영화를 보았는데 요즘은 돈을 내면 TV로 최신 영화를 볼 수가 있답니다. 우리는 요리하기가 귀찮아서 배달음식을 먹었어요. 저녁에는, 친구들과 함께 맥주를 마시며 집에서 야구 경기를 관람했습니다. 휴가 동안 저는 충분히 휴식을 취했답니다.

나만의 스토리를 만들어 보세요! 🐝

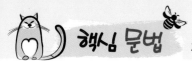
❶ 원인 표현하기

como는 접속사로 이유를 표현하는 역할을 하고, 항상 문장의 앞에 위치합니다.

> **Como ~** : ~해서, ~때문에

Como no tengo tiempo, no puedo descansar bien. 시간이 없어서, 충분히 쉴 수 없습니다.

Como es un poco caro, no puedo comprarlo. 조금 비싸서, 그것을 살 수 없습니다.

Como descanso bien, puedo trabajar más. 충분히 쉬어서, 더 일할 수 있습니다.

❷ 오전/오후 표현하기

정확한 시간 표현이 나오지 않는 문장에서 '오전에/오후에/밤에'를 표현할 때는 전치사 por을 활용합니다. 단, 정확한 시간 표현이 나오는 경우에는 전치사 de를 활용합니다.

> **por la mañana** 오전에 **por la tarde** 오후에 **por la noche** 밤에
> **de la mañana** 오전 (몇 시)에 **de la tarde** 오후 (몇 시)에 **de la noche** 밤 (몇 시)에

<u>Por</u> la mañana, no hago muchas cosas. 오전에는, 많은 일을 하지 않습니다.

<u>Por</u> la tarde, paso el tiempo con mis amigos. 오후에는, 친구들과 시간을 보냅니다.

Voy a la escuela a <u>las ocho de la mañana</u>. 저는 오전 8시에 학교에 갑니다.

Me acuesto a <u>las once de la noche</u>. 저는 밤 11시에 잠에 듭니다.

❸ 과거에 한 행동 표현하기 : hacer동사

과거의 경험을 나타낼 때는 hacer동사의 과거시제 중 1인칭 단수 변화형 hice를 사용합니다.

> 부록 〈동사 변화표〉 참고

> **hacer동사** : ~을 하다

Hice ejercicio. 운동을 했습니다.   **Hice** la maleta de viaje. 여행을 위해 짐을 꾸렸습니다.

No hice nada. 아무것도 하지 않았습니다.

주제에 관한 다양하고 유용한 표현들입니다. 자신에게 맞는 문장을 체크하고 재미있는 스토리를 만들어보세요. 돌발 질문에도 당황하지 않고 나만의 표현력은 물론, 논리력에도 자신감이 생깁니다.

☐ 부모님과 남동생이 저와 함께 집에 머물렀습니다.

Mis padres y mi hermano se quedaron en casa conmigo.

☐ 저는 여기저기를 돌아다니는 스타일이 아닙니다.

No soy de andar de aquí para allá.

☐ 저는 돈과 시간이 별로 없습니다.

Tengo poco dinero y tiempo.

☐ 간식을 입에 물고 하루 종일 TV를 봅니다.

Cojo algunos bocadillos y veo la tele todo el día.

☐ 몇 번의 휴가를 좋지 않게 지내고 나서, 집에서 휴가를 보내기 시작했습니다.

Después de sufrir algunas vacaciones desagradables, comencé a pasar mis vacaciones en casa.

☐ 대부분의 회사가 같은 주간에 휴가를 보냅니다.

La mayoría de las empresas toman vacaciones en la misma semana.

☐ 휴가 동안 보통 조금 늦게 일어납니다.

Durante las vacaciones, generalmente me levanto un poco tarde.

☐ 왜 사람들이 관광지로 여행을 가려고 하는지 이해할 수 없습니다.

No entiendo por qué tanta gente quiere ir a las atracciones turísticas.

☐ 여행에서 돌아왔을 때, 짐을 풀어야 합니다.

Cuando regreso de viaje, tengo que desempacar mi equipaje.

☐ 일어나자마자, 컴퓨터를 켭니다.

Tan pronto como me despierto, enciendo mi ordenador.

OPIc 시험을 마치기 전 마지막 단계로 '롤플레이'를 진행하게 됩니다. OPIc의 롤플레이는 다른 롤플레이 형식과 다르게 시험관이 상황을 제시하는 문구가 나오면, 상대방이 있다는 가정하에 제시된 상황에 맞게 혼자 질문과 답변을 병행하며 상황을 재연하는 방식으로 진행됩니다. 한마디로 1인 역할극이라고 이해하면 됩니다.

수험생들이 OPIc 시험 중 가장 어려워하는 부분이 바로 롤플레이(Role play)인 역할극 이므로, 롤플레이에 필요한 핵심 패턴을 집중적으로 학습해 보세요.

상황 제시

 Usted quiere reservar una mesa en un restaurante.
Pregúntele a camarero tres o cuatro preguntas sobre la reservación.

당신은 레스토랑에서 예약을 하고 싶습니다.
웨이터에게 예약에 관해 3~4가지 질문을 해 보십시오.

답변	
Quiero reservar una mesa.	테이블을 하나 예약하고 싶습니다.
¿Podría hacerle unas preguntas?	몇 가지 질문을 해도 될까요?
Deseo saber el precio.	가격을 알고 싶습니다.
¿No hay descuento para estudiantes?	학생 할인은 없나요?
¡Qué pena! Sería mejor recibir más descuento.	안타깝네요! 좀 더 할인을 받으면 좋았을 텐데요.
Gracias por informarme.	알려주셔서 감사합니다.

"혼자 북치고 장구치고~, 쑥쓰러워 하지말고 자신있게!"

롤플레이
핵심 패턴

1 면접관에게 질문하기

면접관에게 특정 주제에 관련해서 몇 가지 질문을 하는 유형으로, 주제는 설문조사에서 선택한 주제에서 벗어나지 않으나, 돌발주제 중에서도 출제되는 경우도 있습니다. 다양한 주제에 활용할 수 있도록 주요 표현 패턴과 연결 답변을 중심으로 학습하고 대체 어휘도 함께 익혀 보세요.

---

1 ¿Cuál es su película favorita?

가장 좋아하는 영화는 무엇인가요?

연결답변 ☞ ¿De verdad? ¡Qué casualidad! A mí también.

정말요? 이런 우연이 있네요! 저도 좋아해요.

> **대체 어휘 1**
>
> deporte favorito
> 좋아하는 운동
> música favorita
> 좋아하는 음악
> país favorito 좋아하는 나라
> lugar favorito 좋아하는 장소

---

2 ¿Con qué frecuencia va al gimnasio?

얼마나 자주 헬스장에 가나요?

연결답변 ☞ En mi caso, lo hago dos veces a la semana.

제 경우에는, 일주일에 2번씩 해요.

> **대체 어휘 2**
>
> anda en bicicleta
> 자전거를 타다
> ve películas 영화를 보다
> va al parque 공원에 가다

---

3 ¿Con quién va de viaje?

누구와 여행을 가나요?

연결답변 ☞ Normalmente yo lo hago solo.

보통 저는 혼자 해요.

> **대체 어휘 3**
>
> pasa sus vacaciones
> 휴가를 보내다
> ve las competencias
> deportivas
> 스포츠 관람을 하다

---

4 ¿Qué cosas lleva cuando va de viaje de negocios?

출장을 갈 때 무엇을 가지고 가나요?

연결답변 ☞ No me gusta llevar muchas cosas así que llevo solo lo que necesito.

저는 많이 가지고 가는 것을 좋아하지 않아서 필요할 것들만 가지고 가요.

> **대체 어휘 4**
>
> hace yoga 요가를 할 때
> va a nadar 수영을 갈 때
> va de camping 캠핑을 갈 때

롤플레이는 시험관이 질문하는 입장이 될 수도 있고, 내가 질문하는 입장이 될 수도 있습니다.
그러므로, 양쪽의 역할을 모두 연습하는 게 좋습니다. 친구들과 역할을 바꾸어 역할극 놀이를 해보세요.

5 ¿Qué le hizo empezar a tocar instrumentos musicales?

악기연주를 배우게 된 계기가 무엇인가요?

연결답변 ☞ Yo lo empecé por mi madre. A ella le gusta eso.

저는 엄마로 인해 그것을 시작했어요. 엄마가 그것을 좋아하시거든요.

대체 어휘 5

cocinar 요리를 하게 된
hacer yoga 요가를 하게 된
tener mascotas
애완동물을 기르게 된

6 ¿Por qué le gusta hacer tareas domésticas?

왜 집안일 하는 것을 좋아하나요?

연결답변 ☞ A mí me gusta eso porque puedo mantener
la casa limpia.

제가 그것을 좋아하는 이유는 집을 깨끗하게 유지할 수 있기 때문이에요.

대체 어휘 6

nadar 수영하는 것
pasar sus vacaciones en
casa
집에서 휴가를 보내는 것
viajar 여행하는 것

• 연결 대체 어휘
vivir saludablemente
건강하게 살다
hacer ejercicio 운동을 하다

7 ¿Qué hace normalmente cuando va de camping?

캠핑할 때 주로 무엇을 하나요?

연결답변 ☞ Intento descansar bien.

저는 푹 쉬려고 합니다.

대체 어휘 7

está en casa 집에 있을 때
viaja al extranjero
해외여행을 할 때

🗨 리액션(Reaction)하기 좋은 답변

No lo sabía.	저는 그것을 몰랐어요.
¡No me diga!	말도 안 돼요!
Tenemos mucho en común.	우리는 공통점이 많네요.
Quiero que lo hagamos juntos otro día.	언젠가 우리 함께 해보고 싶어요.
Espero que otro día hablemos más.	언젠가 더 얘기를 나누고 싶네요.

상황에 맞게 질문하기

주어진 상황에 맞게 몇 가지 질문을 하는 유형입니다. 주로 어학원이나 헬스클럽 등록, 여행사, 렌터카 등의 상황이 자주 출제됩니다. 다양한 주제에 활용할 수 있도록 주요 표현 패턴과 연결 답변을 중심으로 학습하고 대체 어휘도 함께 익혀 보세요.

1 Quiero comer una comida típica.

저는 특색 있는 음식을 먹으려고 합니다.

연결답변 ☞ ¿Podría recomendarme algo?

저한테 추천해 주실만 한 것이 있나요?

대체 어휘 1
alquilar un coche
차를 빌리다
matricularme un curso de idioma
(나는) 어학코스를 등록하다

2 ¿Tiene algo más grande?

더 큰 게 있나요?

연결답변 ☞ Esto no está mal.

이것도 그렇게 나쁘지는 않아요.

대체 어휘 2
barato/a 저렴한
ligero/a 가벼운
pequeño/a 작은
rápido/a 빠른

3 ¿Cuál es la página web?

웹사이트가 어떻게 되나요?

연결답변 ☞ Tengo que apuntarlo por si acaso.

혹시 모르니 메모해야겠네요.

대체 어휘 3
el correo electrónico
이메일
la dirección 주소
el contacto 연락처

4 ¿Qué días está cerrado?

무슨 요일에 문을 닫나요?

연결답변 ☞ No tengo que olvidarlo.

잊어버리면 안 되겠군요.

대체 어휘 4
a qué hora 몇 시에

롤플레이는 시험관이 질문하는 입장이 될 수도 있고, 내가 질문하는 입장이 될 수도 있습니다. 그러므로, 양쪽의 역할을 모두 연습하는 게 좋습니다. 친구들과 역할을 바꾸어 역할극 놀이를 해보세요.

⑤ ¿Qué incluye en el precio?

요금에는 무엇이 포함되어 있나요?

연결답변 ☞ **Parece que tiene todo lo que me gusta.**

제가 원하는 것을 모두 갖춘 것 같네요.

curso (어학)코스
recorrido 투어
set 세트

⑥ ¿Dónde puedo aparcar?

어디서 주차를 할 수 있나요?

연결답변 ☞ **Vale. Ya puedo hacerlo.**

알겠습니다. 이제 할 수 있어요.

대체 어휘 6

encontrar 찾다
esperar 기다리다
pagar 지급하다
reservar 예약하다

⑦ ¿Tengo que reservar primero?

먼저 예약을 해야 하나요?

연결답변 ☞ **Muy bien. Es muy sencillo.**

좋아요. 아주 간단하네요.

대체 어휘 7

limpiar 청소하다
pagar 지불하다
presionar aquí
이곳을 누르다

리액션(Reaction)하기 좋은 답변

Gracias por la respuesta.	대답해 주셔서 감사합니다.
Le dejo mi contacto.	제 연락처를 남겨드릴게요.
Voy a echar un vistazo y lo pensaré.	한번 보고 결정할게요.
Me ha sido de gran ayuda.	큰 도움을 주셨어요.
Gracias a usted, he decidido fácilmente.	덕분에 쉽게 결정했어요.

전화로 질문하기

예약하기, 단순 정보 질문, 약속 잡기 등의 내용이 주로 출제됩니다. 전화 대화에서 필요한 표현을 위주로 주요 표현 패턴과 연결 답변을 중심으로 학습하고 대체 어휘도 함께 익혀 보세요.

① Disculpe, ¿es el restaurante Sol?

여보세요. 쏠 레스토랑인가요?

연결답변 ☞ Me llamo ○○○.

저는 ○○○입니다.

대체 어휘 1

el hotel ○○○
○○○ 호텔
el teatro 극장
la aerolínea ○○○
○○○ 항공
la agencia de viajes
여행사
la clínica dental 치과

② ¿Puedo hablar con María?

마리아와 통화할 수 있을까요?

연결답변 ☞ Me pregunto si podría ayudarme.

저를 도와주실 수 있을까 해서 여쭤봅니다.

대체 어휘 2

el/la gerente 매니저님
el médico ○○○
○○○ 의사 선생님
el profesor ○○○
○○○ 선생님

③ ¿Con quién tengo que hablar para reservar?

예약하려면 누구와 통화해야 하나요?

연결답변 ☞ Entonces, quiero dejar un mensaje.

그럼, 메모를 남기고 싶습니다.

대체 어휘 3

cambiar la reserva
예약을 변경하다
cancelar la reserva
예약을 취소하다
comprar el billete
티켓을 구매하다
confirmar la reserva
예약을 확인하다

④ ¿Hay alguien que pueda responderme?

그것을 대답해 주실 분이 계신가요?

연결답변 ☞ Gracias. Voy a comunicarme con él/ella.

감사합니다. 그분과 통화할게요.

대체 어휘 4

averiguar 알아보다
resolver(lo) (그것을) 해결하다

롤플레이는 시험관이 질문하는 입장이 될 수도 있고, 내가 질문하는 입장이 될 수도 있습니다. 그러므로, 양쪽의 역할을 모두 연습하는 게 좋습니다. 친구들과 역할을 바꾸어 역할극 놀이를 해보세요.

5 ¿Podría hablar más alto?

좀 더 크게 말씀해 주실 수 있나요?

연결답변 ☞ No le oigo bien.

잘 안 들리네요.

대체 어휘 5
más despacio 좀 천천히
otra vez 다시 한번

6 ¿Cuándo puedo comunicarme con él/ella?

언제 그/그녀와 통화가 가능할까요?

연결답변 ☞ Vale. Espero que se pueda resolver pronto.

좋아요. 곧 해결되었으면 좋겠네요.

대체 어휘 6
confirmar(lo)
(그것을)확인하다
recibir la respuesta
답변을 받다

💬 리액션(Reaction)하기 좋은 답변

¿Puede recibir mi llamada?	통화 괜찮으세요?
Le llamo después.	나중에 걸게요.
Tengo algo que preguntarle.	질문해야 할 게 있습니다.
Puede comunicarse conmigo al 512 627.	512 627번으로 연락하시면 됩니다.
Agradezco cualquier información que me pueda dar.	어떠한 정보라도 주시면 감사합니다.

상품 구매하기

상품을 구매하는 상황에 맞게 몇 가지 질문을 하는 유형으로, 주로 가전제품을 구입하는 상황이 자주 출제됩니다. 다양한 주제에 활용할 수 있도록 주요 표현 패턴과 연결 답변을 중심으로 학습하고 대체 어휘도 함께 익혀 보세요.

① **Estoy buscando un nuevo móvil.**

저는 새 휴대폰을 찾고 있습니다.

연결답변 ☞ **Antes de comprar, tengo algunas preguntas.**

구매하기 전에, 질문이 몇 가지 있습니다.

대체 어휘 1

electrodomésticos
가전제품
la ropa que vi en el anuncio de televisión
TV 광고에서 본 옷
los videojuegos más nuevos 최신 비디오 게임

② **¿Cuál es el modelo más vendido?**

가장 많이 팔린 모델이 어느 것이죠?

연결답변 ☞ **A mí también me gusta eso.**

저도 그게 마음에 드네요.

대체 어휘 2

el color más vendido
가장 많이 팔린 색상
la marca más vendida
가장 많이 팔린 브랜드

③ **¿Hay algo que deba ser tomado en cuenta?**

유의해야 할 점이 있나요?

연결답변 ☞ **Voy a confirmarlo otra vez.**

그것을 다시 한 번 확인해 볼게요.

대체 어휘 3

pagar adicionalmente
추가로 지급해야 할 것
preparar 준비해야 할 점
rellenar 작성할 것

④ **¿Qué tipo de funciones tiene?**

어떤 기능을 가지고 있나요?

연결답변 ☞ **Perfecto. Eso es lo que buscaba.**

완벽해요. 바로 제가 찾던 거예요.

대체 어휘 4

eventos 이벤트
ofertas 혜택
promociones 프로모션

🐤 롤플레이는 시험관이 질문하는 입장이 될 수도 있고, 내가 질문하는 입장이 될 수도 있습니다.
그러므로, 양쪽의 역할을 모두 연습하는 게 좋습니다. 친구들과 역할을 바꾸어 역할극 놀이를 해보세요.

5 ¿Cuánto cuesta en total?

총액이 얼마인가요?

연결답변 ☞ El precio es razonable.

합리적인 가격이네요.

대체 어휘 5

el seguro 보험
el servicio a domicilio
배달 서비스
para envolver 포장을 위해
solo de ida 편도만

6 ¿Puedo pagar con tarjeta?

신용카드로 지급할 수 있나요?

연결답변 ☞ Deme el recibo, por favor.

영수증을 주세요.

대체 어휘 6

con tarjeta de regalo
기프트카드로
en efectivo 현금으로

7 ¿Cómo tengo que hacer si quiero cambiarlo/la?

교환을 원하면 어떻게 하나요?

연결답변 ☞ Ya que lo decida me pondré en contacto con usted.

원하면 제가 연락 드릴게요.

대체 어휘 7

devolverlo/la 환불
que sea envuelto/a 포장

💬 리액션(Reaction)하기 좋은 답변

Es una ganga.	정말 저렴하네요.
Me lo llevo.	이걸로 할게요.
Me queda bien.	저한테 잘 어울리네요. (의류, 신발 등)
¡Qué guay!	멋지네요!
Sería difícil encontrar algo que sea mejor que esto.	이보다 더 나은 것을 찾기는 힘들 것 같아요.

예약 및 약속하기

영화관, 호텔, 병원, 식당 등에서 예약을 하거나 친구와 약속을 정하는 상황에서 필요한 표현을 학습합니다. 다양한 주제에 활용할 수 있도록 주요 표현 패턴과 연결 답변을 중심으로 학습하고 대체 어휘도 함께 익혀 보세요.

① **Quiero reservar una mesa.**

테이블을 하나 예약하고 싶습니다.

연결답변 ☞ **¿Podría hacerle unas preguntas?**

몇 가지 질문을 해도 될까요?

대체 어휘 1

hacer una cita con el médico ○○○
○○○ 의사 선생님과 진찰을 예약
reservar una habitación
방을 하나 예약

② **¿Qué tipos de habitación tiene?**

어떤 종류의 방이 있나요?

연결답변 ☞ **Prefiero lo primero.**

첫 번째가 더 마음에 드네요.

대체 어휘 2

asiento 좌석
consulta 상담
mesa 테이블

③ **Deseo saber el precio.**

가격을 알고 싶습니다.

연결답변 ☞ **Gracias por informarme.**

알려주셔서 감사합니다.

대체 어휘 3

el límite de personas
인원 제한
la fecha 날짜
la hora 시간

④ **¿No hay descuento para estudiantes?**

학생 할인은 없나요?

연결답변 ☞ **¡Qué pena! Sería mejor recibir más descuento.**

안타깝네요! 좀 더 할인을 받으면 좋았을 텐데요.

대체 어휘 4

compras en línea
온라인 구매
extranjeros 외국인
familiares 가족
grupos 단체
niños 어린이

롤플레이는 시험관이 질문하는 입장이 될 수도 있고, 내가 질문하는 입장이 될 수도 있습니다.
그러므로, 양쪽의 역할을 모두 연습하는 게 좋습니다. 친구들과 역할을 바꾸어 역할극 놀이를 해보세요.

5 ¿Qué tal si vamos a cenar?

함께 저녁 식사하는 게 어때?

연결답변 ☞ Podemos pasarlo bien.

좋은 시간을 보낼 수 있을 거야.

대체 어휘 **5**

estudiar 공부하다
jugar al fútbol 축구를 하다
ir a un concierto
콘서트에 가다
ver una película 영화를 보다
ir de compras 쇼핑가다

6 ¿A qué hora quedamos?

우리 몇 시에 만날까?

연결답변 ☞ Perfecto, me va bien. No llegues tarde.

완벽해. 난 좋아. 늦지 마.

대체 어휘 **6**

Cuándo 언제
En dónde 어디서

7 ¿Tienes alguna buena idea?

좋은 생각 있어?

연결답변 ☞ Tienes razón. Eso también puede ser divertido.

네 말이 맞아. 그것도 재미있겠다.

대체 어휘 **7**

algo divertido para pasar
el tiempo
시간을 보낼만한 재밌는 일
otro plan 다른 계획

💬 리액션(Reaction)하기 좋은 답변

Yo solo puedo ese día.	저는 그날만 가능해요.
No lo sé bien.	제가 잘 몰라요.
Creo que es muy importante.	매우 중요하다고 저는 생각합니다.
Si es demasiado caro, necesito reconsiderarlo.	너무 비싸면 다시 고려해 봐야 해요.
Quiero ponerme en la lista de espera.	대기자 명단에 올려주세요.

* 친구와의 약속을 정하는 경우에도 위 문장 그대로 활용 가능합니다.

항의하기

물건 구매 또는 예약 상황에 있어서 불만을 제기하고, 해결을 요구하는 내용에 필요한 어휘 및 표현을 학습합니다. 특히 상황의 특성상, 내가 불편함을 겪었다는 내용을 답변할 때는 감정을 함께 표현하여 답변하는 것이 좋습니다.

① **Le llamo para quejarme.**

당신에게 항의하려고 전화했습니다.

연결답변 ☞ **Espero que usted pueda resolverlo.**

당신이 해결해 줄 수 있었으면 좋겠네요.

대체 어휘 1

para preguntar algo
질문하려고
por mi móvil que compré
ayer 어제 산 휴대폰 때문에
por mi pedido que hice
hace unos días
며칠 전 한 주문 때문에

② **He comprado una falda y hay un problema.**

제가 치마를 하나 샀는데 문제가 있어요.

연결답변 ☞ **No sé cómo puede ser así.**

어떻게 이럴 수가 있는지 모르겠네요.

대체 어휘 2

He alquilado un coche
차를 한 대 렌트했는데
He comprado un billete
de avión
비행기 표를 샀는데
He comprado unos
muebles
가구를 몇 개 샀는데

③ **Hay una mancha en la falda.**

치마에 얼룩이 있어요.

연결답변 ☞ **Si es necesario, puedo mostrárselo.**

필요하면, 보여드릴게요.

대체 어휘 3

un defecto en uno de los
muebles
가구들 중 하나에 흠집
un error en la cuenta
계산서에 실수

④ **No funciona nada.**

전혀 작동하지 않아요.

연결답변 ☞ **Hice todo lo que pude pero sigue igual.**

제가 할 수 있는 모든 것은 했는데 똑같아요.

대체 어휘 4

se oye 들리지
se sale 나오지
se ve 보이지

🐤 롤플레이는 시험관이 질문하는 입장이 될 수도 있고, 내가 질문하는 입장이 될 수도 있습니다.
그러므로, 양쪽의 역할을 모두 연습하는 게 좋습니다. 친구들과 역할을 바꾸어 역할극 놀이를 해보세요.

⑤ **Llámeme otra vez lo más pronto posible.**

최대한 빨리 다시 전화해 주세요.

연결답변 ☞ **Esperaré su respuesta.**

답변을 기다리겠습니다.

대체 어휘 5

Confírmelo otra vez.
다시 그것을 확인해 주세요.
Envíeme el correo electrónico.
이메일을 보내 주세요.
Resuélvalo.
그것을 해결해 주세요.

⑥ **No lo he pedido.**

저는 그것을 주문한 적이 없습니다.

연결답변 ☞ **Quiero que me envíe de nuevo.**

저한테 다시 보내주길 바랍니다.

대체 어휘 6

he dicho 말한 적
he visto 본 적
he escuchado 들은 적

💬 리액션(Reaction)하기 좋은 답변

Me decepcionó su producto.	제품에 실망했어요.
¿Hay alguna manera de repararlo/la?	고칠 방법이 있나요?
¿Costará mucho la reparación?	고치는 데 비용이 많이 들까요?
No entiendo nada.	이해할 수가 없네요.
Es muy inconveniente.	너무 불편해요.

1 환불 및 교환하기

물건 구매 후 환불이나 교환을 요구할 때 필요한 어휘와 표현을 학습합니다. 대안 제시하거나 항의하기 관련 롤플레이 문제에서 응용할 수 있습니다. 다양한 주제에 활용할 수 있도록 주요 표현 패턴과 연결 답변을 중심으로 학습하고 대체 어휘도 함께 익혀 보세요.

---

1 Quiero devolverlo.

그것을 환불하고 싶습니다.

연결답변 ☞ Ya no lo necesito más.

　　　더 이상 필요하지 않습니다.

> **대체 어휘 1**
> cambiar(lo) por uno nuevo
> (그것을) 새것으로 교환하다
> cambiar(lo) (그것을) 교환하다
> devolver todo 전부 환불하다

---

2 ¿Puede hacerme reembolso de lo que no he usado?

사용하지 않은 것에 대해 환불해 주실래요?

연결답변 ☞ No quiero pagar para eso.

　　　그것에 대해 돈을 지급하고 싶지 않네요.

> **대체 어휘 2**
> lo que ha llegado tarde
> 늦게 도착한 것에
> lo que no me ha gustado
> 마음에 들지 않는 것에

---

3 ¿Puedo cambiarlo por otro color?

다른 색상으로 교환할 수 있을까요?

연결답변 ☞ Si es posible, eso sería lo mejor.

　　　　가능하다면, 그게 낫겠네요.

> **대체 어휘 3**
> otra marca 다른 브랜드
> otra talla 다른 사이즈(의류)
> otro tamaño 다른 사이즈
> (사물 크기)
> otro estilo 다른 스타일

---

4 ¿Hay que pagar comisión?

수수료를 지급해야 하나요?

연결답변 ☞ Es un poco caro pero está bien.

　　　조금 비싸긴 하지만, 괜찮아요.

> **대체 어휘 4**
> el servicio a domicilio
> 배달 서비스
> algo más 추가로 무언가

🐤 롤플레이는 시험관이 질문하는 입장이 될 수도 있고, 내가 질문하는 입장이 될 수도 있습니다. 그러므로, 양쪽의 역할을 모두 연습하는 게 좋습니다. 친구들과 역할을 바꾸어 역할극 놀이를 해보세요.

⑤ ¿No hay otra manera para devolverlo?

환불할 다른 방법은 없나요?

연결답변 ☞ Es que no puedo ir allí otra vez.

사실 그곳에 다시 갈 수가 없어요.

⑥ No tengo el recibo. ¿Qué hago?

영수증을 가지고 있지 않습니다. 어떻게 해야 하나요?

연결답변 ☞ Entonces no puedo devolverlo.

그럼, 환불을 못하겠네요.

대체 어휘 6
la etiqueta 라벨
el cupón 쿠폰
el regalo 사은품

💬 리액션(Reaction)하기 좋은 답변

¿Qué tengo que hacer?	무엇을 해야 하나요?
¿Puede devolverlo ahora mismo?	지금 당장 환불해 주실래요?
¿Cuánto tiempo se tarda?	얼마나 걸리나요?
Creo que será mejor que ahora.	지금보다 나을 것 같아요.
Es muy complicado/a.	매우 복잡하네요.

사과하기

약속에 늦은 점, 빌린 물건을 망가뜨린 점 등에 대해 사과하는 표현을 학습합니다. 대안 제시하기나 도움 요청하기 관련 롤플레이 문제에 응용할 수 있습니다. 다양한 주제에 활용할 수 있도록 주요 표현 패턴과 연결 답변을 중심으로 학습하고 대체 어휘도 함께 익혀 보세요.

---

1 Dañé tu móvil por error.

실수로 네 휴대폰을 망가뜨렸어.

연결답변 ☞ Intenté usarlo con cuidado, pero lo siento.

조심히 다루려고 했는데 미안해.

대체 어휘 1
tu coche 네 자동차
tu ordenador portátil
네 노트북
tu reproductor de MP3
네 MP3 플레이어

---

2 Me olvidé de que era tu cumpleaños.

네 생일이라는 것을 깜빡했어.

연결답변 ☞ Eso no volverá a pasar.

다시는 그럴 일 없을 거야.

대체 어휘 2
era hoy 오늘이라는 것
era mi turno 내 차례라는 것

---

3 Tengo que cancelar el plan porque estoy ocupado/a.

바빠서 약속을 취소해야 할 것 같아.

연결답변 ☞ Perdona por haberlo cancelado.

그것을 취소해서 미안해.

대체 어휘 3
estoy de mal humor
기분이 좋지 않아서
estoy enfermo/a
아파서
tengo que estudiar
공부해야 해서

---

4 No tengo tiempo para hacerlo.

그것을 하기에는 시간이 부족해.

연결답변 ☞ Pero voy a hacer lo mejor posible.

하지만 최선을 다해서 해볼게.

대체 어휘 4
ir allí hoy 오늘 그곳에 가다
terminar(lo) (그것을) 끝내다

롤플레이는 시험관이 질문하는 입장이 될 수도 있고, 내가 질문하는 입장이 될 수도 있습니다.
그러므로, 양쪽의 역할을 모두 연습하는 게 좋습니다. 친구들과 역할을 바꾸어 역할극 놀이를 해보세요.

⑤ **Tengo algo urgente que debo tratar inmediatamente.**

바로 해결해야 할 급한 일이 있어.

연결답변 ☞ **Por favor, entiéndeme.**

나를 이해해줘.

대체 어휘 5
problema 문제
trabajo urgente 급한 업무

⑥ **Lo siento por llegar tarde.**

늦게 도착해서 죄송합니다.

연결답변 ☞ **Nunca volveré a hacer tal cosa.**

다시는 그런 일을 하지 않겠습니다.

대체 어휘 6
no ayudarle 당신을 돕지 못해서
terminar(lo) tarde (그것을) 늦게 끝내서
cometer un error 실수를 해서

리액션(Reaction)하기 좋은 답변

Yo tampoco lo pude pensar.	나도 그것을 생각하지 못했어.
Tendré más cuidado.	더 주의할게.
Es mi culpa.	내 잘못이야.
Lo siento, pero fue sin querer.	미안한데, 고의는 아니었어.
Gracias por entenderme.	나를 이해해줘서 고마워.

도움 요청하기

상대방에게 어떤 도움을 요청하는지 언급한 후, '언제, 어디서, 어떤 방식으로, 왜 도움이 필요한지' 함께 설명하는 답변에 필요한 표현과 어휘를 학습합니다. 다양한 주제에 활용할 수 있도록 주요 표현 패턴과 연결 답변을 중심으로 학습하고 대체 어휘도 함께 익혀 보세요.

---

1 ¿Conoces a alguien que pueda tomar las fotos?

사진을 찍어줄 수 있는 분을 알고 있니?

연결답변 ☞ ¡Qué bien! ¿Puedes presentármelo/la?

잘됐다! 그/그녀를 나에게 소개해 줄 수 있니?

대체 어휘 1

lo sepa muy bien
그것을 잘 아는
pueda organizar una fiesta
파티를 기획할 수 있는
sea profesional sobre eso
그것에 대해 전문가인

---

2 ¿Conoces algún lugar para hacer una fiesta?

파티를 할 만한 장소를 알고 있니?

연결답변 ☞ ¿Puedes decirme cómo llegar allí?

그곳에 어떻게 가는지 말해줄 수 있니?

대체 어휘 2

hacer una conferencia
회의를 하다
presentar a mis amigos extranjeros
외국인 친구들에게 소개하다
visitar 방문하다

---

3 Te agradecería si pudieras verificarlo.

그것을 알아봐 준다면 너무 고마울 것 같아.

연결답변 ☞ Te invito a cenar otro día.

다음에 내가 너한테 저녁을 대접할게.

대체 어휘 3

ayudar(me) (나를) 도와주다
presentar(lo/la)
(그/그녀를) 소개하다

---

4 ¿Podría quedarme una noche en tu casa?

너희 집에서 하룻밤 머무를 수 있니?

연결답변 ☞ Sería una gran ayuda para mí.

나한테 큰 도움이 될 것 같아.

대체 어휘 4

cuidar a mi perro unos días
며칠 간 강아지를 돌보다
prestar tu coche un día
하루 네 차를 빌리다
prestar un poco de dinero
돈을 조금 빌리다

롤플레이는 시험관이 질문하는 입장이 될 수도 있고, 내가 질문하는 입장이 될 수도 있습니다. 그러므로, 양쪽의 역할을 모두 연습하는 게 좋습니다. 친구들과 역할을 바꾸어 역할극 놀이를 해보세요.

5 **¿Podrías llamarle en mi lugar?**

나 대신에 그/그녀에게 전화해 줄 수 있니?

연결답변 ☞ **Si es posible, avísame.**

가능하다면, 나에게 알려줘.

대체 어휘 5
hacer(lo) (그것을) 하다
participar 참석하다

6 **Tengo que preguntarle algo.**

당신에게 여쭤볼 게 있습니다.

연결답변 ☞ **Si no le molesta, ¿podría ayudarme?**

괜찮으시다면, 저를 도와주실 수 있나요?

대체 어휘 6
pedirle algo
당신에게 부탁할 게

💬 리액션(Reaction)하기 좋은 답변

¡Qué amable!	친절하구나!
No puedo hacerlo sin ti.	너 없이는 그것을 할 수 없어.
No olvidaré cuánto te debo.	네 은혜를 잊지 않을게.
Me ayudaría mucho.	나한테 많은 도움이 될 거야.
La próxima vez te ayudaré.	다음 번에는 내가 널 도와줄게.

10 상황 설명 및 대안 제시하기 (난이도 상)

롤플레이 유형 중 난이도가 높은 유형의 문제로, 주어진 상황에 논리적으로 대안을 제시하는 답변을 요구하고, 필요한 경우에는 감정 표현 또한 답변에 포함해야 합니다. 다양한 주제에 활용할 수 있도록 주요 표현 패턴과 연결 답변을 중심으로 학습하고 대체 어휘도 함께 익혀 보세요.

---

1 Hay un problema con nuestra cita para cenar.

우리 저녁 약속에 문제가 생겼어.

연결답변 ☞ Lo siento, debería haberte dicho antes.

미리 말했어야 하는데, 미안해.

대체 어휘 1

el plan de viaje 여행 계획
la fiesta de cumpleaños
생일 파티
la reserva del restaurante
레스토랑 예약
nuestro proyecto
우리 프로젝트

---

2 Me dijeron que ha sido reservado dos veces.

이중으로 예약이 되었다고 말했어.

연결답변 ☞ Así que planeemos de nuevo.

그래서 다시 계획을 세우자.

대체 어휘 2

se halla en construcción
공사 중이라고
se ha cancelado de
repente
갑자기 취소되었다고
se ha cerrado hoy
오늘 문을 닫았다고

대체 어휘 3

entregar(lo) ahora
지금 (그것을) 제출하다
ir por mis padres
부모님 때문에 가다
participar porque tengo
otra cita
다른 약속 때문에 참석하다
terminar(lo) a tiempo
(그것을) 제 시간에 끝내다

* 위의 대체 어휘는 별도로
사용될 경우, 어색한 표현
이 되므로 본문에 적용해서
사용해야 합니다.

---

3 No puedo llegar a tiempo por el tráfico.

교통 때문에 제시간에 도착을 못했어.

연결답변 ☞ Tenemos que pensar en una alternativa.

대안을 생각해야 해.

---

4 Si no quieres, pues puedes venir a mi casa.

원하지 않으면, 그냥 우리 집에 와도 돼.

연결답변 ☞ Cuéntame lo que quieras.

네가 원하는 것을 말해봐.

대체 어휘 4

cancelar(lo)
(그것을) 취소하다
pensar(lo) más
(그것을) 더 생각하다
sustituir(lo/la) por otra
persona (그/그녀를) 다른
사람으로 대체하다

롤플레이는 시험관이 질문하는 입장이 될 수도 있고, 내가 질문하는 입장이 될 수도 있습니다.
그러므로, 양쪽의 역할을 모두 연습하는 게 좋습니다. 친구들과 역할을 바꾸어 역할극 놀이를 해보세요.

⑤ ¿Qué tal si mejor vamos de compras?

대신에 쇼핑을 하러 가면 어때?

연결답변 ☞ **¿Cuál prefieres?**

어느 것을 더 선호하니?

대체 어휘 5

me das un poco más de tiempo
나한테 시간을 좀 더 주면
te compro uno nuevo
너한테 새것을 사주면
te doy el dinero para comprarlo
너한테 그걸 다시 살 돈을 주면
vamos a otro restaurante
다른 식당을 가면
vamos otro día
다른 날 가면

⑥ Mi abuelo está enfermo por eso tengo que cuidarlo.

할아버지께서 아프서서 돌봐드려야 해.

연결답변 ☞ **No sé cuándo podemos quedar.**

우리가 언제 만날 수 있을 지 모르겠어.

대체 어휘 6

mi padre 아버지
mi tío 삼촌
mi suegro
시아버지, 장인어른

🗨 리액션(Reaction)하기 좋은 답변

¿Qué te parece este plan?	이 계획은 어때?
¿Podría considerarlo otra vez?	다시 그것을 고려해줄 수 있나요?
Voy a seguirte en lo que quieras.	네가 원하는 대로 따를게.
Te propongo unas alternativas.	너에게 몇 가지 대안을 제안할게.
Me da igual.	저는 뭐든 괜찮아요.

돌발 질문은 시험의 중간중간 선택된 주제에 관련되거나 다른 내용의 질문이 나올 수 있는 상황을 대처하는 코너입니다. 출제 빈도가 높은 질문에 대한 다양한 답변을 제시하고 대처할 수 있는 응용 어휘들을 함께 익혀 보세요.

돌발 질문

10

1. 은행 이용하기

출제 빈도가 높은 주제별 돌발 질문들의 모범 답변입니다. 어떤 질문이 나와도 당황하지 않도록, 대체 어휘를 응용해 나에게 맞는 대처 답변을 만들어 보세요.

Q **Por favor, cuénteme sobre los bancos en su país. ¿Cuáles son los horarios de oficina? ¿Cómo son?**

당신 나라의 은행에 대해 이야기해 주세요. 언제 열고, 언제 닫나요? 어떻게 생겼나요?

Hay varios bancos en Corea y se pueden encontrar fácilmente. Especialmente cerca del metro. El horario de oficina es igual en todos los bancos. Abren a las nueve de la mañana y cierran a las cuatro de la tarde. Si tengo algo urgente después de las cuatro, puedo utilizar el cajero automático. Normalmente en el banco hay tres o cuatro banqueros. Para ser atendido/a, primero necesito recibir el boleto de turno. Cuando llegue mi turno, puedo ir a la ventanilla para obtener ayuda. Los banqueros son muy educados y serviciales, pero por lo general tengo que esperar mucho tiempo. Entonces prefiero utilizar el cajero automático.

한국에는 다양한 은행이 있고 그것들을 쉽게 찾을 수가 있습니다. 특히 역 주변에서요. 한국의 은행 영업시간은 동일합니다. 오전 9시에 열고 오후 4시에 닫습니다. 만약 4시 이후에 급한 업무가 있다면, ATM 기기를 활용할 수 있어요. 보통 은행에는 3~4명의 직원들이 있습니다. 용무를 보려면, 먼저 순서표를 받아야 합니다. 제 차례가 되면, 창구에 가서 업무를 볼 수 있어요. 직원분들은 친절하고 많은 도움을 주지만, 일반적으로 오래 기다려야 합니다. 그래서, 저는 ATM 기기를 이용하는 것을 선호하는 편입니다.

Q **¿Qué hace la gente en el banco?**

은행에서 사람들은 무엇을 하나요?

La gente generalmente va al banco para retirar o depositar dinero de sus cuentas. Estos días se usa mucho la tarjeta de crédito pero cuando se necesita efectivo, hay que ir al banco. Allí también se puede imprimir el historial de uso en la libreta bancaria. Además, los bancos ofrecen préstamos o planes especiales de ahorro. Si se quiere cambiar monedas extranjeras, eso es también posible hacerlo en el banco.

사람들은 보통 계좌에서 돈을 인출하거나 계좌로 돈을 입금하기 위해 은행에 갑니다. 요즘은 신용카드를 많이 사용하지만, 현금이 필요할 때는 은행에 가야 합니다. 또한, 통장에 잔액을 출력할 수도 있습니다. 게다가, 은행들은 대출이나 저축 상품을 제공하기도 하죠. 만약에 환전을 하고 싶다면, 그것 또한 은행에서 가능합니다.

선생님의 한마디!

hay동사는 존재 여부를 나타내는 동사로 변화형이 없으며, '~이 있다'의 의미를 표현합니다.

대체 어휘

• 은행 업무 관련 어휘

la banca por Internet 인터넷뱅킹
la telebanca 폰뱅킹
la domiciliación 자동이체

대체 어휘

• 은행 상품 관련 어휘

el ahorro de plazo 정기적금
el fondo de inversión 투자 펀드
el cambio 환전

2. 휴대폰 사용

출제 빈도가 높은 주제별 돌발 질문들의 모범 답변입니다. 어떤 질문이 나와도 당황하지 않도록, 대체 어휘를 응용해 나에게 맞는 대처 답변을 만들어 보세요.

Q **Cuénteme sobre el uso del móvil en su vida cotidiana.**

휴대폰 사용과 관련된 당신의 생활과 경험에 대해 이야기해 주세요.

Compré mi nuevo móvil hace un año. Cuando me levanto por la mañana, siempre reviso las noticias en una aplicación de noticias. También uso aplicaciones de redes sociales[1]. Puedo comunicarme con todos mis amigos por el móvil. Cuando me muevo en el metro[2] o afuera en alguna parte, siempre llevo mi móvil. Lo conecto al Wifi y lo uso en varias partes, incluso cuando viajo al extranjero. No puedo imaginar mi vida sin móvil.

저는 일 년 전에 새 휴대폰을 샀습니다. 아침에 일어났을 때, 항상 뉴스 애플리케이션에서 뉴스를 확인합니다. 또, 저는 SNS 애플리케이션을 활용합니다. 휴대폰을 통해서 모든 친구와 연락을 할 수 있답니다. 지하철로 이동하거나 외부 어느 곳에서도 휴대폰을 가지고 갑니다. 해외여행에서조차 와이파이에 연결해서 다양한 곳에서 휴대폰을 사용합니다. 휴대폰 없는 저의 삶은 상상할 수 없어요.

Q **¿Por qué el uso del móvil es un gran problema en estos días?**

요즘 휴대폰 사용이 왜 큰 이슈인가요?

Hoy en día, la mayoría de las personas usa móviles. Usar el móvil es muy conveniente y es una parte de la vida cotidiana, pero presenta algunas desventajas. Recientemente el uso del móvil es un tema controvertido. Por ejemplo la comunicación cara a cara ha disminuido. Esta tendencia hace que sea difícil para las personas establecer relaciones interpersonales. Por eso la gente no debe depender demasiado de los móviles para comunicarse. Deben usarlo solo cuando sea realmente necesario.

요즘은 대부분의 사람들이 휴대폰을 사용합니다. 휴대폰 사용은 매우 편리하고 일상생활의 일부를 차지하지만, 몇 가지 단점도 보여줍니다. 최근에는 휴대폰 사용이 이슈가 되고 있습니다. 예를 들면, 얼굴을 마주 보며 의사소통하는 일이 줄어들었습니다. 이러한 현상은 사람들이 진정한 관계를 유지하는데 있어서 어려움을 겪게 합니다. 그래서 사람들은 의사소통에 있어서 과도하게 휴대폰에 의지하지 않아야 합니다. 꼭 필요한 경우에만 휴대폰을 사용해야만 합니다.

선생님의 한마디!

'~(기간) 전에'라는 의미의 기간을 표현하는 경우 「hace+기간」으로 표현합니다.

대체 어휘

1. 애플리케이션 종류

Kakaotalk
카카오톡
la aplicación de correo electrónico
메일 앱
la aplicación de alarma
알람 앱

2. 대중 교통

el autobús 버스
el taxi 택시

대체 어휘

• 휴대폰 기능 묘사 관련 어휘

conveniente 편리한
ligero/a 가벼운
práctico/a 실용적인
útil 유용한

3. 인터넷 이용하기

출제 빈도가 높은 주제별 돌발 질문들의 모범 답변입니다. 어떤 질문이 나와도 당황하지 않도록, 대체 어휘를 응용해 나에게 맞는 대처 답변을 만들어 보세요.

Q ¿Cuándo usó el Internet por primera vez? ¿Qué hace normalmente en el Internet?

언제 처음 인터넷을 사용했나요? 인터넷에서 주로 무엇을 하나요?

Utilicé el Internet por primera vez en la década de 1990. No era tan desarrollado como lo es ahora. Lo usé principalmente para sitios de búsqueda y para chatear. Hoy en día, uso el Internet todos los días más de una hora. Hago muchas cosas por el Internet. Puedo ver películas, noticias o telenovelas. Además, puedo usarlo para comprar cualquier cosa. Creo que ya no puedo vivir sin el Internet.

저는 1990년대에 처음으로 인터넷을 사용했습니다. 그때는 지금처럼 발달하지는 않았었죠. 그때 주로 저는 검색 사이트나 채팅을 위해 인터넷을 사용했습니다. 지금은 매일 1시간 이상씩 인터넷을 사용합니다. 인터넷을 통해 저는 많은 일을 합니다. 영화나 뉴스, 드라마를 볼 수 있습니다. 그리고 물건을 구매할 수도 있습니다. 이제 더 이상 저는 인터넷 없이는 살 수 없을 것 같습니다.

Q ¿Qué es un sitio web que visita a menudo? ¿Qué hace generalmente en ese sitio web?

자주 방문하는 웹사이트는 무엇입니까? 그곳에서 주로 무엇을 합니까?

El sitio web que visito más a menudo es YouTube. Tiene millones de videos. Hay videos musicales, educativos, y creativos. Como estamos en una era global, puedo comunicarme con los extranjeros también. Estos días aprendo inglés por YouTube. Allí hay muchos contenidos educativos y son totalmente gratis. Además, aunque pierda algún programa en directo, gracias a YouTube no hay problema ya que siempre se podrá encontrar allí.

제가 자주 방문하는 웹사이트는 유튜브입니다. 유튜브에는 수백만 개의 영상이 있습니다. 음악과 관련된 영상, 교육 영상 그리고 창의적인 영상들이 있죠. 글로벌 시대인 만큼, 외국인들과 의사소통도 가능합니다. 요즘 저는 유튜브를 통해 영어를 배우고 있습니다. 다양한 교육적인 내용이 많고 또 무료입니다. 생방송 프로그램을 놓치더라도 유튜브 덕분에 항상 찾을 수 있기 때문에 문제없습니다.

선생님의 한마디!

스페인어로 연도를 읽을 때는, 영어와 다르게 두 자리씩 끊어 읽지 않고, 네 자리 숫자를 한 번에 읽습니다.
예) 1990
: mil novecientos noventa

대체 어휘

• 웹사이트 종류

el sitio de compras 쇼핑 사이트
el sitio de noticias 뉴스 사이트
el sitio de videos 동영상 사이트

대체 어휘

• 웹사이트 묘사 관련 어휘

interesante 흥미로운
cómodo/a 편리한

4. 한국의 명절

출제 빈도가 높은 주제별 돌발 질문들의 모범 답변입니다. 어떤 질문이 나와도 당황하지 않도록, 대체 어휘를 응용해 나에게 맞는 대처 답변을 만들어 보세요.

 Cuénteme sobre los días festivos en su país.

당신 나라의 명절에 대해 이야기해 주세요.

Creo que el día de Año Nuevo es la fiesta más grande. Es el primer día del calendario lunar. Ese día, todos los miembros de la familia se reúnen. Por la mañana, hacemos una ceremonia conmemorativa a los antepasados y comemos Tteokguk, una comida coreana tradicional. Y luego, los jóvenes se inclinan ante las personas mayores y reciben su dinero de Año Nuevo que se llama Sebedon. Finalmente, los parientes charlan o visitamos las tumbas de los antepasados.

저는 설날이 가장 큰 명절이라고 생각합니다. 설날은 음력으로 1월 1일을 가리킵니다. 그날에는 가족 모두가 모입니다. 아침에 조상님들께 차례를 지내고, 한국 전통 음식인 떡국을 먹습니다. 그리고 어르신들께 세배를 드린 다음 세뱃돈을 받습니다. 마지막으로, 친척들 간에 담소를 나누거나 조상님들이 있는 산소를 방문합니다.

 ¿Alguna vez ha experimentado algo memorable durante los días festivos? Si es así, ¿qué pasó? Cuénteme sobre la experiencia en detalle.

명절 기간 기억에 남는 경험을 한 적이 있나요? 만약 있다면, 무엇이었나요?
경험에 대해 자세히 묘사해 주세요.

Cuando era joven, me encantaba vestir el traje tradicional coreano, Hanbok. Siempre lo llevaba y pasaba tiempo con mis primos en la casa de mis abuelos. Nos divertíamos mucho porque la casa de nuestros abuelos estaba en el campo y había muchos lugares para jugar. Como no podía ver a menudo a mis primos, durante las vacaciones intentaba pasar un buen tiempo con ellos.

어렸을 때, 저는 한국의 전통 의상인 한복을 입는 것을 좋아했습니다. 항상 그것을 입고 사촌들과 조부모님 댁에서 시간을 보냈습니다. 조부모님 댁은 시골에 있어서 놀 수 있는 장소가 많다 보니 우리는 매우 즐거웠습니다. 사촌들을 자주 볼 수 없기 때문에, 명절 동안에 그들과 좋은 시간을 보내려고 했답니다.

선생님의 한마디!

'가장 ～한'의 의미를 나타내는 최상급은 「el/la＋más＋형용사」 형태로 표현합니다. 정관사 el과 la는 지칭하는 명사의 성에 따라 씁니다.

대체 어휘

• 시간대 표현

〈정확한 시각이 표기된 경우〉
de la mañana 오전에
de la tarde 오후에
de la noche 밤에

〈시각이 표기되지 않은 경우〉
por la mañana 오전에
por la tarde 오후에
por la noche 밤에

대체 어휘

• 가족 관계

hermanos 형제/자매들
nietos 손주들
padres 부모님
sobrinos 조카들

5. 한국의 지형

출제 빈도가 높은 주제별 돌발 질문들의 모범 답변입니다. 어떤 질문이 나와도 당황하지 않도록, 대체 어휘를 응용해 나에게 맞는 대처 답변을 만들어 보세요.

Q Cuénteme sobre la geografía de su país. ¿Hay muchos ríos, montañas y playas?

당신 나라의 지형에 대해 이야기해 주세요. 강과 산, 해변들이 많이 있나요?

Corea del Sur[1] está rodeada de mar ya que es una península[2]. Hay mar[2] en el este[1] y en el oeste[1] de nuestro país. Especialmente, hay muchas playas hermosas con arena fina a lo largo de la costa[2] este. También, en mi país hay muchas montañas[2]. En otoño, los árboles de las montañas se vuelven rojos y amarillos. Corea del Sur también tiene valles[2] y muchos ríos, y el río Han es el río[2] principal que fluye a través de Seúl. Aunque nuestro país es pequeño, su geografía es muy interesante.

남한은 반도이기 때문에 바다로 둘러싸여 있습니다. 우리나라의 동쪽과 서쪽에 바다가 있습니다. 특히, 동해안을 따라서는 가느다란 모래사장이 있는 아름다운 해변들을 많이 볼 수 있습니다. 우리나라에는 산들도 많이 있습니다. 가을에는 산에 나무들이 빨갛고, 노랗게 물듭니다. 남한은 계곡과 강이 있는 지역도 많은데 서울을 가로질러 흐르는 한강이 대표적입니다. 비록 우리나라는 작지만, 지형은 굉장히 흥미롭습니다.

Q Si tuviera que recomendar un lugar famoso de su país, ¿qué lugar ser y por qué recomendaría ese lugar?

당신 나라의 명소를 추천한다면 어느 곳이고, 왜 그곳을 추천하나요?

Yo recomendaría visitar Geojedo. Está ubicado al sur de la costa este y es una gran isla[2], famosa por su hermosa naturaleza. Tiene muchas playas[2] e increíbles vistas a la costa este. Puede ser divertido conducir por la isla para disfrutar del paisaje. Lo mejor es que no hay mucha gente, aunque es una isla famosa. Entonces, si quiere descansar tranquilamente, creo que aquí es muy conveniente.

저는 거제도를 가볼 것을 추천합니다. 거제도는 동해안의 남쪽에 위치하고 있고, 아름다운 자연경관 때문에 유명한 큰 섬입니다. 해변도 많고 동해안의 멋진 전망도 볼 수 있습니다. 풍경을 즐기기 위해 섬을 따라 드라이브도 즐길 수 있습니다. 가장 좋은 점은 유명한 섬인데도 사람들이 많지 않다는 점입니다. 그래서 조용히 휴식을 취하고 싶다면, 이곳이 최적의 장소라 생각합니다.

선생님의 한마디!

a lo largo de~는 '~을 따라서'라는 의미로 '바닷가를 따라서, 길을 따라서' 등의 표현을 하기에 적합하고, a través de~는 '~을 사이로, ~을 통하여'라는 의미로, '남과 북 사이로, 가운데를 통하여' 등의 표현을 하기에 적합합니다.

대체 어휘

1. 방위

el este 동
el oeste 서
el sur 남
el norte 북

2. 지형 관련

el océano 대양
el árbol 나무
la costa 해안

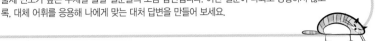

6. 계절 및 날씨

출제 빈도가 높은 주제별 돌발 질문들의 모범 답변입니다. 어떤 질문이 나와도 당황하지 않도록, 대체 어휘를 응용해 나에게 맞는 대처 답변을 만들어 보세요.

Q **¿Cómo son las estaciones del año en su país? Por favor, describa las características de cada temporada.**

당신 나라의 계절은 어떤가요? 주기별로 특징을 설명해 주세요.

En Corea, hay cuatro estaciones distintas. En primavera, está despejado. A veces llueve, pero normalmente hace sol y buen tiempo. Puedo disfrutar de las hermosas flores. En verano, hace mucho calor y llueve mucho. Mucha gente toma sus vacaciones en verano. En otoño, hace fresco por eso es bueno para ir de picnic. También puedo ver muchas hojas coloradas en la montaña. En invierno, hace mucho frío y al sur nieva un poco pero al norte de Corea nieva mucho.

한국에는 사계절이 있습니다. 봄에는 맑고 화창합니다. 가끔 비가 오기는 하지만, 보통 해가 뜨고 날씨가 좋아요. 아름다운 꽃들을 즐길 수 있답니다. 여름에는, 날씨가 매우 덥고 비가 많이 와요. 많은 사람이 여름에 휴가를 보냅니다. 가을에는, 날씨가 선선해서 피크닉 가기에 좋아요. 그리고 산에서는 단풍들을 볼 수 있습니다. 겨울은, 아주 춥고 남쪽은 눈이 조금 오지만, 북쪽은 눈이 아주 많이 오죠.

Q **¿Cómo está el clima en Corea estos días? ¿Cuál es su estación favorita?**

요즘 한국의 날씨는 어떤가요? 당신이 좋아하는 계절은 언제인가요?

Ahora estamos en los inicios del verano por eso hace un poco de calor. La semana pasada llovió mucho pero ahora está despejado y hace buen tiempo. A mí no me gusta ni el verano ni el invierno, prefiero el otoño. No me gusta nada el calor ni el frío. Además, en otoño puedo disfrutar del buen tiempo en cualquier lugar. La primavera también me gusta, pero debido al clima me da mucho sueño. Creo que el otoño es la mejor estación.

지금은 초여름이라 조금 덥기는 합니다. 지난주에는 비가 많이 왔었는데, 지금은 맑고 날씨가 좋아요. 저는 가을을 좋아하는데, 왜냐하면 저는 여름이나 겨울을 좋아하지 않아요. 더운 것도 추운 것도 싫거든요. 게다가, 가을에는 어디에서든 날씨를 즐길 수가 있습니다. 봄도 좋아하지만, 춘곤증 때문에 조금 피곤해요. 가을이 최고의 계절인 것 같아요.

선생님의 한마디!

'비가 오다'는 llover 동사를, '눈이 오다'는 nevar 동사를 활용하는데, 항상 3인칭 단수 변화형만 활용하여 llueve와 nieva로 표현합니다.

대체 어휘

• 계절

la estación 계절
la primavera 봄
el verano 여름
el otoño 가을
el invierno 겨울

대체 어휘

• 날씨 관련 표현

el calor 더위
el fresco 신선함
el frío 추위
el sol 해
el viento 바람
la nube 구름

7. 건강

출제 빈도가 높은 주제별 돌발 질문들의 모범 답변입니다. 어떤 질문이 나와도 당황하지 않도록, 대체 어휘를 응용해 나에게 맞는 대처 답변을 만들어 보세요.

Q ¿Cuáles son las cosas que hace para mantener su salud? Proporcione tantos detalles como sea posible.

당신이 건강을 유지하기 위해서 하는 일은 무엇인가요? 가능한 한 자세히 이야기해 주세요.

Lo más importante es alimentarme bien. Consumo una dieta sana y me aseguro de que los alimentos que como no contengan sustancias perjudiciales para la salud. Segundo, duermo lo suficiente. El cansancio es también malo para la salud. Siempre reservo un rato para descansar y relajarme. Por último, aprovecho mi tiempo libre para hacer cosas que realmente me gustan, porque es bueno para evitar las tensiones y el estrés.

가장 중요한 것은 잘 섭취하는 것입니다. 저는 항상 건강하게 먹고 건강에 해로운 요소가 담기지 않은 음식물을 먹으려고 합니다. 두 번째로, 필요한 수면 시간만큼 잠을 잡니다. 피로감도 건강에는 좋지 않습니다. 저는 항상 조금씩 휴식과 안정을 위한 여유를 갖습니다. 마지막으로, 제가 정말 좋아하는 일들을 위해 여가시간을 활용하는데, 그 이유는 스트레스와 긴장감을 해소하는 데 좋기 때문이죠.

Q Cuénteme sobre una persona sana que conoce. ¿Qué tipo de cosas suele hacer para mantenerse sano?

당신이 알고 있는 건강한 사람에 대해 이야기해 주세요. 그 사람은 건강을 유지하기 위해 무엇을 주로 하나요?

Una de mis amigas es muy sana. Ella se ejercita todos los días. Sus comidas favoritas son vegetales y pechugas de pollo y prefiere comidas ligeras como ensalada. Ella tampoco come nada después de las seis de la tarde porque cree que comer de noche perjudica su salud. Primero pensé que ella se preocupaba demasiado por su salud, pero ahora quiero imitar sus esfuerzos.

제 친구 중 한 명이 매우 건강합니다. 그녀는 매일 운동을 합니다. 제일 좋아하는 음식은 채소와 닭가슴살이고 샐러드처럼 가벼운 식사를 선호합니다. 또, 그녀는 저녁 6시 이후에는 아무것도 먹지 않는데, 밤에 무언가를 먹는 일은 건강에 해롭다고 생각하기 때문이죠. 처음에는 건강을 너무 걱정하는 사람처럼 보였지만, 지금은 그녀의 노력을 본받고 싶습니다.

8. 환경 오염

출제 빈도가 높은 주제별 돌발 질문들의 모범 답변입니다. 어떤 질문이 나와도 당황하지 않도록, 대체 어휘를 응용해 나에게 맞는 대처 답변을 만들어 보세요.

Q En estos días, las personas están preocupadas por los problemas ambientales. Explique cómo la contaminación ambiental ha tenido un efecto en los cambios climáticos recientes.

요즘 사람들은 환경 오염에 대해 걱정을 합니다. 환경 오염이 최근의 기후 변화에 어떤 영향을 주었는지 설명해 주세요.

La contaminación puede provenir de muchas fuentes, como fábricas o vehículos. Esta contaminación puede afectar no solo a muchas personas, sino también al cambio climático. Por ejemplo, el calentamiento global está ocurriendo en estos días debido a la contaminación ambiental. Debido a esto, los veranos son cada vez más largos y los inviernos son cada vez más cortos. El cambio climático impide que las plantas crezcan adecuadamente y ciertas áreas están experimentando sequía.

환경 오염은 공장이나 차량과 같은 많은 원인으로부터 발생합니다. 이러한 오염은 많은 사람에게뿐만 아니라, 기후 변화에도 영향을 끼칩니다. 예를 들어, 환경 오염으로 인해 요즘 지구 온난화가 일어나고 있습니다. 이로 인해, 여름이 점점 더 길어지고, 겨울이 점점 짧아지고 있죠. 기후 변화는 식물들이 정상적으로 자랄 수 없게 만들고, 몇몇 지역에서는 가뭄을 겪게 만듭니다.

Q Explique qué puede hacer usted para reducir la contaminación ambiental.

환경 오염을 줄이기 위해 어떤 일을 할 수 있는지 설명해 주세요.

Para reducir la contaminación ambiental, primero, debemos reducir el uso de automóviles[1]. Podemos usar el transporte público[2] en lugar del coche. Segundo, tenemos que recoger nuestra basura y separarla para que sea reciclada. Finalmente, debemos reducir nuestro uso de detergentes ya que muchos detergentes contaminan el agua y esta es una gran parte de la contaminación ambiental.

환경 오염을 줄이기 위해서는, 첫 번째, 자동차 사용을 줄여야 합니다. 자동차 대신에 대중교통을 이용할 수 있습니다. 두 번째, 재활용을 잘 분리해서 버려야 합니다. 마지막으로, 많은 세제는 물을 오염시키고 이는 환경 오염의 주범이기 때문에 세제의 사용을 줄여야 합니다.

선생님의 한마디!

'debido a ~'는 '~로 인해, ~ 때문에'라는 의미로 이유나 원인을 표현할 때 씁니다.

대체 어휘

• 자연 재해 관련 어휘

el efecto invernadero 온실 효과
la capa de ozono 오존층
la deforestación 산림 파괴
la desertización 사막화
la sequía 지진
el tifón 태풍
la inundación 홍수

대체 어휘

1. 절약 아이템

el plástico 플라스틱
el gas 가스
la basura 쓰레기
la electricidad 전기

2. 절약 방법

el producto ecológico 친환경 제품
la energía solar 태양열 에너지
el reciclaje 재활용
la recogida separada 분리수거

9. 쇼핑하기

출제 빈도가 높은 주제별 돌발 질문들의 모범 답변입니다. 어떤 질문이 나와도 당황하지 않도록, 대체 어휘를 응용해 나에게 맞는 대처 답변을 만들어 보세요.

Q ¿Por qué disfruta de las compras? ¿Con qué frecuencia va de compras? ¿Con quién usualmente disfruta comprando?

쇼핑을 왜 즐기나요? 얼마나 자주 쇼핑을 하러 가나요? 주로 누구와 쇼핑하러 가는 것을 좋아하죠?

Para mí, ir de compras es una excelente manera de aliviar el estrés. Además, es bueno saber sobre lo que está de moda. Todos los días compro los comestibles[1] en el supermercado[2]. Creo que eso también cuenta como compras. Para comprar ropa, suelo ir una vez al mes con mi amiga. Ella me ayuda a no hacer compras impulsivas. También tiene un buen gusto para la moda así que me da muchos consejos para seleccionar las ropas[1]. Siempre me gusta ir de compras con ella.

저한테는 쇼핑하는 일이 스트레스 해소에 굉장한 도움이 돼요. 게다가 최신 유행을 잘 알게 돼요. 저는 매일 슈퍼마켓에서 식료품을 삽니다. 저는 그것 또한 쇼핑 중 일부라고 생각해요. 옷을 구매하기 위해서는 친구와 함께 한 달에 1번 쇼핑을 하러 갑니다. 그녀는 제가 충동구매를 하지 않도록 도움을 주죠. 그리고 패션 감각이 좋아서 옷을 고르는데 저한테 많은 조언을 해줘요. 저는 항상 그녀와 함께 쇼핑하는 것을 좋아한답니다.

Q Cuénteme sobre su compra. ¿Cuáles son las cosas que hace antes y después de sus compras?

당신의 쇼핑에 관련해 이야기해 주세요. 쇼핑하기 전과 후에 무엇을 하나요?

Antes de ir de compras, siempre hago una lista de compras. Especialmente si necesito ir al supermercado, tengo que hacerla sin falta porque en el supermercado hay muchas cosas que me tientan. Por eso es imprescindible hacer la lista de compras. Solo escribo las cosas que necesito. Pienso en el presupuesto e intento no gastar más que eso. Cuando regreso a casa, arreglo las cosas que he comprado y luego, tengo que descansar. Porque camino mucho.

쇼핑을 하러 가기 전, 저는 항상 쇼핑 목록을 만들어요. 특히 슈퍼마켓을 갈 때는, 반드시 만듭니다. 왜냐하면 슈퍼마켓에는 저를 유혹하는 물건들이 많거든요. 그래서 쇼핑 목록을 만드는 일은 필수예요. 목록에는 제가 필요한 것들만 적어요. 예산을 생각하고 그 이상을 쓰지 않으려고 노력하죠. 집에 돌아오면, 제가 산 물건들을 정리하고 그 후에는 휴식을 취합니다. 왜냐하면 많이 걷기 때문이죠.

선생님의 한마디!

스페인어로 '쇼핑하다'를 ir de compras로 표현합니다. 비슷한 표현으로 hacer la compra는 주로 '장을 보다'의 의미입니다.

대체 어휘

1. 쇼핑에서 구매하는 물건

las ropas 의류
los accesorios 액세서리
los cosméticos 화장품
los zapatos 신발

2. 쇼핑 장소

el centro comercial 쇼핑센터
el mercado 시장
la tienda 상점, 가게
los almacenes 백화점

10. SNS 이용하기

출제 빈도가 높은 주제별 돌발 질문들의 모범 답변입니다. 어떤 질문이 나와도 당황하지 않도록, 대체 어휘를 응용해 나에게 맞는 대처 답변을 만들어 보세요.

Q ¿Qué tipo de redes sociales utiliza más? ¿Con qué frecuencia utiliza las redes sociales?

당신이 많이 활용하는 SNS는 무엇인가요? 얼마나 자주 SNS를 하나요?

En mi caso, utilizo Kakaotalk todos los días. Kakaotalk es un servicio para enviar mensajes de texto. Casi todos los coreanos lo utilizan y es el más cómodo comunicarse. Por lo general, envío mensajes a mis amigos. Disfrutamos chateando[2] y compartiendo[2] las últimas noticias. Además, intercambio imágenes[1] con mis parientes porque no podemos vernos a menudo. También utilizo Instagram, quizás tanto como Kakaotalk. Me gusta sacar fotos y siempre las subo en mi Instagram. Eso ya es parte de mi vida cotidiana.

제 경우에는 카카오톡을 매일 사용합니다. 카카오톡은 메시지 전송 서비스입니다. 거의 모든 한국 사람들이 사용하고 있고 연락을 주고받기가 매우 편합니다. 보통 저는 제 친구들에게 메시지를 보내죠. 대화도 나누고 새로운 정보도 나누면서 즐거움을 느낍니다. 그리고 자주 볼 수 없는 친척들과 사진을 공유하기도 합니다. 카카오톡만큼 인스타그램도 사용합니다. 저는 사진 찍는 것을 좋아하고 항상 사진들을 제 인스타그램에 올립니다. 그것이 제 일상의 일부입니다.

Q ¿Cuáles son las ventajas y las desventajas de las redes sociales?

SNS의 장·단점은 무엇인가요?

Hay muchos beneficios de utilizar redes sociales. Especialmente cuando se necesita enviar la misma información a varias personas o grupos, puede entregarla al mismo tiempo. Sin embargo, también hay desventajas. Como a menudo vemos publicaciones en redes sociales sobre nuestros conocidos, ahora pasamos menos tiempo teniendo conversaciones reales con ellos. Por eso, ahora cada vez es más difícil comunicarse directamente.

SNS을 활용하는 것은 많은 혜택이 있습니다. 특히 어떤 정보를 여러 사람, 또는 여러 그룹에게 보내야 할 때, 동시에 보낼 수가 있습니다. 반면에, 단점도 있습니다. 다른 사람들이 SNS에 올린 내용을 자주 보기 때문에 실제로 사람들과 만나서 대화를 나누는 시간을 보내지 않습니다. 그래서 얼굴을 보며 의사소통을 하기가 어렵습니다.

선생님의 한마디!

todos los días는 '매일'이라는 의미이고, todo el día는 '하루 종일(온종일)'이라는 의미입니다.

대체 어휘

1. SNS를 통해서 하는 일 (명사)

la cuenta 계정
la imagen 이미지
el calendario 캘린더
el videoteléfono 화상 전화
el video 동영상

2. SNS를 통해서 하는 일 (동사)

actualizar 업데이트하다
crear 계정을 만들다

OPIc 시험을 대비하기 위해 필요한 필수 패턴 표현, 시험 도중 답변이 생각나지 않거나 예상치 못한 질문을 받았을 때 위기를 모면할 수 있는 알짜 표현, 수험자가 자주 틀리는 문법을 알아보기 쉽게 정리하였습니다.

꿀팁! 부록

- 핵심 패턴 55
- 위기상황 대처 표현
- 틀리기 쉬운 OPIc 표현
- 동사 변화표
- 기초 단어

1. **Me gusta + 동사원형 / 단수명사**
   나는 _____을/를 좋아합니다.

   Me gusta hacer ejercicio.
   나는 운동하는 것을 좋아합니다.

2. **No me gusta + 동사원형 / 단수명사**
   나는 _____을/를 좋아하지 않습니다.

   No me gusta madrugar.
   나는 일찍 일어나는 것을 좋아하지 않습니다.

3. **Me gustaría + 동사원형 / 단수명사**
   나는 _____을/를 했으면 좋겠습니다.

   Me gustaría bajar un poco de peso.
   나는 체중을 조금 감량했으면 좋겠습니다.

4. **Me encantaría + 동사원형 / 단수명사**
   나는 정말 _____을/를 했으면 좋겠습니다.

   Me encantaría ir de viaje a Argentina.
   나는 정말 아르헨티나로의 여행을 했으면 좋겠습니다.

5. **Me apetece + 단수명사**
   나는 _____이/가 입맛에 당깁니다.

   Me apetece un café con leche.
   나는 까페라떼가 입맛에 당깁니다.

6. **Quiero + 동사원형**
   나는 _____하기를 원합니다.

   Quiero ir a Busan.
   나는 부산으로 가기를 원합니다.

7. **Voy a + 동사원형**
   나는 _____을/를 할 예정입니다.

   Voy a visitar a mis abuelos el sábado.
   나는 토요일에 조부모님을 뵐 예정입니다.

8. **Suelo + 동사원형**
   나는 _____을/를 자주 하곤 합니다.

   Suelo escuchar música cuando me ducho.
   나는 샤워를 할 때 음악을 자주 듣곤 합니다.

9. **Disfruto de + 명사**
   Disfruto + 현재분사
   나는 _____을/를 즐깁니다.

   Disfruto de la nieve en invierno.
   나는 겨울에 눈을 즐깁니다.

10. **Prefiero A + a + B**
    나는 B보다 A를 좋아합니다.

    Prefiero el invierno al verano.
    나는 여름보다 겨울을 좋아합니다.

11. **Intento + 동사원형**
    나는 _____을/를 시도합니다.

    Intento comer menos carne estos días.
    나는 요즘 고기를 덜 먹으려고 합니다.

12. **He estado + 현재분사**
    (~기간 동안) 나는 _____을/를 해왔습니다.

    He estado estudiando español por dos
    años. 나는 2년 동안 스페인어를 공부해 왔습니다.

13. **Llevo + 기간 + 현재분사**
    (~기간째) 나는 _____을/를 하고 있습니다.

    Llevo tres años haciendo yoga.
    나는 3년째 요가를 하고 있습니다.

14. **Pienso que ~**
    나는 _____라고 생각합니다.

    Pienso que tenemos que usar menos
    productos plásticos.
    나는 우리가 플라스틱 제품 사용을 줄여야 한다고
    생각합니다.

15. **La razón por la que ~**
    내가 _____한 이유는 _____입니다.

    La razón por la que vivo en Seúl es
    porque es muy práctico el transporte
    público. 내가 서울에 사는 이유는 대중교통이 편리
    하기 때문입니다.

16. No creo que sea + 형용사 + 동사원형

나는 _____ 하기가 _____ 하다고 생각하지 않습니다.

No creo que sea fácil aprender francés.

나는 프랑스어를 배우기가 쉽다고 생각하지 않습니다.

17. Pienso que es así porque ~

_____ 때문에 나는 그렇다라고 생각합니다.

Pienso que es así porque todo el mundo está de acuerdo con eso.

모두가 그것에 동의하기 때문에 나는 그렇다라고 생각합니다.

18. ¿Sabes que ~?

_____ 을/를 알고 있니?

¿Sabes que la oficina estará cerrada hoy?

사무실이 오늘 문 닫을 거라는 것을 알고 있니?

19. No sabía nada sobre + 명사

_____ 에 대해 나는 전혀 알지 못했습니다.

No sabía nada sobre la ciudad de Sevilla.

세비야라는 도시에 대해 나는 전혀 알지 못했습니다.

20. Me parece que + A + más importante que + B

내 생각에는 B보다 A가 더 중요합니다.

Me parece que la salud es más importante que el dinero.

내 생각에는 돈보다 건강이 더 중요합니다.

21. Pienso que es efectivo ~

나는 _____ 하는 것이 효율적이라고 생각합니다.

Pienso que es efectivo trabajar desde casa una vez a la semana.

일주일에 1번은 집에서 일하는 것이 효율적이라고 생각합니다.

22. Creo que tenemos que + 동사원형

나는 우리가 _____ 을/를 해야 한다고 생각합니다.

Creo que tenemos que usar más transporte público.

나는 우리가 대중교통을 더 이용해야 한다고 생각합니다.

23. Veo que ~

나는 _____ 라고 생각합니다.

Veo que los turistas prefieren las ciudades grandes.

나는 관광객들이 대도시들을 선호한다고 생각합니다.

24. Tengo que + 동사원형

나는 _____ 을/를 해야 합니다.

Tengo que terminar un reporte para hoy.

나는 오늘까지 보고서를 끝내야 합니다.

25. No tenemos que + 동사원형

우리는 _____ 을/를 하지 않아야 합니다.

No tenemos que darnos prisa.

우리는 서두르지 않아야 합니다.

26. Necesito + 동사원형 / 명사

나는 _____ 을/를 필요합니다.

Necesito una mochila nueva.

나는 새 배낭이 필요합니다.

27. Si + A, me gustaría + B

만약 A라면, B했으면 좋겠습니다.

Si tengo tiempo libre, me gustaría ir a España.

만약 내가 여유가 있다면, 스페인에 갔으면 좋겠습니다.

28. Lo más importante es que + 접속법 구문

가장 중요한 것은 _____ 입니다.

Lo más importante es que termine a tiempo.

가장 중요한 것은 제 시간에 끝내는 것입니다.

29. Lo que me gusta más de todo es que ~
무엇보다 내가 좋은 것은 _____ 입니다.

Lo que me gusta más de todo es que mañana salgo de vacaciones.
무엇보다 내가 좋은 것은 내일 휴가를 떠나는 것입니다.

30. Lo que quiero es + 동사원형
내가 원하는 것은 _____ 하는 것입니다.

Lo que quiero es viajar por Europa.
내가 원하는 것은 유럽을 여행하는 것입니다.

31. Lo que pasa es que ~
문제는 _____ 입니다.

Lo que pasa es que no me gusta la comida picante.
문제는 나는 매운 음식을 좋아하지 않습니다.

32. La verdad es que ~
사실은 _____ 입니다.

La verdad es que no he terminado la tarea.
사실은 내가 숙제를 끝내지 못했습니다.

33. Debemos + 동사원형
우리는 _____ 을/를 해야 합니다.

Debemos comer alimentos sanos.
우리는 건강한 식품들을 먹어야 합니다.

34. Tengo ganas de + 동사원형
나는 _____ 을/를 하고 싶습니다.

Tengo ganas de comer unos tacos.
나는 따코를 먹고 싶습니다.

35. Hay + A + cerca de + B
B 가까이에 A가 있습니다.

Hay un parque cerca de mi casa.
우리 집 가까이에 공원이 있습니다.

36. ¡ Qué + 형용사!
_____ 하구나!

¡Qué rico!
맛있구나!

37. Estoy a punto de + 동사원형
나는 막 _____ 을/를 했습니다.

Estoy a punto de graduarme.
나는 막 졸업을 했습니다.

38. No tiene nada que ver con ~
_____ 와 상관이 없습니다.

No tiene nada que ver con lo que estoy diciendo.
내가 말하고 있는 것과 상관이 없습니다.

39. Me duele + 신체부위 단수
나는 _____ 이/가 아픕니다.

Me duele la cabeza.
나는 머리가 아픕니다.

40. Me parece muy bien + 단수명사
나는 _____ 이/가 좋은 것 같습니다.

Me parece muy bien la nueva política sobre reciclaje.
나는 재활용에 관한 새로운 정책이 좋은 것 같습니다.

41. Es mejor + A + que + B
B 보다 A가 더 낫습니다.

Es mejor tomar té que café.
커피를 마시는 것보다 차를 마시는 것이 더 낫습니다.

42. A(단수) + está cerca de + B
A는 B 가까이에 있습니다.

Mi casa está cerca de la estación de metro.
우리 집은 지하철역 가까이에 있습니다.

43. Debe de + 동사원형

_____임에 틀림없습니다.

Debe de haber mucho tráfico ahora.
지금은 틀림없이 교통량이 많을 것입니다.

44. Quedé con + A + para + B
나는 B하기 위해 A를 만났습니다.

Quedé con mi amigo para ir al cine.
나는 영화관에 가기 위해 친구를 만났습니다.

45. Me interesa mucho + 동사원형 / 단수명사
나는 _____에 관심이 많습니다.

Estos días me interesa mucho la comida española.
요즘 나는 스페인 음식에 관심이 많습니다.

46. Todavía no + 현재완료시제
나는 아직 _____을/를 하지 않았습니다.

Todavía no he probado esa comida.
나는 아직 그 음식을 맛보지 않았습니다.

47. Sobre todo, ~
무엇보다도, _____합니다.

Sobre todo, hay muchas actividades culturales.
무엇보다도, 문화적인 활동이 많이 있습니다.

48. Casi nunca ~
거의 _____하지 않습니다.

Casi nunca llego tarde.
거의 나는 지각을 하지 않습니다.

49. Además, ~
게다가, _____합니다.

Además, hay mucha gente a esa hora.
게다가, 그 시간에는 사람이 많습니다.

50. Cada vez que ~
_____할 때마다 _____합니다.

Cada vez que voy de camping, compro carne para asar.
캠핑을 갈 때마다 나는 바비큐용 고기를 삽니다.

51. Acabo de + 동사원형
나는 막 _____을/를 마쳤습니다.

Acabo de graduarme la universidad.
나는 막 대학 졸업을 마쳤습니다.

52. Gracias por + 동사원형 / 명사
_____에 대해 감사합니다.

Gracias por su ayuda.
당신의 도움에 대해 감사합니다.

53. Lo siento por + 동사원형 / 명사
_____에 대해 미안합니다.

Lo siento por llegar tarde.
늦게 도착해서 미안합니다.

54. Termino de + 동사원형
나는 _____을/를 끝냈습니다.

Termino de enviar el correo electrónico.
나는 이메일 보내는 것을 끝냈습니다.

55. Empiezo a + 동사원형
나는 _____을/를 시작했습니다.

Empiezo a tocar el piano.
나는 피아노 연주를 시작했습니다.

1. A ver.
   잠시만요.

2. Deme tiempo para pensarlo.
   생각할 시간을 조금 주세요.

3. ¿Podría darme un momento para pensarlo?
   생각할 시간을 저에게 조금 주실 수 있나요?

4. Lo voy a pensar un poco más.
   조금 더 생각해 볼게요.

5. Lo tengo que pensar.
   생각해 봐야겠어요.

6. Pues, voy a pensarlo.
   글쎄요, 한 번 생각해 볼게요.

7. No sé exactamente.
   정확히 저도 모르겠어요.

8. Ay, es muy difícil para mí.
   아, 저한테는 너무 어렵네요.

9. Nunca lo he pensado.
   한번도 그것을 생각해보지 않았어요.

10. No me recuerdo de eso.
    그걸 기억하지 못해요.

11. Estoy confundido/a.
    제가 혼란스럽네요.

12. Es difícil decírselo.
    당신에게 그것을 말하기가 어렵네요.

13. Lo siento pero no puedo recordarme de todas las preguntas.
    죄송합니다만, 문제를 다 기억하지 못합니다.

14. Le voy a responder solo lo que puedo.
    대답할 수 있는 것만 해볼게요.

15. Voy a explicarlo fácilmente.
    쉽게 설명해 볼게요.

16. Tengo muchas cosas que decir sobre eso pero no tengo bastante tiempo.
    그것에 대해 할 말은 많지만, 시간이 충분하지 않네요.

17. Ay, lo tengo en la punta de la lengua.
    생각이 날듯 말듯 하네요.

18. No sé qué significa su pregunta.
    질문이 무엇을 의미하는지 모르겠어요.

19. Lo siento pero no puedo entenderlo.
    죄송합니다만, 이해하지 못했습니다.

20. No sé cómo puedo responderle.
    어떻게 대답을 해야할 지 모르겠습니다.

21. No tengo ninguna experiencia de eso.
    그것에 대한 아무 경험이 없어요.

22. Qué pena que no tenga tiempo para explicarlo.
    그것을 설명하기에 충분한 시간이 안되서 아쉽네요.

23. Lo siento pero puedo explicarle hasta aquí.
    죄송합니다만, 여기까지 설명 드릴 수 있을 것 같아요.

24. ¿Puedo decirle un ejemplo de mi amigo?
    제 친구의 예를 말해도 될까요?

25. Es una pregunta complicada.
    복잡한 질문이네요.

1. **Soy** coreano. 저는 한국 남자입니다.
    Estoy cansado. 저는 피곤합니다.

'ser동사'와 'estar동사'
- 모두 '~이다'의 의미입니다.
- ser동사 : 본질적인 내용을 전달할 때 사용하므로, 주로 이름, 국적, 성격, 외모 등을 표현합니다.
- estar동사 : 일시적인 내용을 전달할 때 사용하므로, 주로 기분 상태를 표현합니다.
- estar동사는 '~에 있다'의 의미로 위치 표현에도 사용됩니다.

2. **Hay** un parque cerca de mi casa.
    우리 집 가까이에 공원이 하나 있습니다.

    Mi oficina **está** lejos de mi casa.
    제 사무실은 집에서 멀리에 있습니다.

'hay동사'와 'estar동사'
- 'hay동사'는 존재의 유무를 나타내는 동사이고 'estar동사'는 위치를 나타내는 동사입니다.
- hay동사 뒤에는 정관사가 올 수 없으므로 주의합니다.
    Hay la plaza en el centro.   (×)
    Hay una plaza en el centro.   (○)
    시내에 광장이 하나 있습니다.

3. **Hace** mucho calor. 날씨가 매우 덥습니다.

- 날씨를 표현할 때 주로 쓰는 동사로, 'hace' 뒤에 오는 단어는 명사이므로 수식하는 단어로 muy를 쓰지 않고, mucho/a를 씁니다.

4. **No** me gusta ni el café ni el té.
    저는 커피도, 차도 좋아하지 않습니다.

    = Ni el café ni el té me gusta.

- 동사 앞에 부정어를 쓰는 경우, 'no'를 중복해서 쓰지 않고 동사 뒤에 부정어를 쓰는 경우, 동사 앞에 no를 반드시 써야 합니다.

5. **Me** **gusta** mucho la película.
    저는 영화를 매우 좋아합니다.

    = Me **encanta** la película.

- 좋아하는 것을 표현하는 동사 gustar는 강조를 위한 mucho/a를 동반할 수 있으나, encantar동사의 경우는 동사 자체에 이미 강조의 의미가 담겨있으므로 mucho/a를 동반할 수 없습니다.

6. **Estoy** casad**o**. 저는 기혼 남성입니다.
    Estoy casad**a**. 저는 기혼 여성입니다.

- 스페인어는 모든 명사가 남성형과 여성형이 있고, 이를 수식하는 형용사도 명사에 맞는 성을 써야 합니다. 따라서, 본인의 이야기를 하는 경우 본인의 성에 맞춰 형용사를 변형 해야합니다.

7. **Hablo** español. 저는 스페인어를 말합니다.
    Estudio español. 저는 스페인어를 공부합니다.
    Aprendo español. 저는 스페인어를 배웁니다.

- hablar, estudiar, aprender동사 뒤에 언어명이 오는 경우 관사를 쓰지 않습니다.

8. **Conozco** bien a Elena.
    저는 엘레나를 잘 압니다.

    Sé bailar el tango.
    저는 탱고를 출 줄 압니다.

- conocer동사는 어떤 사람을 알거나, 가본 경험이 있는 '장소를 안다'고 표현할 때 사용합니다.
- saber동사는 어떤 사실이나 정보, '(~하는)방법을 안다'고 표현할 때 사용합니다.

동사 변화표

규칙동사	인칭	직설법				접속법		명령형	현재분사	과거분사
		현재	부정과거	불완료과거	미래	현재	과거			
-ar 동사 hablar 말하다	Yo	hablo	hablé	hablaba	hablaré	hable	hablara	-	hablando	hablado
	Tú	hablas	hablaste	hablabas	hablarás	hables	hablaras	habla		
	Él, Ella, Ud.	habla	habló	hablaba	hablará	hable	hablara	hable		
	Nosotros/as	hablamos	hablamos	hablábamos	hablaremos	hablemos	habláramos	hablemos		
-er 동사 comer 먹다	Yo	como	comí	comía	comeré	coma	comiera	-	comiendo	comido
	Tú	comes	comiste	comías	comerás	comas	comieras	come		
	Él, Ella, Ud.	come	comió	comía	comerá	coma	comiera	coma		
	Nosotros/as	comemos	comimos	comíamos	comeremos	comamos	comiéramos	comamos		
-ir 동사 vivir 살다	Yo	vivo	viví	vivía	viviré	viva	viviera	-	viviendo	vivido
	Tú	vives	viviste	vivías	vivirás	vivas	vivieras	vive		
	Él, Ella, Ud.	vive	vivió	vivía	vivirá	viva	viviera	viva		
	Nosotros/as	vivimos	vivimos	vivíamos	viviremos	vivamos	viviéramos	vivamos		

불규칙 동사	인칭	현재	부정과거	불완료과거	미래	현재	과거	명령형	현재분사	과거분사
conocer 알다	Yo	conozco	conocí	conocía	conoceré	conozca	conociera	-	conociendo	conocido
	Tú	conoces	conociste	conocías	conocerás	conozcas	conocieras	conoce		
	Él, Ella, Ud.	conoce	conoció	conocía	conocerá	conozca	conociera	conozca		
	Nosotros/as	conocemos	conocimos	conocíamos	conoceremos	conozcamos	conociéramos	conozcamos		
dar 주다	Yo	doy	di	daba	daré	dé	diera	-	dando	dado
	Tú	das	diste	dabas	darás	des	dieras	da		
	Él, Ella, Ud.	da	dio	daba	dará	dé	diera	dé		
	Nosotros/as	damos	dimos	dábamos	daremos	demos	diéramos	demos		
decir 말하다	Yo	digo	dije	decía	diré	diga	dijera	-	diciendo	dicho
	Tú	dices	dijiste	decías	dirás	digas	dijeras	di		
	Él, Ella, Ud.	dice	dijo	decía	dirá	diga	dijera	diga		
	Nosotros/as	decimos	dijimos	decíamos	diremos	digamos	dijéramos	digamos		
dormir 자다	Yo	duermo	dormí	dormía	dormiré	duerma	durmiera	-	durmiendo	dormido
	Tú	duermes	dormiste	dormías	dormirás	duermas	durmieras	duerme		
	Él, Ella, Ud.	duerme	durmió	dormía	dormirá	duerma	durmiera	duerma		
	Nosotros/as	dormimos	dormimos	dormíamos	dormiremos	durmamos	durmiéramos	durmamos		

불규칙 동사	인칭	직설법				접속법		명령형	현재분사	과거분사
		현재	부정과거	불완료과거	미래	현재	과거			
empezar 시작하다	Yo	empiezo	empecé	empezaba	empezaré	empiece	empezara	-	empezando	empezado
	Tú	empiezas	empezaste	empezabas	empezarás	empieces	empezaras	empieza		
	Él, Ella, Ud.	empieza	empezó	empezaba	empezará	empiece	empezara	empiece		
	Nosotros/as	empezamos	empezamos	empezábamos	empezaremos	empecemos	empezáramos	empiecemos		
encontrar 발견하다	Yo	encuentro	encontré	encontraba	encontraré	encuentre	encontrara	-	encontrando	encontrado
	Tú	encuentras	encontraste	encontrabas	encontrarás	encuentres	encontraras	encuentra		
	Él, Ella, Ud.	encuentra	encontró	encontraba	encontrará	encuentre	encontrara	encuentre		
	Nosotros/as	encontramos	encontramos	encontrábamos	encontraremos	encontremos	encontráramos	encontremos		
entender 이해하다	Yo	entiendo	entendí	entendía	entenderé	entienda	entendiera	-	entendiendo	entendido
	Tú	entiendes	entendiste	entendías	entenderás	entiendas	entendieras	entiende		
	Él, Ella, Ud.	entiende	entendió	entendía	entenderá	entienda	entendiera	entienda		
	Nosotros/as	entendemos	entendimos	entendíamos	entenderemos	entendamos	entendiéramos	entendamos		
estar ~이다 / ~에 있다	Yo	estoy	estuve	estaba	estaré	esté	estuviera	-	estando	estado
	Tú	estás	estuviste	estabas	estarás	estés	estuvieras	está		
	Él, Ella, Ud.	está	estuvo	estaba	estará	esté	estuviera	esté		
	Nosotros/as	estamos	estuvimos	estábamos	estaremos	estemos	estuviéramos	estemos		
hacer 하다	Yo	hago	hice	hacía	haré	haga	hiciera	-	haciendo	hecho
	Tú	haces	hiciste	hacías	harás	hagas	hicieras	haz		
	Él, Ella, Ud.	hace	hizo	hacía	hará	haga	hiciera	haga		
	Nosotros/as	hacemos	hicimos	hacíamos	haremos	hagamos	hiciéramos	hagamos		
ir 가다	Yo	voy	fui	iba	iré	vaya	fuera	-	yendo	ido
	Tú	vas	fuiste	ibas	irás	vayas	fueras	ve		
	Él, Ella, Ud.	va	fue	iba	irá	vaya	fuera	vaya		
	Nosotros/as	vamos	fuimos	íbamos	iremos	vayamos	fuéramos	vayamos		
jugar 놀다	Yo	juego	jugué	jugaba	jugaré	juegue	jugara	-	jugando	jugado
	Tú	juegas	jugaste	jugabas	jugarás	juegues	jugaras	juega		
	Él, Ella, Ud.	juega	jugó	jugaba	jugará	juegue	jugara	juegue		
	Nosotros/as	jugamos	jugamos	jugábamos	jugaremos	juguemos	jugáramos	juguemos		
leer 읽다	Yo	leo	leí	leía	leeré	lea	leyera	-	leyendo	leído
	Tú	lees	leíste	leías	leerás	leas	leyeras	lee		
	Él, Ella, Ud.	lee	leyó	leía	leerá	lea	leyera	lea		
	Nosotros/as	leemos	leímos	leíamos	leeremos	leamos	leyéramos	leamos		

동사 변화표

불규칙 동사	인칭	직설법				접속법		명령형	현재분사	과거분사
		현재	부정과거	불완료과거	미래	현재	과거			
llegar 도착하다	Yo	llego	llegué	llegaba	llegaré	llegue	llegara	-	llegando	llegado
	Tú	llegas	llegaste	llegabas	llegarás	llegues	llegaras	llega		
	Él, Ella, Ud.	llega	llegó	llegaba	llegará	llegue	llegara	llegue		
	Nosotros/as	llegamos	llegamos	llegábamos	llegaremos	lleguemos	llegáramos	lleguemos		
pedir 요구하다	Yo	pido	pedí	pedía	pediré	pida	pidiera	-	pidiendo	pedido
	Tú	pides	pediste	pedías	pedirás	pidas	pidieras	pide		
	Él, Ella, Ud.	pide	pidió	pedía	pedirá	pida	pidiera	pida		
	Nosotros/as	pedimos	pedimos	pedíamos	pediremos	pidamos	pidiéramos	pidamos		
pensar 생각하다	Yo	pienso	pensé	pensaba	pensaré	piense	pensara	-	pensando	pensado
	Tú	piensas	pensaste	pensabas	pensarás	pienses	pensaras	piensa		
	Él, Ella, Ud.	piensa	pensó	pensaba	pensará	piense	pensara	piense		
	Nosotros/as	pensamos	pensamos	pensábamos	pensaremos	pensemos	pensáramos	pensemos		
perder 잃다	Yo	pierdo	perdí	perdía	perderé	pierda	perdiera	-	perdiendo	perdido
	Tú	pierdes	perdiste	perdías	perderás	pierdas	perdieras	pierde		
	Él, Ella, Ud.	pierde	perdió	perdía	perderá	pierda	perdiera	pierda		
	Nosotros/as	perdemos	perdimos	perdíamos	perderemos	perdamos	perdiéramos	perdamos		
poder ~할 수 있다	Yo	puedo	pude	podía	podré	pueda	pudiera	-	pudiendo	podido
	Tú	puedes	pudiste	podías	podrás	puedas	pudieras	puede		
	Él, Ella, Ud.	puede	pudo	podía	podrá	pueda	pudiera	pueda		
	Nosotros/as	podemos	pudimos	podíamos	podremos	podamos	pudiéramos	podamos		
poner 놓다	Yo	pongo	puse	ponía	pondré	ponga	pusiera	-	poniendo	puesto
	Tú	pones	pusiste	ponías	pondrás	pongas	pusieras	pon		
	Él, Ella, Ud.	pone	puso	ponía	pondrá	ponga	pusiera	ponga		
	Nosotros/as	ponemos	pusimos	poníamos	pondremos	pongamos	pusiéramos	pongamos		
preferir 선호하다	Yo	prefiero	preferí	prefería	preferiré	prefiera	prefiriera	-	prefiriendo	preferido
	Tú	prefieres	preferiste	preferías	preferirás	prefieras	prefirieras	prefiere		
	Él, Ella, Ud.	prefiere	prefirió	prefería	preferirá	prefiera	prefiriera	prefiera		
	Nosotros/as	preferimos	preferimos	preferíamos	preferiremos	prefiramos	prefiriéramos	prefiramos		
querer 원하다	Yo	quiero	quise	quería	querré	quiera	quisiera	-	queriendo	querido
	Tú	quieres	quisiste	querías	querrás	quieras	quisieras	quiere		
	Él, Ella, Ud.	quiere	quiso	quería	querrá	quiera	quisiera	quiera		
	Nosotros/as	queremos	quisimos	queríamos	querremos	queramos	quisiéramos	queramos		

불규칙 동사	인칭	직설법				접속법		명령형	현재분사	과거분사
		현재	부정과거	불완료과거	미래	현재	과거			
saber 알다	Yo	sé	supe	sabía	sabré	sepa	supiera	-	sabiendo	sabido
	Tú	sabes	supiste	sabías	sabrás	sepas	supieras	sabe		
	Él, Ella, Ud.	sabe	supo	sabía	sabrá	sepa	supiera	sepa		
	Nosotros/as	sabemos	supimos	sabíamos	sabremos	sepamos	supiéramos	sepamos		
salir 나가다	Yo	salgo	salí	salía	saldré	salga	saliera	-	saliendo	salido
	Tú	sales	saliste	salías	saldrás	salgas	salieras	sal		
	Él, Ella, Ud.	sale	salió	salía	saldrá	salga	saliera	salga		
	Nosotros/as	salimos	salimos	salíamos	saldremos	salgamos	saliéramos	salgamos		
sentir 느끼다	Yo	siento	sentí	sentía	sentiré	sienta	sintiera	-	sintiendo	sentido
	Tú	sientes	sentiste	sentías	sentirás	sientas	sintieras	siente		
	Él, Ella, Ud.	siente	sintió	sentía	sentirá	sienta	sintiera	sienta		
	Nosotros/as	sentimos	sentimos	sentíamos	sentiremos	sintamos	sintiéramos	sintamos		
ser ~이다	Yo	soy	fui	era	seré	sea	fuera	-	siendo	sido
	Tú	eres	fuiste	eras	serás	seas	fueras	sé		
	Él, Ella, Ud.	es	fue	era	será	sea	fuera	sea		
	Nosotros/as	somos	fuimos	éramos	seremos	seamos	fuéramos	seamos		
tener 가지다	Yo	tengo	tuve	tenía	tendré	tenga	tuviera	-	teniendo	tenido
	Tú	tienes	tuviste	tenías	tendrás	tengas	tuvieras	ten		
	Él, Ella, Ud.	tiene	tuvo	tenía	tendrá	tenga	tuviera	tenga		
	Nosotros/as	tenemos	tuvimos	teníamos	tendremos	tengamos	tuviéramos	tengamos		
venir 오다	Yo	vengo	vine	venía	vendré	venga	viniera	-	viniendo	venido
	Tú	vienes	viniste	venías	vendrás	vengas	vinieras	ven		
	Él, Ella, Ud.	viene	vino	venía	vendrá	venga	viniera	venga		
	Nosotros/as	venimos	vinimos	veníamos	vendremos	vengamos	viniéramos	vengamos		
ver 보다	Yo	veo	vi	veía	veré	vea	viera	-	viendo	visto
	Tú	ves	viste	veías	verás	veas	vieras	ve		
	Él, Ella, Ud.	ve	vio	veía	verá	vea	viera	vea		
	Nosotros/as	vemos	vimos	veíamos	veremos	veamos	viéramos	veamos		
volver 돌아오다	Yo	vuelvo	volví	volvía	volveré	vuelva	volviera	-	volviendo	vuelto
	Tú	vuelves	volviste	volvías	volverás	vuelvas	volvieras	vuelve		
	Él, Ella, Ud.	vuelve	volvió	volvía	volverá	vuelva	volviera	vuelva		
	Nosotros/as	volvemos	volvimos	volvíamos	volveremos	volvamos	volviéramos	volvamos		

■ 숫자(기수) **número cardinal**

0	cero	30	treinta
1	uno	31	treinta y uno
2	dos	32	treinta y dos
3	tres	33	treinta y tres
4	cuatro	34	treinta y cuatro
5	cinco	35	treinta y cinco
6	seis	…	
7	siete	40	cuarenta
8	ocho	50	cincuenta
9	nueve	60	sesenta
10	diez	70	setenta
11	once	80	ochenta
12	doce	90	noventa
13	trece	100	cien
14	catorce	200	doscientos
15	quince	300	trescientos
16	dieciséis	400	cuatrocientos
17	diecisiete	500	quinientos
18	dieciocho	600	seiscientos
19	diecinueve	700	setecientos
20	veinte	800	ochocientos
21	veintiuno	900	novecientos
22	veintidós	1,000	mil
23	veintitrés	…	
24	veinticuatro	10,000	diez mil
25	veinticinco	…	
26	veintiséis	100,000	cien mil
27	veintisiete	…	
28	veintiocho	1,000,000	un millón
29	veintinueve		

* 31~99는 '십의 단위 + y + 일의 단위' 방식으로 표기합니다. 예) 45: cuarenta y cinco

■ 숫자(서수) número ordinal

첫 번째	primero/a	여섯 번째	sexto/a
두 번째	segundo/a	일곱 번째	séptimo/a
세 번째	tercero/a	여덟 번째	octavo/a
네 번째	cuarto/a	아홉 번째	noveno/a
다섯 번째	quinto/a	열 번째	décimo/a

※ 서수는 주로 건물의 '층'을 표현할 때 쓰입니다. 스페인어서는 '열 번째' 이후로는 보통 기수로 대체하여 씁니다.

■ 요일 días de la semana

월요일	화요일	수요일	목요일	금요일	토요일	일요일
lunes	martes	miércoles	jueves	viernes	sábado	domingo

■ 월 meses

1월	enero	7월	julio
2월	febrero	8월	agosto
3월	marzo	9월	septiembre
4월	abril	10월	octubre
5월	mayo	11월	noviembre
6월	junio	12월	diciembre

■ 기간 expresiones de tiempo

그저께	anteayer	주	semana
어제	ayer	주말	fin de semana
오늘	hoy	이번 주	esta semana
내일 / 아침	mañana	월	mes
내일 모레	pasado mañana	이번 달	este mes
하루 종일	todo el día	지난 달	mes pasado
매일	todos los días	연	año
오후	tarde	올해	este año
밤	noche	작년	año pasado

※ mañana는 '내일'이라는 의미일 경우 '부사'로 쓰이고, '아침'이라는 의미일 경우 '명사'로 쓰입니다.

기초 단어

■ 직급 puesto

사장	jefe/a	매니저	director/a
직원	empleado/a	아르바이트	trabajo de medio tiempo

■ 전공 especialidad

예술학	Arte	문학	Literatura
법학	Derecho	수학	Matemáticas
언어학	Idiomas	의학	Medicina
정보학	Informática	사학	Historia

■ 가족 familia

할아버지	abuelo	숙부, 고모부, 이모부, 삼촌	tío
할머니	abuela	숙모, 고모, 이모	tía
조부모님	abuelos	남자 조카	sobrino
아버지	padre	여자 조카	sobrina
어머니	madre	남자 사촌	primo
부모님	padres	여자 사촌	prima
남자 형제	hermano	손자	nieto
여자 자매	hermana	손녀	nieta
아들	hijo	남편	esposo, marido
딸	hija	부인	esposa, mujer

■ 성격 carácter

적극적인	activo/a	게으른	perezoso/a
쾌활한	alegre	친절한	simpático/a
근면한	diligente	사교적인	sociable
관대한	generoso/a	소심한	tímido/a
영리한	inteligente	열심히 일하는	trabajador/a
낙천적인	optimista	부끄러워하는	vergonzoso/a

■ 장소 lugar

공원	parque	주방	cocina
학교	escuela	화장실	cuarto de baño
대학교	universidad	침실	dormitorio
집	casa	정원	jardín
사무실	oficina	거실	sala de estar
회사	empresa, compañía	복도	pasillo
지하철역	estación de metro	강의실	aula
수영장	piscina	도서관	biblioteca
쇼핑몰	centro comercial	경기장	estadio
영화관	cine	카페	cafetería
해변	playa	호텔	hotel

■ 취미 ocio

농구	baloncesto	음악을 듣다	escuchar música
축구	fútbol	영화관에 가다	ir al cine
영화	película	쇼핑을 가다	ir de compras
여행	viaje	독서하다	leer
춤추다	bailar	인터넷 서핑하다	navegar por Internet
노래하다	cantar	산책하다	pasear
수다를 떨다	charlar	친구들과 외출하다	salir con los amigos
요리하다	cocinar	피아노를 연주하다	tocar el piano
TV를 보다	ver la tele	기타를 연주하다	tocar la guitarra

■ 색깔 color

흰색	blanco/a	검은색	negro/a
빨간색	rojo/a	초록색	verde
파란색	azul	노란색	amarillo/a
주황색	anaranjado/a	베이지색	beige
밤색	marrón, café	보라색	violeta
분홍색	rosado/a	회색	gris

기초 단어

■ 날씨 clima

봄	primavera	태풍	tifón
여름	verano	폭풍	tormenta
가을	otoño	천둥	trueno
겨울	invierno	번개	relámpago
눈	nieve	장마	aguacero
비	lluvia	우박	granizo

■ 위치 preposiciones de lugar

~의 안에	dentro de~	위쪽에	arriba
~의 밖에	fuera de~	아래쪽에	abajo
~의 위에	sobre / encima de~	~의 주위에	alrededor de~
~의 아래에	debajo de~	~에서 가까이	cerca de~
~의 앞에	delante de~	~에서 멀리	lejos de~
~의 맞은 편에	enfrente de~	~의 오른쪽에	a la derecha de~
~의 뒤에	detrás de~	~의 왼쪽에	a la izquierda de~
~ 바로 곁에	junto a~	A와 B 사이에	entre A y B
~의 옆에	al lado de~	~에	en

■ 교통수단 transportes públicos

지하철	metro	비행기	avión
버스	autobús	배	barco
택시	taxi	오토바이	motocicleta
자동차	coche	자전거	bicicleta